QUAND T'ES NÉE POUR UN P'TIT PAIN

Denise Filiatrault

Danièle Lorain

QUAND T'ES NÉE POUR UN P'TIT PAIN

Catalogage avant publication de Bibliothèque et Archives nationales du Québec et Bibliothèque et Archives Canada

Filiatrault, Denise, 1931-

Quand t'es née pour un p'tit pain
ISBN 978-2-7648-1134-4
1. Filiatrault, Denise, 1931- . 2. Actrices – Québec (Province) – Biographies. 3. Productrices et metteures en scène de théâtre – Québec (Province) – Biographies. I. Lorain, Danièle, 1956- . II. Titre.

PN2308.F44A3 2017 792.02'8092 C2017-941462-3

Édition : Johanne Guay
Réalisation des cahiers photo : Miléna Stojanac, Chantal Boyer
Révision et correction : Sophie Sainte-Marie, Sabine Cerboni
Couverture et mise en pages : Chantal Boyer
Photo de couverture et photo de l'auteure : Julien Faugère

Remerciements
Nous remercions le Conseil des Arts du Canada et la Société de développement des entreprises culturelles du Québec (SODEC) du soutien accordé à notre programme de publication.
Gouvernement du Québec – Programme de crédit d'impôt pour l'édition de livres – gestion SODEC.

L'éditeur a déployé tous les efforts possibles afin de retracer les auteurs et propriétaires des photographies apparaissant dans cet ouvrage. En cas d'erreur ou d'omission, toute information à cet égard serait la bienvenue.

De plus, l'éditeur tient à remercier chaleureusement tous ceux et celles, dont Sylvie Bourgeault, directrice de contenus chez *Échos Vedettes*, *La Semaine* et *7 Jours*, et les archivistes du *Journal de Montréal* et de la BAnQ, qui ont généreusement contribué à la réalisation des cahiers photo.

Les Éditions Libre Expression
Groupe Librex inc.
Une société de Québecor Média
La Tourelle
1055, boul. René-Lévesque Est
Bureau 300
Montréal (Québec) H2L 4S5
Tél. : 514 849-5259
Téléc. : 514 849-1388
www.edlibreexpression.com

Dépôt légal – Bibliothèque et Archives nationales du Québec et Bibliothèque et Archives Canada, 2017

ISBN : 978-2-7648-1134-4

Distribution au Canada
Messageries ADP inc.
2315, rue de la Province
Longueuil (Québec) J4G 1G4
Tél. : 450 640-1234
Sans frais : 1 800 771-3022
www.messageries-adp.com

Diffusion hors Canada
Interforum
Immeuble Paryseine
3, allée de la Seine
F-94854 Ivry-sur-Seine Cedex
Tél. : 33 (0)1 49 59 10 10
www.interforum.fr

« Tu te farmes les yeux pis tu y vas
Il faut que tu grimpes, il faut que t'avances
Pis si t'es fatiqué r'pose toé pas !
Parce que là, t'as pus une maudite chance. »

Michel Tremblay, « La complainte de Lola Lee »,
Demain matin Montréal m'attend

À Yvonne et Armand, qui m'ont tant aimée…

PROLOGUE

À quatre-vingt-six ans, je vois l'histoire de ma vie qui défile en séquences sur la pellicule de mes souvenirs… À la demande générale de mes amis et surtout de mes fans (il m'en reste quelques-uns), j'ai entrepris d'écrire ma biographie pendant qu'il en est encore temps et, j'avoue, afin d'éviter que d'autres s'y attellent et vous racontent n'importe quoi. J'ai aussi demandé à ma fille Danièle de m'assister dans cette tâche, car elle aurait beaucoup plus de patience que moi pour chercher sur Internet et dans d'autres archives à peu près tout ce que j'ai accompli au cours de mes multiples vies : celles de chanteuse de clubs, actrice, duettiste, auteure de *sitcoms*, scénariste et réalisatrice de films, metteure en scène et enfin, depuis dix ans, celle de directrice artistique du Théâtre du Rideau Vert.

Elle saurait aussi trouver les photos susceptibles d'intéresser les lecteurs, car je ne suis pas « ramasseuse ». Je me débarrasse de tout. La preuve : lorsque vers l'âge dix ans Danièle me surprend à…

— Maman, qu'est-ce que tu fais là ?

— T'en as donc ben, des blouses blanches. On va les donner, je les ai assez vues !

— Mais, maman, c'est mes blouses pour l'école. Elles sont encore propres.

— Raison de plus si elles sont encore propres pour les donner à ceux dans le besoin. Pis tiens, à partir de maintenant, tu iras en classe avec des blouses bleues, ça va mieux aux blondes !

— Mais, maman, c'est l'uniforme obligatoire : jupe grise, blouse blanche, blazer bleu marine.

— Ah oui ?... Ah ben oui, c'est ben trop vrai !

Je vous entends dire : « Elle ignorait que sa fille portait un uniforme pour l'école... » Bien sûr que je le savais ! Mais ce jour-là, j'étais occupée à *cleaner* la maison de fond en comble, tel que ma mère m'y avait habituée chaque année, en entreprenant le grand ménage du printemps, et comme on était rendus en mai...

À quatre-vingt-six ans, je suis ce qu'il est convenu d'appeler « une vieille dame ». J'ai une belle vieillesse, de bons enfants, une bonne santé malgré quelques petits bobos. Je m'accommode aussi bien que possible des plus gros. À mon âge vénérable, je reçois une paye chaque semaine et j'ai une bonne job avec, en prime, un bon *boss* ! Je me trouve privilégiée d'être la directrice artistique du plus vieux théâtre de langue française au Canada... Je profite d'une confortable vieillesse, ayant eu le bonheur de vivre une belle jeunesse auprès de mes chers parents adoptifs, hélas aujourd'hui disparus : Yvonne, ma mère, que ses sœurs appelaient Vovonne, et Paul-Armand, mon père, qui lui la surnommait Vonneau.

Entre cette jeunesse dorée et ma belle vieillesse, j'ai eu des *bouttes rough* comme tout le monde, mais n'anticipons pas.

C'est donc le 16 mai 1931 que Lucien Lapointe, vingt et un ans, et son épouse Evelyne Labonté, vingt ans, prennent le tramway dans la rue Saint-Hubert à Montréal. Ils descendent à l'hôpital de la Miséricorde, car la jeune Evelyne est sur le point d'accoucher. On accueillait les « filles-mères » à la Miséricorde, mais on y recevait aussi les femmes mariées dans une aile réservée.

Ce même jour, sur le Plateau-Mont-Royal, Yvonne Parent célèbre son vingt-cinquième anniversaire...

Evelyne Labonté donne naissance à une fille : Marie Donalda Denise Lapointe. Trois semaines plus tard, le 4 juin, bien qu'elle ait été considérée comme robuste et en bonne santé, Evelyne décède à la suite de complications *post-partum*. L'obstétrique n'était sûrement pas très avancée dans les années 1930. Lucien Lapointe, tout jeune, se retrouve veuf et ignorant des soins à prodiguer à un nouveau-né. Après avoir enterré sa femme, n'ayant droit à aucune forme de compensation financière, encore moins à un congé parental, il doit recommencer à travailler. Que faire de l'enfant ? Il me confie à sa mère, qui habite la campagne.

Un répit de courte durée, un nourrisson s'avérant un trop lourd fardeau pour la grand-mère Lapointe. Lucien doit donc me reprendre au bout de quelques semaines. Désemparé, il va chercher du secours auprès des pères du Saint-Sacrement, avenue du Mont-Royal. Son ancien professeur et confesseur, le père Parent, représente son unique planche de salut.

Le père Parent a sous la main un couple d'honnêtes gens, sans enfant et bons catholiques, qui seraient heureux de recueillir un bébé. Il s'agit de sa sœur Yvonne et de son mari, Paul-Armand Filiatrault, policier à la ville de Montréal. L'enfant serait en bonnes mains, le sort en est jeté !

C'est ainsi, sans autre forme de procédures, que Denise Lapointe atterrit chez les Filiatrault, dont elle finira par porter le nom.

Mes nouveaux parents reçoivent un bébé chétif et déshydraté qu'ils emmènent vite à La Goutte de lait. Au début du siècle dernier, ces cliniques secouraient les jeunes mères ne pouvant allaiter leur bébé. En 1931, on ne possédait pas de réfrigérateur pour conserver le lait de vache à bonne température. Il se gâtait ou contenait des microbes. La Goutte de lait se chargeait d'en distribuer et conseillait les jeunes mères sur la manière de bien nourrir leur enfant.

Grâce aux bons soins d'Yvonne et de Paul-Armand, j'ai vite repris de la vigueur, j'étais prête à m'engager sur le chemin de la vie.

MES PLUS VIEUX SOUVENIRS...

Mes plus vieux souvenirs, ceux qui ont marqué ma longue vie, remontent environ à l'âge de trois ans. Je me revois le dimanche matin, après la messe, accompagnant ma mère chez Broeckaert, pâtisserie belge de l'avenue du Mont-Royal près de De Lorimier, également fréquentée par la mère de Michel Tremblay dix ans plus tard. On y faisait la queue pour acheter des pâtisseries dont jamais je n'ai retrouvé le goût exquis. Ces dimanches, ma mère cuisinait de la volaille ou du rôti de porc dont je sens encore les arômes et cherche inlassablement à reproduire la saveur unique.

Me reviennent aussi ces dimanches après-midi d'hiver où, sans égard à la météo, papa revêtait ses plus beaux habits : manteau de drap noir au col de velours, foulard de soie blanche, chapeau melon que nous appelions un « coco » en guise de couvre-chef. Ainsi vêtu, il m'emmenait glisser au parc La Fontaine. Droit et fier, papa tirait la corde de la *sleigh* ayant appartenu à son père, et l'objet me semblait bizarre, car il ne ressemblait en rien aux autres traîneaux que nous croisions sur le chemin.

Il émanait de mon père une force tranquille du haut de ses six pieds et quelques. Je le trouvais si beau, si élégant...

Au parc, bien assise sur le traîneau rouge, papa me donnait un petit élan et je glissais doucement pour atterrir au bord de l'étang gelé. Puis il remontait la pente avec moi sur le traîneau pour éviter l'effort à mes petites jambes de trois ans.

Tous les soirs avant de me mettre au lit, maman jouait avec moi à « p'tit menton fourchu, p'tit nez pointu, p'tite bouche d'argent, p'tite joue bouillie, tit œil, gros œil », en posant l'index sur mon visage, puis la main sur ma tête : « Tape, tape, tape, la caboche ! » J'adorais ce jeu, que je la priais de répéter jusqu'à ce que je tombe de sommeil. Je l'ai fait plus tard pour endormir mes filles et mon petit-fils, et le charme opérait encore.

L'été, Delphine, ma grand-mère paternelle, prenait la relève le dimanche. Delphine, un si joli prénom que je trouvais bien laid du haut de mes trois ans. Le parc La Fontaine des années 1930 abritait alors un petit zoo, et nous allions y admirer les gazelles au long cou et à la démarche gracieuse qui me fascinaient. Parfois, c'était au tour de ma tante Simone, sœur cadette de papa qui confectionnait toutes mes robes (dites « de toilette »), de m'emmener au kiosque à musique écouter la fanfare. Ces balades du dimanche se sont poursuivies quelques années.

Toujours dans ma petite enfance, alors que nous habitions encore la rue Chabot près de Mont-Royal, une fin d'après-midi d'automne, je demande à maman :

— Qu'est-ce qu'on mange pour souper ?

— Des nouilles en boîte. Peux-tu aller en acheter ?

Je ne fais ni une ni deux, j'enfile mon manteau et je cours chez M. Bazinet, l'épicier, à deux maisons de chez nous pour acheter ces conserves dont je n'ai jamais entendu parler.

— Qu'est-ce que je peux faire pour toi, ma belle fille ?

— J'aimerais avoir deux boîtes de *nounes* en boîte. C'est pour faire marquer.

— Des quoi ?

Je lui réponds avec aplomb :

— Des *nounes* en boîte.

Il me regarde incrédule, puis, riant à gorge déployée, il téléphone à ma mère, qui, morte de rire à son tour, lui explique qu'elle veut des… nouilles en boîte.

Je ne comprenais pas pourquoi tout le monde riait autant et je me demandais ce que j'avais bien pu dire de si drôle.

Cet autre épisode de mon quotidien d'enfant m'a laissé un souvenir qui fait que, depuis ce temps, j'ai une peur indescriptible des rongeurs. La seule vue d'un rat, d'une souris ou d'un simple mulot me terrorise. Cette frayeur date d'un après-midi où mon grand-père maternel, qui habitait avec nous rue Chabot, me gardait.

Donc, cet après-midi-là, je sors des toilettes et je dis à mon grand-père, qui lisait au salon :

— Où il est, le p'tit minou ?

— Voyons, Denise, y a pas de chat ici.

— Ben oui, grand-papa, je l'ai flatté quand il est passé à côté de moi dans les toilettes.

Le soir même, mon père courait après le rat dans toute la maison, muni du bâton blanc de policier avec lequel il dirigeait la circulation. En guise de trame sonore, on entendait ma mère qui hurlait « Oups ! Hon… Tu viens de le manquer » et mon grand-père qui criait : « Lâche pas, Armand, tu vas l'avoir ! »

Je ne me rappelle plus combien de temps la chasse a duré, mais mon père est venu à bout de la bête. Ensuite, chaque fois qu'on recevait de la visite à la maison, et ce, pendant des années :

— Vovonne, conte-nous donc la fois qu'Armand a cassé son bâton de police sur le dos du rat. C'est-tu vrai qu'il était de la grosseur d'un chat?

Qu'est-ce que j'ai bien pu faire encore à l'âge de trois ans?

Ah oui, je suis partie toute seule de notre logis avec en tête l'idée d'aller voir ma « tante » Imelda, qui était plutôt une grande amie de ma mère et qui travaillait au comptoir de la crémerie Chez Tousignant. J'aimais tant la regarder passer le fil d'argent dans les mottes de beurre en taillant le morceau pour les clients.

Chez Tousignant, on venait de lancer une nouveauté. C'était le seul magasin de l'avenue du Mont-Royal où on emballait vos achats dans de gros sacs de papier kraft, pourvus de deux anses en corde, collées dans le rebord. Le client repartait donc avec un sac à poignées arborant l'enseigne de Tousignant Frères limitée. Longtemps on a continué d'appeler les sacs à poignées des « sacs à Tousignant ».

Ce jour-là, je ne me suis jamais rendue jusque Chez Tousignant. Heureusement pour mes parents, des passants, voyant cette toute petite fille marcher seule dans l'avenue du Mont-Royal, m'ont conduite illico au poste de police. Je vois encore ma mère en pleurs qui, quelques heures plus tard, venue m'y cueillir, m'avait trouvée occupée à divertir mon premier public: les policiers qui m'avaient offert des bonbons et m'applaudissaient pendant que je chantais et dansais sur leur bureau.

Quand j'ai eu environ quatre ans, nous avons déménagé au troisième étage d'un appartement de l'avenue Laurier, près de Papineau. En ces temps difficiles du milieu des années 1930, où nous subissions toujours les retombées du krach de 1929, ma mère recevait sa sœur Léda avec ses quatre enfants, le midi, deux ou trois fois par semaine. Mon oncle Joe, son mari, occupait ses journées à chercher du travail, et ma tante avait peine à nourrir convenablement sa famille. Nous avions la chance de ne manquer de rien, car papa recevait son salaire de policier de la Ville de Montréal. J'aimais beaucoup quand ma tante Léda et mes cousines venaient dîner à la maison. Les repas étaient plus animés, et je découvrais de nouvelles gourmandises telles que le pouding chômeur que maman nous servait comme dessert. Ma cousine Albertine, qu'on appelait Bertine et qui devait avoir à peine quinze ans, racontait à tout le quartier que nous étions très riches. Elle en était arrivée à cette conclusion lorsque, en fouillant dans les tiroirs de ma mère, elle avait découvert, éblouie, des sous-vêtements en crêpe de Chine.

Quelques années plus tard, Bertine prendrait toujours son mari à témoin en l'appelant « Mon noir » ou en ponctuant la conversation de : « Hein, mon noir ? » ou alors « Fais-toi-z'en pas, mon noir, m'as toute t'arranger ça », qui sont devenues des expressions culte de la série *Moi et l'autre,* populaire au cours des années 1960.

Quant à Jeannot, la sœur cadette de Bertine, elle m'apprenait à faire des grimaces aux Chinois de la buanderie d'en face, convaincue qu'il fallait absolument faire peur à ces étrangers qui mangeaient les petits enfants. J'ai ressenti un grand soulagement quand, deux ans après, nous avons déménagé. Ça reste à peu près mes seuls souvenirs de l'avenue Laurier.

MA JEUNESSE

Pour ma première année scolaire, nous avons abouti au 4838, rue Cartier, entre Gilford et le boulevard Saint-Joseph dans la paroisse Saint-Pierre-Claver. Dans ce sous-sol d'église, à l'âge de six ans, j'ai assisté à mon premier spectacle, littéralement subjuguée de voir une petite fille de mon âge chanter, danser les claquettes et faire un numéro de ballet classique avec en finale le grand écart. Je me suis dit : « C'est ça que je veux faire plus tard. »

J'y suis presque arrivée, sauf pour le grand écart, et ce n'est pas faute d'avoir essayé à maintes reprises. J'ai appris les claquettes avec la sœur aînée d'une amie qui m'enseignait les pas de base sur le parvis de l'église protestante en face de chez nous.

Sans renoncer pour autant à mon rêve de devenir une grande ballerine, entre les chiens de plâtre, les lampes torchères et autres bibelots de notre salon exigu, j'envoyais valser quelques potiches en mimant la mort du cygne sous le regard éberlué de ma mère, qui assistait à la scène dans l'embrasure de la porte. Sitôt que je me rendais compte qu'elle m'observait, je m'arrêtais net, intimidée…

Je ressentais la même gêne lorsque je chantais dans les concours d'amateurs diffusés à la radio directement du cinéma Le Château rue Saint-Denis, aujourd'hui une succursale des pharmacies Jean Coutu.

J'avais beau prier ma mère sur tous les tons de ne pas venir au spectacle, elle s'y pointait. Immanquablement, je sentais sa présence dans la salle, et le trac m'envahissait devant celle qui, me connaissant si bien, décelait facilement les efforts que je mettais à vouloir être une autre.

Mon rêve de ballerine demeure figé sur un cliché jauni où je pose en danseuse étoile dans le tutu rose et les pointes que m'avait prêtés la sœur d'une de mes petites amies. En économisant sur le maigre salaire que je gagnais les fins de semaine chez Woolworth, je m'étais offert une séance chez La Photo modèle, coin Sainte-Catherine et Papineau.

Une grande partie de ma jeunesse s'est déroulée dans ce quartier qu'on appelle aujourd'hui « le Plateau ». J'ai fait mes classes à l'école Chamilly-de-Lorimier, du cours préparatoire à la huitième année.

Je venais tout juste de fêter mes quatorze ans et, certaine de n'avoir aucun autre choix, j'ai quitté l'école avant les examens de fin d'année.

À mes parents, j'ai déclaré que les bonnes sœurs étaient responsables de mes difficultés à l'école parce qu'elles ne me comprenaient pas !

En y repensant, je me dis qu'elles avaient une patience d'ange pour me supporter. J'étais assez dissipée. Hélas pour moi, et surtout pour elles, on n'avait pas encore de Ritalin.

Les bonnes sœurs ont le dos large. La vraie raison de mon décrochage scolaire se trouvait plutôt dans le sourire de Jean-Guy Tondreau, le beau jeune homme aux yeux bleu-mauve et aux cheveux blond doré que sa mère venait d'inscrire au cours commercial du Modern Business College. Je devais donc me préparer au plus vite pour me présenter aux examens d'entrée du Business College de l'avenue du Mont-Royal, entre les rues Papineau et Cartier, afin d'étudier la sténodactylo. Mon père, qui souhaitait que je devienne sténographe à la Cour officielle, approuvait ce choix, mais, moi, je voulais surtout retrouver Jean-Guy !

Plus j'avance en âge, plus la rue Cartier me rappelle mes plus beaux souvenirs. Aimée, heureuse, insouciante, j'y ai vécu une jeunesse dorée.

L'été, je jouais au carré, c'est-à-dire à la marelle, sur les trottoirs.

Je m'organisais aussi des défilés de la Saint-Jean-Baptiste. J'empruntais aux garçons leurs brouettes et en faisais des chars allégoriques sur lesquels trônaient Pierrette et mes autres amies, déguisées en Jeanne Mance ou en Marguerite Bourgeoys.

Un rien téméraire, j'imitais les petits gars en me suspendant à l'arrière de la voiture à cheval du marchand de glace pour voler quelques glaçons qui traînaient dans le bran de scie.

On jouait aussi aux cowboys sur les rochers du boulevard Saint-Joseph à l'est de De Lorimier (on y a construit des logis depuis) en imitant les personnages des westerns que nous avions vus dans le sous-sol de l'église protestante, située de biais avec notre logement. Une pièce de 10 cents nous donnait droit à trois films.

L'hiver, on se jetait du haut de nos balcons du deuxième étage en sautant dans les gros bancs de neige qui atteignaient presque la même hauteur. C'est ainsi que j'ai connu celle qui devint ma meilleure amie, Pierrette Alarie (aucun lien de parenté avec la chanteuse d'opéra), et elle l'est demeurée jusqu'au jour de sa mort survenue en février 2017.

Le centre de mon univers se résumait à la ruelle et à ma cour où, à dix ans, j'ai fait mes débuts de metteure en scène en montant ma première séance, un assemblage de répliques des *Petites Filles modèles* de la comtesse de Ségur, l'idole littéraire de mon enfance.

Sur une scène improvisée, je jouais un rôle et dirigeais en même temps, me tournant constamment pour souffler leurs répliques et leurs déplacements à mes amies.

Les pauvres petites ne comprenaient pas ce qu'elles faisaient là, elles tombaient dans la lune et oubliaient tout.

Quand je voyais mon public d'enfants abandonner leurs chaises et se faufiler vers la sortie, en l'occurrence la ruelle, je courais les rattraper et leur annoncer un entracte de cinq minutes et un numéro surprise en deuxième partie.

Un jour, profitant de cette pause, j'enfile en vitesse le jupon de satin blanc de ma cousine Rita et, décidée à faire lever le show, je reviens sur scène pour présenter tout mon numéro de claquettes, les deux mains à la taille, tenant de mon mieux le jupon qui glissait tout le temps. Et pour cause, il était beaucoup trop grand pour moi. Rita avait seize ans et venait de perdre sa mère quand mes parents l'ont prise sous leur aile. En réalité, elle n'avait aucun lien de parenté avec nous, mais je l'ai toujours appelée « ma cousine ».

Malgré tous mes efforts, mon jeune public s'est esquivé avant la fin du numéro pour éviter de débourser les 2 sous que j'avais fixés comme prix d'entrée. La crise économique affectait encore la plupart des familles modestes ou carrément pauvres du quartier.

Pour ces séances de fond de cour et de ruelle, maman, la patience et la bonté même, acceptait de bonne grâce que j'utilise ses beaux draps blancs comme rideaux de scène.

Elle a été beaucoup moins conciliante le jour où, sous une chaleur torride, pour nous improviser une piscine dans la cour avec mon amie Pierrette, nous avions rempli d'eau à ras bord une grosse cuvette en métal. Chacune de notre côté, nous tenions une poignée en avançant péniblement sous le poids de l'eau vers la sortie de la cuisine. Laquelle de nous deux a lâché prise ? Toujours est-il que la cuvette s'est vidée sur le plancher de cuisine que maman venait tout juste de laver et de cirer à genoux ! Quand j'y pense...

À la même époque, dans notre hangar, j'ai eu l'idée de reproduire la célèbre maison hantée du parc Belmont. J'ai mis tout mon monde à contribution et j'ai déguisé Pierrette, que j'ai placée de faction à l'entrée du hangar pour qu'elle fasse « la grosse femme qui rit tout le temps ».

Dommage, Pierrette et moi avons été forcées de fermer boutique précipitamment. Terrifiés, les enfants du quartier couraient brailler à leurs mères que nous les battions à coup de « tête » d'oreiller sur le derrière. C'était la vérité !

Mais selon nous, si le jeu n'effrayait pas les enfants, ça n'avait plus aucun intérêt.

Pour ma plus grande joie, nous fréquentions aussi le vrai parc Belmont. Maman préparait les sandwichs au *baloney* et les bouteilles de Kik Cola. Des moments de bonheur total, surtout quand nous y allions le jour du pique-nique organisé par la Canada Packers, où le mari de ma tante Léda avait trouvé du travail. Accompagnés de ma tante avec ses enfants, nous prenions le tramway jusqu'à Cartierville, encore la campagne ces années-là.

Je me préparais à ces sorties et j'en anticipais le plaisir en économisant mon argent pour les tours de manège qui nous revenaient à 5 sous avec un coupon du journal *La Presse*, ce qui fait qu'avec un dollar en poche je passais une journée extraordinaire !

Un de ces après-midi, on avait organisé une course à pied pour les enfants. Plus grande que la moyenne pour mes huit ans, malgré mes protestations, j'ai été classée avec les fillettes de dix ans. J'ai donc fait la compétition avec les plus vieilles. Me voyant première au fil d'arrivée, Vovonne, débordante d'enthousiasme, me lançait toutes sortes de noms plus farfelus les uns que les autres, dont « Mon p'tit Bistafoui ! Mon p'tit Bistafoui ! » qu'elle avait hurlés à tue-tête durant toute la course, provoquant le rire général tant elle était drôle et colorée. (Je n'ai jamais compris le sens de ce mot.) De mon côté, je n'appréciais pas trop que maman se fasse remarquer, du moins, pas de cette façon. Ce jour-là, j'avoue à regret avoir eu honte de ma mère.

Le temps des fêtes était aussi chaque année une période de réjouissance.

Dès que j'ai eu trois ans, ma mère m'a emmenée boulevard Saint-Joseph au défilé du père Noël. Ensuite, à cette occasion, nous prenions le tramway et passions à l'ouest de la rue Saint-Denis pour nous rendre chez Eaton rue Sainte-Catherine et voir Santa Claus de plus près, sur son trône. Puis nous revenions vers l'est dans la même rue pour admirer la Fée des étoiles de chez Dupuis Frères, notre magasin canadien-français.

Pour mon premier réveillon de Noël, je revois mes parents qui viennent me réveiller dans la soirée. Mon père, dans la pénombre, me porte dans ses bras jusqu'au salon où, pour la première fois, les yeux pleins de sommeil, j'aperçois le sapin tout illuminé. Une vision féerique pour mes trois ans et demi et, maintenant que j'ai quatre-vingts ans passés, elle demeure intacte.

Chaque année, avec ma cousine Jeannot, nous suspendions nos bas de Noël que nos parents remplissaient de petites gâteries au retour de la messe de minuit.

Un de ces 24 décembre, surexcitée, je ne me suis endormie que vers 1 heure du matin, si bien que ma mère n'a pas réussi à me réveiller à son retour de la troisième messe vers 2 heures. À mon réveil, j'ai découvert avec bonheur tous les trésors qu'elle avait dénichés, en faisant le tour des Kresge et Woolworth, les Dollarama des années 1930. Des bijoux, de petits cahiers à dessiner, des crayons de couleur, un chapelet, des perles blanches en plus des bonbons et de l'orange traditionnelle... Je me savais privilégiée, les autres enfants de ma rue devaient souvent se contenter de la fameuse orange et de quelques sucreries.

Chez les Canadiens français, l'échange traditionnel de cadeaux n'avait pas lieu à Noël. Nous recevions nos étrennes le matin du jour de l'An.

La veille de la Saint-Sylvestre, comme toutes les années, ma mère sortait avec ses amies pour assister à des *midnight* shows au théâtre Papineau ou au Dominion, aujourd'hui le La Tulipe. Mon père, devenu détective, travaillait toujours ces soirées-là. On y présentait un film, un spectacle de variétés ainsi qu'un numéro spécial pour la nouvelle année. Maman m'en rapportait des ballons, serpentins, flûtes, crécelles et d'autres cotillons que je trouvais le lendemain matin sur ma table de chevet. Ces babioles me procuraient autant de joie que la découverte de mes cadeaux au pied de l'arbre.

Mes parents me gâtaient en bien d'autres occasions que les fêtes...

Je me souviens de ma première poupée Shirley Temple.

Je devais avoir cinq ans quand ma mère m'a emmenée pour la première fois au Dominion voir un film mettant en vedette Shirley Temple qui chantait et dansait les claquettes.

Au Dominion, la séance débutait à 16 heures et, une fois par mois, après le film, on présentait un spectacle de variétés. Cette fois-là, cela nous avait menées jusque tard en soirée.

D'avoir vu ces chanteurs, danseurs et acrobates, j'étais aux anges. Mon père, lui, l'était pas mal moins sur le pas de la porte, en nous voyant revenir si tard à la maison. Il était rongé d'inquiétude, avec raison. Ayant quitté la maison avant que mon père rentre du travail et croyant que nous serions de retour beaucoup plus tôt, ma mère n'avait pas cru bon de lui laisser un mot. En plus, j'avais supplié maman d'emmener une de mes petites amies d'école dont la mère, pétrie d'angoisse, avait passé la soirée à sonner chez nous pour demander des comptes à mon père.

Autant dire que, une fois que nous avons été rendues à la maison, une bonne engueulade s'est ensuivie entre mes parents. J'en ai profité pour m'esquiver vers mon lit et rêver que je chantais et dansais déjà le *tap dance* comme Shirley Temple, devenue mon idole.

Le temps des fêtes

L'après-midi du jour de l'An, comme personne ne possédait de véhicule dans la famille, nous partions en taxi faire la tournée des *mononcles* et des *matantes* pour finir la soirée rue Sherbrooke, chez ma tante Germaine et mon oncle Roland, le frère de maman. Devant mes petites amies, je laissais croire qu'il y avait des riches dans la famille en plaçant bien en évidence dans la conversation que ma parenté habitait dans la rue Sherbrooke.

J'omettais toutefois de préciser que mon oncle et ma tante y travaillaient comme concierges.

J'enviais tellement ces riches de la rue Sherbrooke ou du boulevard Saint-Joseph !

Parfois, après un de mes mauvais coups dans la classe, en sortant de l'école, j'allais me réfugier dans l'escalier intérieur d'un immeuble de logements du boulevard Saint-Joseph. Assise sur les marches, j'attendais que retombe la poussière en priant pour que les religieuses n'appellent pas mes parents. Combien de fois ai-je répété à ma mère à quel point les belles maisons du boulevard Saint-Joseph me faisaient rêver :

— Ben oui, mais t'sais, ma p'tite fille, quand t'es née pour un p'tit pain…

Cette phrase m'aura marquée au fer rouge et aura résonné en moi très longtemps.

Née pour un petit pain, d'accord, mais pas malheureuse pour autant. J'acceptais que la vie des riches me soit étrangère en m'accommodant fort bien de la nôtre, tant j'avais l'esprit habité par mon rêve.

Déjà, je savais ce que je voulais faire dans la vie. Mais comment parvenir à exercer ce métier dont j'ignorais tout des tenants et aboutissants ? Je n'étais pas animée par l'appât du gain. Mon but ultime se résumait à jouer et à faire la belle devant le monde. Les artistes ont à peu près tous ce côté exhibitionniste nourri d'un besoin profond de reconnaissance et d'amour. Heureusement, avec l'âge, cet appétit s'atténue, et les vieux artistes qui demeurent insatiables offrent un spectacle affligeant.

Revenons au jour de l'An.

Durant ces soirées, tout le monde poussait la chansonnette et, au fil des années, on entendait toujours les mêmes rengaines. Avec mon oncle Gustave, le mari de ma tante Marie-Anne, la sœur de maman qui avait eu vingt-six enfants dont neuf seulement avaient survécu, on avait droit à : « Le yable est dans boutiqu' savez-vous, savez-vous ? » Ma tante Simone, la sœur de papa, rompue au solfège au piano et au violon, chantait du « classique », comme disait maman.

Elle entonnait *Le Ver luisant* ou *Poussons l'escarpolette* en duo avec mon oncle Philippe, son mari. Un autre *mononcle* nous gratifiait de chansons westerns. J'appelais ça des chansons de cowboys, comme celles que ma tante Léda écoutait à la radio tous les samedis après-midi quand elle me gardait. J'y allais aussi de ma chansonnette, assise sur les genoux de papa et, à la fin, au son des applaudissements de la famille, j'enfouissais la tête dans son cou en pleurant, trop émue…

La soirée terminée, le dernier tramway nous ramenait chez nous. La plupart du temps, nous devions descendre en cours de route, car je vomissais tout ce que je savais. Je ne supportais pas l'odeur que dégageaient les p'tits chars.

J'ai assisté à ces fêtes jusqu'à mon adolescence, où j'ai fini par m'y embêter royalement.

Le spectre de la guerre

À la déclaration de guerre en 1939, j'avais huit ans, donc j'étais trop jeune pour y comprendre quoi que ce soit. Lors des repas ou dans les soirées familiales, tous ces récits d'histoires rocambolesques de Canadiens qui se faisaient couper un doigt ou se sauvaient dans les bois pour ne pas aller « de l'aut' bord » me bouleversaient.

La conscription qui ordonnait à tous les Canadiens en âge de combattre de s'inscrire au registre officiel entrerait bientôt en vigueur. Le projet de loi concernait en tout premier lieu les Canadiens français, qui, hélas, ne possédaient pas d'autres pièces d'identité que leur extrait de baptême. Le maire Camillien Houde avait alors pris la parole sur les ondes de la station CKAC, enjoignant aux Montréalais d'enfreindre cet ordre qui, selon lui, s'avérait un piège tendu par le gouvernement fédéral pour envoyer « nos p'tits gars » au front...

Or, dès le début de la guerre, nombre de jeunes gens ignorants du sort qui les attendait s'étaient portés volontaires au combat dans le seul but de retirer un salaire et pour éviter de devoir vivre du secours direct.

Le maire avait été arrêté sur-le-champ et sans autre forme de procès, puis mis dans un train en direction de Petawawa en Ontario pour être interné dans un camp de concentration pour toute la durée de la guerre. Les autorités consentaient à sa femme quelques droits de visite, exigeant toutefois qu'elles se déroulent en présence d'un témoin.

Et cette loi sur la conscription, tant redoutée, finit par devenir officielle.

Je me souviens très bien aussi qu'en 1940 a eu lieu une véritable course au mariage. Quelques heures avant la promulgation de la loi, comme on mobilisait les célibataires en premier, ceux en âge d'être conscrits se mariaient dans l'urgence.

Une amie de ma mère, Florence, qui était d'origine italienne, fréquentait depuis quelques années son amoureux qui ne se décidait pas à l'épouser malgré ses supplications.

Quand l'amoureux en question a entendu à la radio que tous les hommes célibataires partiraient au front, il s'est précipité chez le bijoutier, a couru à toutes jambes vers le logis de Florence, a monté l'escalier quatre à quatre, jusqu'au troisième étage, pour lui passer au plus vite la bague au doigt. Manque de chance, elle était au cinéma et, le temps qu'elle revienne quelques heures plus tard, le prétendant avait changé d'idée. Le mariage l'effrayait davantage que la guerre.

J'ai toujours pensé que cette histoire servirait de prémices à un bon film.

Les hommes partis au front, les usines de munitions employaient les femmes qui y gagnaient de bons salaires. Mais dans ma rue Cartier, on voyait ces dames d'un mauvais œil. Une femme mariée devait rester à la maison et prendre soin de ses enfants. Nous étions aussi astreints aux tickets de rationnement pour la nourriture. Mais comme Jacques Normand, animateur et chanteur célèbre des années 1950, le racontait dans un monologue plein d'humour: «Au nombre de tickets de rationnement sur le sucre auxquels nous avions droit par enfant, avec les familles nombreuses de ce temps-là, nous risquions plus un gros mal de cœur avant de nous coucher qu'un manque de vitamines!» Évidemment, comparativement aux privations que l'Europe subissait, le Québec s'en tirait très bien. Les souvenirs de cette guerre évoquent aussi en moi la JEC (Jeunesse étudiante catholique) dont je faisais partie. Le soir après le souper, mes camarades et moi devions contribuer à l'effort de guerre en faisant du porte-à-porte pour ramasser du papier journal qui, une fois recyclé, servirait à la fabrication des munitions. Je revois également l'image de mon père, assis devant son énorme poste de radio, à écouter les nouvelles sur les ondes courtes. Toujours, il me disait:

— Écoute, Denise, comme c'est beau de les entendre parler... Ce sont nos cousins français.

Il me revient aussi cet épisode qui nous faisait bien rire. Durant l'été 1943, autour de l'étang du parc La Fontaine, on croisait souvent les gars recalés à la conscription ou ceux ayant réussi à s'y soustraire par quelque stratagème. Plusieurs se pavanaient en arborant fièrement le *zoot suit*: un complet à la mode dont la veste cintrée aux épaules rembourrées, longue jusqu'aux genoux, se portait sur un pantalon à taille haute, à jambes très larges qui s'affinaient pour tomber serré juste au-dessus de la cheville et, pour ajouter à cet aspect particulier, un feutre à large bord et de longues chaînes qui pendaient de la ceinture à la cheville. À Montréal, on appelait donc les gars vêtus de cet accoutrement (qui n'était pas du meilleur goût) les « *zoot suits* » et, en France, les « zazous ».

Un soir, des matelots en colère en avaient balancé quelques-uns tout habillés dans l'étang, sous les rires approbateurs des passants qui estimaient que ces énergumènes l'avaient bien mérité. Les matelots aussi leur en voulaient à mort d'avoir échappé à la conscription. Edouard, le frère de Pierrette surnommé Kiki, était parmi ces *zoot zuits,* mais il avait réussi à s'enfuir, le complet tout déchiré, et avait ainsi évité d'aboutir dans l'étang.

Dans le salon de mes parents, ce même Kiki avait appris à danser le jitterbug (l'ancêtre du rock and roll) aux deux adolescentes que nous étions, sa sœur Pierrette et moi.

À la fin de cette Seconde Guerre mondiale, mon père se trouvait parmi la foule qui avait accueilli Camillien Houde en héros à la gare Windsor pour célébrer le retour du maire dans sa ville chérie. J'ai relaté cet épisode dans mon film sur Alys Robi : *Ma vie en cinémascope.*

Les premiers concours amateurs

Je courais tous les concours d'amateurs organisés dans les salles paroissiales et les stations de radio.

Je ne gagnais jamais le premier prix, mais j'arrivais presque toujours à me classer en deuxième ou troisième place. Le réalisateur Bernard Goulet m'avait remarquée lors d'un concours du Club Juvénile Excel diffusé par CKAC tous les samedis matin, en direct de la salle paroissiale Saint-Stanislas de l'avenue Laurier.

Ce monsieur qui croyait en moi m'a proposé de revenir à CKAC pour passer l'audition de sélection des candidates au grand concours de la Walt Disney Company qui cherchait une Blanche-Neige canadienne.

Le samedi de l'audition, j'ai laissé mes copains de ruelle et nos jeux de *branch* et *branch*, pour aller ramasser et revendre des bouteilles vides de Kik Cola, de Pepsi et d'autres boissons pour payer mon tramway.

Il me fallait 5 cents par trajet, ce que je n'aurais pas osé demander à ma mère, ne lui ayant rien révélé de ce projet, de peur d'être refusée à l'audition.

La somme en poche, cheveux en broussaille, vêtue d'une *overall* et chaussée de *running shoes* crottés, les ongles noirs de terre, j'ai sauté dans le tramway Papineau, correspondance en main pour celui de la rue Sainte-Catherine qui me conduirait dans l'ouest.

Pour une petite fille de douze ans, dans les années 1940, aller seule en tramway dans l'ouest de la ville, du côté des Anglais, représentait toute une aventure. Ce jour-là, j'ai compris et retenu pour la vie que « l'habit ne fait pas le moine ».

En mettant le pied dans la salle d'attente du studio situé au coin de Sainte-Catherine et Metcalfe (s'y trouve désormais une pharmacie de la chaîne Jean Coutu), je reste bouche bée devant une talle de fillettes propres et bien coiffées, vêtues de robes d'organdi pastel rose, bleu, pêche, lilas, avec gants blancs de dentelles et souliers vernis, qui attendent leur tour pour l'audition, accompagnées de leurs mamans, toutes belles et très élégantes.

L'espace de quelques secondes je demeure figée dans la porte. Je veux rentrer dans le plancher mais reste plantée là, incapable de faire un pas vers la sortie. Voyant ces petites princesses issues d'un autre monde, je prends conscience d'en être exclue et m'en veux d'avoir visé trop haut.

Assurée de n'avoir aucune chance, je décide de quitter cet endroit au plus vite et, à l'instant où j'allais m'éclipser, j'entends mon nom.

Je m'arrête net et, lentement, comme un automate, je marche et j'entre dans le studio, sous les ricanements des filles et les sourires hautains de leurs mamans.

La pianiste est installée. Ouf! M. Goulet me reconnaît.

— T'es pas la p'tite de la paroisse Saint-Pierre-Claver qui vient souvent chanter aux concours d'amateurs du samedi matin, toi?

— Oui, monsieur.

— T'es rendue à quel âge, là?

— J'ai douze ans, monsieur.

— Et qu'as-tu choisi de nous interpréter aujourd'hui pour représenter notre Blanche-Neige canadienne?

— *Je suis une femme excitante et brûlante, yes sir.*

Silence de Bernard Goulet et de l'accompagnatrice à qui je tends la partition.

Avec aplomb, je commence ma chanson:

— «Je suis une femme excitante et brûlante, *yes sir*!

«Mais suis-je vraiment une vamp affolante, *no sir*!»

À travers la vitre du studio, j'aperçois les autres concurrentes qui me narguent, mais je poursuis:

— «Mais suis-je vraiment une femme infidèle

«Dont le parfum trop pervers vous ensorcelle...»

M. Goulet m'arrête. Un long silence... Je pâlis, ça y est je suis refusée!

— Bon... Comme je t'ai déjà vue sur scène, je sais que tu as du *showmanship.*

Évidemment, je n'ai jamais entendu ce mot et j'en ignore le sens.

— On va te prendre pour le concours, mais apporte la chanson que tu as chantée à notre dernier concours d'amateurs.

— *Le Petit Grégoire*, de l'abbé Gadbois?

— Voilà! Alors sois prête pour l'émission dans un mois.

Comme à douze ans je voulais en paraître seize, pas question que je refasse cette chanson enfantine, même si je l'avais répétée pour le concours avec ma tante Simone. Ça ne m'avait pas empêchée d'aller apprendre cette chanson d'Irène Hilda chez Woolworth, coin Mont-Royal et Papineau, où on trouvait une pianiste employée par le magasin pour attirer la clientèle. Elle jouait à longueur de journée tous les succès de l'heure afin d'inciter les clients à acheter la partition au coût de 15 sous la feuille.

Je ne sais plus quel prétexte j'ai invoqué le jour de l'émission, mais je me suis présentée avec le succès d'Irène Hilda : *Elles ont toutes, toutes, toutes leurs faiblesses* qui tournait sur les ondes de CHLP, situé dans l'édifice de la Sun Life, à l'émission *La Parade de la chansonnette française.*

Une fois encore, je n'ai pas gagné, mais je me suis classée parmi les dix finalistes sur des centaines de concurrentes.

Aucune de ces petites princesses qui me snobaient le jour de l'audition n'avait été retenue !

Après cette émission qui clôturait le concours, les dix finalistes étaient invitées à dîner à l'hôtel La Salle, rue Drummond.

À table, intimidée et embarrassée devant tous ces verres et ces ustensiles, j'étais pétrifiée. Quel couteau choisir ? Par quelle fourchette commencer ? Mon mari Jacques Lorain, de quatorze ans mon aîné, me l'apprendra par la suite : « On prend toujours de l'extérieur vers l'intérieur les ustensiles disposés de chaque côté de l'assiette. »

À table, je tournais la tête comme une girouette, espérant apercevoir Alys Robi qui, selon *Radiomonde,* le journal des vedettes de la radio de l'époque, descendait toujours à l'hôtel La Salle lors de ses passages à Montréal.

Estelle Piquette, la Blanche-Neige canadienne, suivait des cours chez Madame Jean-Louis Audet. Les petites filles appelaient ça pompeusement des « cours d'art dramatique » alors qu'il s'agissait en fait de cours de diction. Qu'importe, je mourais de m'y inscrire, mais je ne disposais pas des 2,50 dollars par mois pour en assumer les frais. Au début des années 1940, c'était encore trop cher pour mes parents, du moins au dire de mon père. L'idée de me voir fréquenter ces gens qui, selon lui, ne m'apprendraient pas un véritable métier ne l'enchantait pas.

Tous les printemps, au mois de mai, le parfum du lilas me rend nostalgique de mes anniversaires dans la rue Cartier. Le 16 mai, mes parents organisaient un *surprise-party*, et les effluves du gros lilas de la cour chez Pierrette embaumaient la ruelle jusque chez nous.

Pour donner à ce jour un ton solennel, mon père me lisait l'adresse, qu'il avait rédigée de sa jolie écriture, sur une longue feuille de papier fin agrémentée de rubans dorés et de petits anges collés aux quatre coins. Aujourd'hui encore, je remercie Dieu d'être tombée sur des parents aussi exceptionnels qui m'auront permis de vivre une jeunesse dorée.

À l'approche de l'été, je réclamais toujours un petit chien que je sortais promener dans mon carrosse comme une poupée. À la fin des vacances, maman et papa prétendaient que Mme Dussault, notre voisine et propriétaire, ne voulait plus voir de chien dans les parages. Je soupçonne mes parents d'avoir inventé ce prétexte pour se débarrasser d'un chien devenu trop gros pour les quatre pièces minuscules que nous habitions.

Pleurant tout le long du chemin jusqu'à la rue Sherbrooke, j'allais donc à pied porter mon Fido chez mon cousin Jean-Jacques, le fils de ma tante concierge. Avec le temps, mon amour pour les chiens s'est tempéré. Ça ne m'a pas empêchée de céder à ma fille Danièle, qui adore les bêtes, quand elle en a demandé un à son tour. Et voilà que, à mon vieil âge, j'en suis rendue à les craindre.

Si l'été je promenais mon petit chien, l'hiver je sortais patiner au parc La Fontaine.

Avec mes amies, nous montions dans le tramway, les patins aux pieds, en courant vers le fond du véhicule. Nous passions sans payer, persuadées dans notre grande naïveté que le chauffeur ne s'en apercevait pas. Évidemment, il fermait les yeux chaque samedi après-midi quand il voyait arriver ces fillettes avec des patins aux pieds.

Avoir l'air d'une actrice

L'été, vers l'âge de treize ans, avec ma cousine Jeannot de deux ans mon aînée et pas mal plus délurée que moi pour flirter avec les garçons, je faisais le tour de l'étang au parc La Fontaine. On en profitait, toutes les deux, pour reluquer les garçons qui, eux, se livraient au même manège. Parfois, les regards se croisaient…

Un jour, un regard bleu intense se pose sur moi, et je joue les *hard to get* en baissant les yeux. Ma cousine trouvant mon attitude un peu idiote, nous faisons le tour inlassablement, espérant recroiser le regard bleu pervenche… J'ai appris par la suite que ce beau grand châtain doré aux yeux magnifiques s'appelait Jean-Guy Tondreau, domicilié rue Marquette, coin Rachel, dans la paroisse Saint-Stanislas voisine de la mienne, Saint-Pierre-Claver. À la rentrée des classes, nous nous sommes retrouvés au même collège et, les vendredis et samedis soir de septembre, nous allions *necker* sur les bancs du parc La Fontaine.

Quelques mois plus tard, tanné de devoir se contenter du *necking*, il a fini par rejoindre sa gang de gars au deuxième étage d'une salle de *pool* coin Mont-Royal et Marquette. Je crois qu'elle existe encore. À quinze ans, rien de plus normal pour un gars, mais, moi, j'ai beaucoup pleuré. Au point que Mme Alarie, la mère de Pierrette, disait à tout venant:

— La Denise, elle l'aime tellement, son Jean-Guy ! Ma foi du bon Dieu, elle se réveille la nuit pour brailler.

Je trouvais quelques consolations en courant les concours d'amateurs, soutenue par les applaudissements que le public généreux réserve généralement aux débutants.

Tous les soirs de semaine durant l'été, ma cousine et moi, on rentrait à la maison sur le coup de 21 heures pour attendre maman qui reviendrait du bingo vers 22 heures, une lampe torchère ou un chien de plâtre sous le bras. Une fois que nous étions installées dans la cuisine, ma cousine Jeannot, de sa voix mielleuse, réclamait à maman son gâteau préféré.

— Ma belle matante Yvonne, nous feriez-vous une belle demi-lune au chocolat à soir ?

— À soir ? Me semble que je vous en fais pas mal tous les soirs, les p'tites filles.

Et Vovonne, qui ne rechignait jamais à nous faire plaisir, s'exécutait...

Devenue adolescente, même sans avoir l'âge réglementaire (seize ans) pour entrer au cinéma, je vouais un culte aux vedettes de Hollywood, dont parmi mes préférées Deanna Durbin, d'origine canadienne, qui chantait comme un rossignol, et Maureen O'Hara, actrice d'une beauté exceptionnelle.

Je dévorais tous les potins sur ces vedettes de l'écran, dans les revues *Photoplay* que je trouvais chez la couturière qui, pour environ 12 à 15 dollars, tissu et confection inclus, faisait mes robes des grandes occasions (Noël et jour de l'An). J'arrivais à me les offrir en économisant un petit montant à même mon salaire de 27 cents l'heure (une pinte de lait ne coûtait que 5 cents) chez Woolworth, où je travaillais les fins de semaine au comptoir des fleurs en tissu et des plumes à chapeaux. Entre-temps, je suivais mes cours au Business College.

Par un beau samedi soir d'été, Madeleine, une copine de manufacture de mon amie Pierrette qui avait lâché l'école pour travailler avec son père chez Lamont rue De Bleury, nous invite à un party chez elle rue Saint-Hubert coin Gilford, à bonne distance à pied de la rue Cartier. On ne connaît personne parmi les invités, et je tiens absolument à faire impression. D'accord, nous habitons un quartier situé encore plus à l'est, mais ce n'est pas une raison pour passer pour des *nounounes.*

Aux grands maux les grands remèdes ! Je prends rendez-vous chez Bernard, le coiffeur des vedettes montréalaises, dont Muriel Millard, Huguette Oligny et Lucille Dumont. J'avais repéré l'adresse du salon, rue Sainte-Catherine Ouest coin Drummond, dans *Radiomonde,* devenu ma bible. Rien de trop beau pour épater la galerie. J'avais décidé de me faire coiffer comme Maureen O'Hara, d'après la photo d'une pub de savon de toilette Lux publiée dans un magazine américain.

La coiffeuse de chez Bernard me lance un regard bizarre en voyant la photo, et pour cause. Je n'avais pas réalisé que ce cliché de Maureen O'Hara, coiffée à la Pompadour avec des boudins sur le côté retombant sur l'épaule, avait été pris lors du tournage d'un film de cape et d'épée... Je ressors du salon avec toute une tête !

Je m'improvise styliste en pigeant parmi différents modèles dans les magazines pour la confection de ma robe.

Par exemple, inspirée d'une robe d'Hedy Lamarr, je choisis une coupe très ajustée en crêpe bleu roi et, à ma demande, la couturière remplace la manche d'origine par une manche dolman partant de la taille et allant jusqu'aux poignets, vue sur une photo de Lana Turner.

Pour agencer le tout, des bas bleu roi assortis à la robe et des escarpins noirs en suède.

Quant à mon amie Pierrette, timide, toujours craintive, elle suit mes instructions à la lettre et elle sort de chez la couturière avec une robe gris perle ornée d'un drapé fuchsia sur le devant, avec à la taille un gros nœud de même teinte dont les pans retombent sur les hanches...

Oh, j'oubliais le maquillage ! Je viens de connaître le magasin Johnny Brown, rue Peel, spécialisé entre autres dans la vente de produits cosmétiques pour les artistes.

Partie pour y acheter de la poudre, j'y découvre le fond de teint en bâton et je reviens avec ce fard dans une belle nuance de rose *nanane* sans avoir la moindre idée de la manière de l'appliquer.

À mes yeux, aucune fille ne nous éclipsera, Pierrette et moi, ce soir-là. Le jour fatidique, le plus sérieusement du monde, je déclare :

— Faut qu'on arrive avec au moins une bonne demi-heure de retard, comme ça tout le monde va nous voir !

Comme si quiconque avait pu nous rater, attifées de la sorte.

Après avoir passé la soirée à danser dans la cuisine et à jouer à la bouteille toute la nuit, nous sortions généralement de ces partys du samedi au petit matin. Juste à temps pour aller à l'église de l'Immaculée-Conception et assister à la première messe du dimanche.

Comme il était interdit à une femme d'entrer dans une église tête nue, en guise de mantille, on se fixait un kleenex sur la tête avec une épingle à cheveux.

Les prêtres toléraient le kleenex, trop heureux de voir arriver des jeunes gens à la messe de si bonne heure, même si on s'endormait sur les bancs.

Cette messe m'ennuyait profondément, et la grande messe de 11 heures encore davantage.

Le son des grandes orgues m'angoissait, me plongeant dans des réflexions sur l'enfer et la mort au lieu de m'élever l'esprit vers Dieu et ses anges dans son ciel azuré. J'assistais quand même à la messe tous les dimanches et, si j'essayais de m'y soustraire en me déclarant malade, ma mère ne se laissait pas berner :

— Tu veux rester à la maison ?

— Ah oui, maman, et (d'une petite voix plaintive) je suis trop malade pour aller à la messe…

— Pas de *trouble*, mais si t'es trop malade pour aller à la messe, t'es trop malade pour aller jouer dehors.

J'ai eu ma leçon et, jusqu'à l'âge de seize ans, je n'ai plus jamais joué la comédie pour me sauver de la messe.

Plus tard, alors que nous avions déménagé à Saint-Eustache-sur-le-Lac, aujourd'hui Deux-Montagnes, par un beau dimanche d'été, avec ma cousine Jeannot, au lieu d'aller à l'église, on est restées prendre un café au *snack-bar* du coin. Je me suis rongée de culpabilité tout le temps de l'office…

Vovonne, mon incomparable mère

Une femme unique en son genre, sans plus d'instruction que celle acquise à l'école primaire, peu cultivée, mais dotée d'une intelligence rare. D'une extrême générosité et d'un humour bon enfant, elle riait et s'amusait volontiers. Elle aimait le monde, comme on dit, et ouvrait sa porte à tous, surtout à ceux qui se disaient mes amis. Mon père l'adorait et, de son côté, elle avait appris à ressentir de l'amour pour lui. Jeannot, qui connaissait tous les secrets de la famille, savait que Vovonne, tout juste âgée de dix-neuf ans, avait épousé Armand pour s'affranchir du joug paternel.

Nées toutes les deux un 16 mai sous le signe du Taureau, ma mère et moi nous sommes affrontées tant et plus. Heureusement, ces disputes se soldaient toujours par une bonne entente, et nous éprouvions l'une envers l'autre un sentiment aussi intense que celui d'une maman biologique et de sa propre fille. D'une profonde honnêteté, capable de grande compassion envers ses semblables, elle démontrait une telle assurance, une personnalité si forte que personne n'osait lui marcher sur les pieds. Têtue et à l'occasion opiniâtre, elle trouvait les mots pour débattre et n'était jamais à court d'arguments pour convaincre l'interlocuteur malgré son peu d'instruction. Et ce, en français comme en anglais, qu'elle avait appris à parler au son.

Et sa compréhension des mots donnait lieu parfois à de drôles d'épisodes.

— Y avait assez une bonne vue à soir avec mon beau André Beauregard !

— André Beauregard ? Je connais pas cet acteur-là.

Et la voilà qui me raconte le film…

— Voyons maman, tu veux dire Humphrey Bogart !

— Ben oui c'est ça…

Pourtant, j'avoue que Vovonne m'a souvent fait honte à l'adolescence, un âge où on voudrait que nos parents s'effacent. Hélas, la discrétion n'était pas le fort de maman qui, haute en couleur, adorait rigoler et faire la fête : elle était connue comme *the life of the party*. Cette exubérance me gênait et, parfois, me tapait carrément sur les nerfs.

Quand elle m'emmenait magasiner, elle *dealait* toujours avec aplomb, surtout chez Charmaine, magasin de vêtements pour dames, tenu par des juifs, coin Mont-Royal et Chabot. Les vendeuses lui tenaient tête et moi, mal à l'aise de la voir se livrer à ce marchandage, je voulais disparaître.

Un jour, je devais avoir douze ans, maman décide enfin de m'acheter le beau manteau de printemps rouge vif à col de velours noir que je convoite depuis longtemps et que je vois dans la vitrine du magasin. Il vaut 27 dollars, mais Vovonne a en tête de n'en débourser que 12, pas un sou de plus, et elle commence à marchander. Elle s'obstine, va plusieurs fois jusqu'à la porte du magasin, exécutant de fausses sorties avec la vendeuse qui lui court après. Et les voilà qui argumentent toutes les deux sur le pas de la porte, pendant que moi, honteuse, je garde les yeux au sol.

— Ok, viens-t'en, ma p'tite fille, on s'en va !

La vendeuse nous rejoint sur le trottoir et se résout à baisser son prix de 2 dollars… Ma mère tient son bout. Cinq dollars de moins ? Mais ma Vovonne refuse d'abdiquer. Elle s'est fixé un prix à 12 dollars et elle n'en démordra pas. En plus, comme je grandis, voilà maman qui insiste pour prendre une taille qui pourra m'aller encore deux ans.

— Voyons, madame ! *You* veux pas que ton fille *look like a little* habitante.

Ce qui à l'époque voulait dire « avoir l'air quétaine ».

Mais maman ne lâche pas.

Pour ne pas rater sa vente, la vendeuse me fait essayer d'autres modèles, moins chers : elle ajuste les épaules, tire sur le tissu dans le dos, borde l'ourlet d'épingles. Mais ma mère demeure intraitable, sachant que je rêve du manteau rouge vif, orné d'un col de velours noir, à 27 dollars.

Elle gagne la partie et, malgré mon embarras, je repars contente, le manteau sous le bras. En sortant, j'entends encore la vendeuse épuisée dire à sa collègue :

— *She deals like a real Jew, that bitch !*

— Qu'est-ce qu'elle a dit, la vendeuse, maman ?

— Elle a dit : « La p'tite *will be very* chic ! »

Je me vois encore, le jour de Pâques, quittant la maison pour aller à la messe, vêtue de mon beau manteau rouge, de mon chapeau de paille et de mes souliers noirs en cuir verni, dont j'entendais les petits talons claquer sur le trottoir. Nous profitions de quelques coins de trottoir dégagés, grâce aux papas qui se faisaient un devoir de casser un pied de glace à coups de pic et de pelle devant leurs maisons. Puis nous remontions sur la glace en souliers, en passant devant les logis où on laissait fondre la glace au gré de la température.

Vovonne m'a bien inspirée lorsque, quelques années plus tard, je me suis surprise à marchander avec le même style de vendeuse dans un magasin à la mode, rue Sainte-Catherine Ouest. Et de ces aventures est né un sketch pour Dominique Michel et moi, qui s'intitulait *La Robe.*

Malgré toutes ses belles qualités, Vovonne avait le vilain défaut d'être rancunière. À moins qu'on ne s'attaque à notre famille, ni mon père ni moi n'éprouvions ce sentiment corrosif.

Quand nous sortions les trois ensemble, mon père se tenait toujours prêt une heure à l'avance. Maman aimait bien prendre son temps pour se pomponner et devenait hors d'elle d'entendre toutes les cinq minutes :

— Es-tu prête, Vovonne ?

— Voyons donc ? T'as pas encore fini de t'appareiller ? *Envoye,* dépêche !

Alors là, elle arrêtait net de se préparer...

— T'as gagné, Armand, j'y vas pus !

Et sur ce, elle s'assoyait dans sa chaise berceuse, le regard lointain et la mine renfrognée, et elle boudait.

Mon père ne supportait pas ces séances de bouderie qui, moi aussi, me désemparaient.

Dans ma tête d'enfant de dix ans, ces disputes prenaient des proportions dramatiques, j'avais peur que mes parents ne se parlent plus jamais. Je suppliais mon père :

— Va lui demander pardon, papa.

Et mon père, les larmes aux yeux :

— Pardon, Vovonne, je te demande pardon.

Pas un battement de cils de sa part... Voyant mon père pleurer, je m'y mettais à mon tour.

— À genoux, papa, demande-lui pardon à genoux.

Et ce colosse de six pieds et deux pouces, souffrant de me voir en larmes, s'agenouillait aux pieds de sa femme et implorait son pardon.

Elle finissait par céder et se dépêchait de finir sa toilette pour qu'on n'arrive pas trop en retard chez ma tante Simone. (Cette autre tante Simone était la femme de Georges, le frère de papa qui nous attendait à Verdun pour souper.) Je remerciais Dieu de leur réconciliation, mais j'en voulais quand même à maman d'avoir fait pleurer mon père, si grand, si fort, si bon.

Plus tard, elle me ferait damner aussi quand un garçon me raccompagnait à la maison après la danse de la salle paroissiale et que je la trouvais assise à sa fenêtre à guetter mon arrivée. J'allais devoir me passer du *good night kiss*, petit baiser chaste sur la bouche, de coutume quand un gars raccompagnait sa *date*. En revanche, ça m'arrangeait plutôt qu'elle soit au poste pour me soustraire au baiser quand le garçon me plaisait moins.

Vovonne a été ma grande source d'inspiration quand j'ai joué le rôle de Rose Ouimet à la création des *Belles-Sœurs* au Théâtre du Rideau Vert. J'ai puisé à même ses qualités, ses défauts et sa générosité l'authenticité des femmes de cette génération. Je ne connaissais pas la méthode Stanislavski, ni celle de l'Actors Studio qui s'en était inspiré, mais j'y allais par instinct. J'ai créé mes personnages à partir des gens que j'ai rencontrés, croisés ou observés tout au long de ma vie. Mon succès dans ce rôle des *Belles-Sœurs*, je le dois à ma mère.

Depuis le décès de maman en 1985, je ne suis jamais retournée me recueillir sur sa tombe, ni sur celle de mon père qui repose à ses côtés depuis 1986. Me les représenter six pieds sous terre me pétrifie de chagrin, je préfère conserver mes souvenirs de leur vivant.

À mesure que je vieillis, je ressens leur empreinte et pense avoir hérité de leur gros bon sens...

Aujourd'hui, c'est mon tour de faire honte à mes enfants et de leur taper sur les nerfs à l'occasion. Sauf qu'avec moi ça se passe le plus souvent dans les restaurants. Par exemple, si on me demande « Tout est à votre goût, madame ? » et que ça ne l'est pas, je réponds : « Non ! Et ça n'a rien à voir avec le goût, ce plat n'en a aucun ! » Ou encore : « Ça n'est pas vraiment bon, mais ce serait moins grave si encore c'était mangeable. »

Dans ces moments-là, ma fille Danièle fixe le plancher, Sophie se fâche contre moi en sortant. De plus, lorsqu'on sort en famille, mon petit-fils Mathieu me prévient dès qu'on se met à table : « Je t'avertis, mamie, si jamais ça ne te plaît pas, tu ne reviens plus, mais tu ne dis pas un mot, OK? »

Rien n'y fait, c'est plus fort que moi, je ne peux pas m'empêcher de dire ce que je pense ! J'ai toujours du mal à accepter qu'un incompétent ou un paresseux occupe la place de celui qui a peine à trouver du travail.

Mon premier spectacle professionnel

Revenons à mes quatorze ans, alors que j'ai joué dans une revue musicale, *Coquetel 46*, de Jeanne Couet et de son mari, Fernand Robidoux. Après l'école, je suivais des cours de solfège avec elle, une musicienne accomplie et la vedette d'une célèbre émission de radio, *Zézette*.

Pour mes débuts sur la scène du Monument-National, Fernand Robidoux m'avait recommandée comme choriste auprès du metteur en scène Teddy Burns Goulet. Je l'ai fait à l'insu de mon père qui, promu détective, travaillait de nuit. Ma mère, épuisée de mes supplications, m'a autorisée à participer au spectacle.

On avait distribué de petits rôles à des mannequins qui n'assistaient qu'à une répétition sur deux. Leur indiscipline me valait une écoute attentive du metteur en scène qui remarquait mon travail appliqué.

La distribution comptait aussi deux jeunes vedettes assidûment accompagnées de leur mère à toutes les répétitions. Monique Lepage, dix-sept ans, et Ginette Letondal, du même âge que moi, l'une blonde, l'autre brune, toutes deux sublimes de talent et de beauté.

De la coulisse, je ne les quittais pas des yeux. Finalement, comme je connaissais tous les rôles par cœur, j'ai hérité des répliques de quelques mannequins ayant fait faux bond au cours des répétitions.

Dès cet instant, nul doute, j'étais une actrice, et il fallait que le monde entier le sache ! En sortant de la loge, je prenais bien soin de laisser un peu de fard sur mon visage, près de la racine de mes cheveux, pour que dans le tramway du retour à la maison les passagers comprennent à qui ils avaient affaire. Et je m'arrangeais pour en laisser paraître encore un peu le lendemain matin pour que les élèves de l'école, où je faisais ma huitième année, le remarquent.

Un soir après le spectacle, tout à mon bonheur de prendre part à cette belle aventure, je sors du Monument-National avec un camarade et nous marchons, insouciants, boulevard Saint-Laurent jusqu'à l'arrêt du tramway. Soudain, dans mon dos, je sens une main qui m'agrippe l'épaule. Je me retourne et me retrouve face à mon père qui faisait sa ronde dans le Red Light, où se situait le théâtre. « Qu'est-ce que tu fais sur la *Main* à une heure pareille ? » J'en ai pris pour mon rhume, et ma mère a reçu son lot de reproches au téléphone quelques minutes après. Pauvre maman, elle qui m'avait couverte encore une fois…

En haut, à gauche : Denise, à 14 ou 15 ans…
En haut, à droite : Jean-Guy Tondreau, premier amoureux de Denise.
En bas, à gauche : Denise.
En bas, à droite : Denise à 30 ans.

En haut, à gauche : Denise accompagnée de Jean Nadeau, une soirée de gala.

En haut, à droite : Denise à 19 ans.

En bas, à gauche : à Paris, avec Maurice Chevalier à l'émission *36 chandelles* animée par Jean Nohain à RTF, en 1957.

En bas, à droite : Denise avec Jacques Lorain au Cabaret Montmartre, qui a succédé au Faisan Doré, pour un spectacle de Patachou.

Denise à l'avant-plan d'un mariage d'époque.

En haut : avec Danièle au lac de l'Achigan.
En bas : au baptême de Sophie, Ambroise Lafortune, Jacques Lorain, Denise, Danièle, Yvonne Parent et le père Filiatrault, caché par Denise.

En haut : Miss Radio-Télévision 1960, avec Jacques Lorain, le premier ministre Daniel Johnson et sa femme, Reine Johnson.
En bas : au gala Miss Radio-Télévision, avec les parents et Danièle.

En haut, à gauche : avec Georges Groulx dans *Clérambard*, de Marcel Aymé, mis en scène par Jean Gascon au TNM, en 1959.
En haut, à droite : la pochette française du disque quarante-cinq tours édité chez Barclay.
En bas, à gauche : Denise dans les bras de Paul Dupuis, avec Pierre Dufresne et sa compagne.
En bas, à droite : avec Gilbert Bécaud.

Avec Donald Lautrec.

En haut : devant la fontaine de Trevi, à Rome, dans les années 1960.
En bas : Donald Lautrec, Denise Filiatrault et Joël Denis.

Mon père adoré

Papa, mon héros, mon idole, mon adoration, était l'aîné de cinq garçons d'une famille qui ne comptait qu'une fille, que ma grand-mère Delphine gâtait et éduquait pour en faire une vraie demoiselle. Promise à un grand mariage, ma tante Simone suivait des cours de chant, de piano, de violon, de tennis, de haute couture, tous payés par ses frères qui, grâce à leur bonne éducation, gagnaient déjà très bien leur vie. Delphine, devenue veuve très jeune, n'aurait pas eu les moyens financiers de ses ambitions.

Je les revois, ma grand-mère Filiatrault et ma tante Simone, qui jouaient carrément à la poupée avec moi. Simone, de ses doigts de fée, cousait toutes mes robes d'enfant. Elle et ma grand-mère me trimballaient partout telle une petite princesse. Mon règne a pris fin quand ma tante Simone s'est mariée.

Hélas, elle n'a pas fait un mariage très heureux. À peine revenu de voyage de noces, son mari a été terrassé par la tuberculose, la maladie du début du siècle dernier, et a été conduit au sanatorium de Sainte-Agathe-des-Monts où il est demeuré trois ans. Simone, qui a donné naissance très tôt à son premier enfant, s'est retrouvée seule à devoir gagner sa vie. Engagée dans une manufacture, penchée sur une machine à coudre à confectionner des robes qu'on lui payait à la pièce pendant que sa mère gardait son fils Claude, elle trimait dur.

Combien elle a dû en coudre, des robes, au fil des ans pour que sa mère vienne à bout d'acheter une modeste maison à Saint-Eustache-sur-le-Lac. Tout ce temps-là, ma grand-mère semait dans la tête de papa l'idée de venir s'y installer aussi.

À quinze ans, je ne voulais rien savoir de quitter la ville, encore moins mes amis, et je rongeais mon frein en silence pour ne pas décevoir mon père si patient, si gentil.

Sa bienveillance et sa bonté étaient telles ! J'en veux pour preuve cet événement.

Un beau jour d'été, alors qu'on habite encore rue Cartier, je devais avoir huit ou neuf ans, je veux mettre mes sandales toute seule pour faire une blague à maman, mais surtout pour plus vite aller jouer dehors. Mais il me faut un petit crochet pour tendre la courroie et faire entrer le bouton dans l'œillet de ma sandale. Ma mère est occupée au salon avec un assureur, alors je vais dans la cuisine et décroche le tiroir à couteaux que je sors de sous le comptoir. Dans ma hâte, je ne vois pas la lame du couteau à dépecer la viande qui dépasse sur le côté du tiroir et s'enfonce dans mon avant-bras. Le sang gicle partout, je me mets à hurler. Maman arrive en trombe. Je n'ai jamais vu autant de sang, j'ai peur de mourir.

— Appelle papa !

— Non, appelle le prêtre !

— Non, non, appelle le docteur !

Tandis que l'agent d'assurances se défile, maman, sans perdre son sang-froid, me met le bras sous le robinet d'eau froide et me fait un garrot avec un torchon. Le sang finit par arrêter de couler.

Elle n'appelle ni curé ni docteur, et nous attendons le retour de mon père à 18 heures pour aller chez le Dr Sansregret, celui-là même dont Michel Tremblay parle dans ses romans.

Après l'examen :

— Il faut lui faire des points de suture.

— Quoi ?

— Il va falloir coudre ton bras.

Papa me jure que ça ne fera pas mal.

— Ben fais-toi donc coudre, toi aussi, comme ça je vais le voir si c'est vrai que ça fait pas mal !

Et pour me réconforter, papa prie le Dr Sansregret de lui faire cinq points de suture. Ainsi en confiance, je tends mon bras au médecin.

Depuis, j'arbore à l'intérieur de l'avant-bras une cicatrice en forme de demi-lune et, quand on m'en demande l'origine, j'en profite pour raconter cette anecdote, qui témoigne, à mon sens, de la grandeur d'âme de mon père.

Il adorait les enfants et avait une patience d'ange. Ces rares samedis de congé où il essayait de regarder sa partie de hockey en paix, Danièle lui mouillait les cheveux et passait de longs moments à le peigner dans tous les sens. Il ne bronchait pas.

Dans la cuisine, ma mère recevait ses amies pour une partie de cartes ponctuée d'éclats de rire et de récits de potins croustillants. Devant sa télé, il attendait son lunch de fin de soirée. Vovonne préparait toujours de quoi régaler sa visite. Un soir, tandis qu'une amie l'aidait à servir :

— Vovonne, ton mari prendrait un thé, mais il ne reste plus de lait.

— C'est pas grave, donne-lui pareil.

— Oui, mais il l'aime avec du lait.

— Ça fait rien, il fait noir dans le salon, il s'en apercevra pas.

Et mon bon père, qui ne se laissait pas berner, ne se plaignait pas pour autant.

Les soirs de danse

J'ai quatorze ans, ce sont mes dernières vacances d'été, avant le Business College et, les vendredis soir et le samedi toute la journée, je travaille chez Woolworth pour payer mon escapade du dimanche à la Plage-Idéale, à Laval. Le matin, mon lunch sous le bras et mon amie Pierrette à mes basques, je prends l'autobus au terminus Greyhound coin Drummond et Dorchester, aujourd'hui boulevard René-Lévesque. On y va surtout pour la salle de danse.

Toute la journée, à coup de 5 cents dans le jukebox, au son des Glenn Miller, Harry James et Artie Shaw, nous dansons le jitterbug. Surtout pas de *slows* ! Juste des « vites » !

À l'heure du souper, après une promenade sur la plage, nous rentrons dans les toilettes nous laver les pieds. Nous patientons sagement jusqu'à 20 heures l'arrivée de l'orchestre invité, toujours un vrai *big band*. Faute d'argent, nous n'avons pas accès à ces soirées. Et encore une fois, on n'a pas l'âge réglementaire. Mais comme rien ne m'arrête, nous restons sur la véranda à attendre la noirceur et en profitons pour nous glisser sur la piste de danse et nous mêler aux autres danseurs, des « vieux » d'au moins vingt et un ans. Ce truc marche à tout coup !

À la fin de la soirée, nous ne sommes pas plus riches, et il faut bien trouver un moyen de retourner chez nous. Sur le terrain de stationnement, les chauffeurs d'autobus attendent les passagers pour les ramener à Montréal. En regardant les gens monter à bord, je cherche comment parvenir à nous faufiler sans payer et ça s'annonce mal. J'ai peut-être une solution. J'use de tous les arguments imaginables pour convaincre Pierrette de la seule option qu'il nous reste : grimper sur le toit de l'autobus ! Terrifiée, elle finit par céder et, une fois tout le monde embarqué, j'entraîne ma Pierrette affolée et nous grimpons en vitesse sur le toit de l'autobus par la petite échelle à l'arrière du véhicule. Étendues à plat ventre au grand vent, on se tape tout le trajet en se tenant comme on peut, jusqu'au coin de la rue Saint-Denis et du boulevard Saint-Joseph où, profitant de l'arrêt au feu rouge, on descend. De là, nous marchons jusqu'à la rue Cartier, pour arriver face à face avec mon père et M. Alarie. À bout de nerfs tous les deux, ils battaient le pavé en nous attendant.

Inutile de dire que, après cet épisode, Pierrette a toujours pris soin d'acheter son billet aller-retour. Pour ma part, j'ai continué à faire le voyage de retour allongée à plat ventre sur le toit de l'autobus.

J'avais tout le temps une excuse pour rentrer à la maison à 23 heures au lieu de 22 heures. Mon père me chicanait, mais ma mère me soutenait. Elle savait que mes sorties du dimanche se limitaient au plaisir de danser. En revanche, elle n'a jamais rien su de mon mode de transport du retour.

Je foulais les pistes de danse de Pointe-Calumet et de la Saratoga Beach à Saint-Eustache, où je gagnais des concours de jitterbug, et j'allais jusqu'au Cosy Corner à Laval. L'hiver, quand je passais mes dimanches après-midi au Roseland Ballroom, Vovonne me croyait au cinéma.

Enfin, quand j'ai eu quinze ans, et à la condition ferme que je sois rentrée à minuit, ma mère m'a accordé la permission d'aller danser la veille du jour de l'An Chez Maurice Danceland, situé au deuxième étage du restaurant Chic-N-Coop (devenu le premier magasin de la chaîne Le Château), rue Sainte-Catherine Ouest. On y dansait au son de l'orchestre dirigé par Maynard Ferguson, jeune trompettiste prodige qui faisait sensation.

Mes amies, trop intimidées, n'osaient pas mettre les pieds dans cet endroit trop chic et pas de « notre monde ». Faut dire que le Danceland Ballroom dans l'ouest de la ville attirait plutôt la clientèle canadienne-anglaise.

Du moment que je dansais de 20 heures à 23 heures, la clientèle m'importait peu, et j'étais résolue à m'y rendre seule.

Depuis octobre, j'économisais et préparais cette soirée en feuilletant les revues de mode pour trouver « la » robe. Le soir fatidique, en la repassant, pressée comme d'habitude, je brûle le tissu de la jupe à la hauteur des genoux. Sans me démonter, je découpe le morceau brûlé, puis recouds ce qu'il reste du bas de la robe à l'autre pièce intacte. Pas question de rater ma soirée, ma robe est trop belle ! J'ai bien trop hâte de me pavaner dans ce fourreau Peg Top, en taffetas moiré jaune serin, au corsage sans manches, montant au cou et dont la jupe fendue de chaque côté dévoile la jambe. Qui va s'apercevoir de mon raccommodage au fil blanc ? J'enfile de longs gants fuchsia et, coiffée d'un diadème en pierres du Rhin, je pars, me croyant déjà la reine de la soirée.

Après trois quarts d'heure de tramway, j'arrive à destination et me dirige aussitôt vers le *powder room* pour me refaire une beauté. J'y croise de « vieilles femmes » d'au moins vingt, vingt-cinq ans, toutes plus belles les unes que les autres, en robes de lamé ou à paillettes qui scintillent de toutes parts. Je sens que plusieurs d'entre elles reluquent le bas de ma robe. Je me sauve en vitesse vers la salle de danse, me confortant dans l'idée que, une fois sous l'éclairage tamisé et mêlée aux autres danseurs, personne ne fera attention à ma robe. C'est exactement le cas, je danse toute la soirée, que des danses rapides. Pour respecter la permission de minuit, je quitte la salle de danse à 23 heures et descends l'escalier qui débouche sur la rue, en courant pour attraper le tramway juste à temps, sans perdre de pantoufle de vair, ni croiser de prince charmant...

Rendue à la maison, le cœur gros, je dois me résoudre à jeter ma robe. Maman dit que, au party du jour de l'An le soir, le salon chez ma tante Germaine ne sera jamais assez tamisé pour camoufler ma couture.

Les religieuses

Enfin l'été, le dernier jour du cours primaire, j'aurai fini d'en découdre avec les religieuses et cette relation ponctuée de leurs sautes d'humeur et de leurs élans de bienveillance. Si elles élevaient la voix sur un ton autoritaire, je me refermais comme une huître et si, plus conciliantes, elles me parlaient doucement, je me mettais à pleurer.

Hypersensible et très impressionnable, je fondais en larmes à la moindre émotion, ce qui faisait dire à Mme Alarie, la mère de mon amie Pierrette :

— Denise ? Elle a pas de cœur, c't'enfant-là. On lui dit n'importe quoi, pis elle s'en retourne chez elle en braillant !

Pour elle, n'avoir pas de cœur signifiait manquer de force, de courage.

J'ai longtemps fait les frais de cette hypersensibilité. Braillarde, je pleurais au cinéma devant Esther Williams, qui arrivait première après avoir traversé la Manche à la nage.

Plus tard, mes filles devenues adolescentes me surprenaient à cacher mes larmes dans les coussins du sofa.

— Voyons, maman, tu fais ce métier-là depuis assez d'années pour savoir que c'est arrangé avec le gars des vues.

— Ben oui, je le sais, mais c'est beau pareil.

Pour en revenir aux bonnes sœurs, force m'est d'admettre qu'en général elles étaient correctes, voire dévouées et surtout très patientes.

En fait, je n'ai eu de véritables problèmes qu'avec deux d'entre elles.

La première, une grande maigre aux lèvres pincées qui lui faisaient une bouche en trou de cul de poule, répondait au nom de sœur Marie-Denise. Très snob, elle se targuait d'être de la très réputée congrégation des sœurs de Jésus-Marie. De toute évidence, elle ne m'aimait pas et je prenais un malin plaisir à lui tenir tête et à la provoquer.

Je revois une scène en classe, où sœur Marie-Denise, juchée sur son estrade, se lance dans une envolée sur l'importance de bien choisir les prénoms de nos enfants à venir. Un choix judicieux se devrait de refléter notre foi catholique et, du même souffle, elle étaye son propos citant en exemple le prénom Shirley, dont il serait inconvenant de baptiser sa petite fille. Shirley, un prénom si laid et, ô horreur, païen !

Assise à mon pupitre à l'arrière de la classe, je marmonne mon désaccord. Elle vient, ni plus ni moins, de dénigrer le prénom de l'idole de mon enfance !

— Mademoiselle Filiatrault ! Veuillez donc vous lever et faire profiter toute la classe de vos commentaires, s'il vous plaît.

Pour éviter de perdre la face, j'obéis et, un peu baveuse, je lance :

— Moi, je trouve que c'est un très beau nom, Shirley. J'aime beaucoup ça et, si j'ai une fille plus tard, je vais l'appeler Shirley !

Pour me punir de cet affront, elle fait venir mon père à l'école. Papa écoute discourir cette vaniteuse qui se laisse prendre à son charme de bon seigneur, heureuse de discuter avec cet homme éduqué, et détective de surcroît. À ses yeux, ce n'est pas un de ces chefs de familles nombreuses dont les enfants pauvres s'entassent dans ses classes.

Je reçois quand même quelques réprimandes de mon père, mais sœur Marie-Denise a changé d'attitude à mon égard et m'accorde plus d'attention en m'attirant souvent à part. Sur le ton de la confidence, elle m'interroge sur certaines élèves :

— Unetelle est pauvre comme la gale, non ?

Comme si je pouvais être au courant ! Ce mépris m'indigne et, en avoir le courage, j'irais en aviser la supérieure, mais la crainte de représailles me retient, et j'entends la voix de ma mère : « On ne rapporte pas les paquets ! »

La seconde religieuse à qui je dois d'avoir subi à quatorze ans une des grandes humiliations de mon enfance est la redoutable sœur Marie-Calixa. En fin d'année, je dois participer à une séance de gymnastique en plein air, qui se déroulera en présence des parents. Pour cette occasion exceptionnelle, on nous autorise à quitter l'uniforme, à la condition de porter des vêtements décents.

Je me vois déjà parader dans le petit costume deux pièces en shantung blanc que ma cousine Rita m'a donné, et j'y tiens mordicus. Le hic : les manches m'arrivent au-dessus du coude, et la jupe juste au-dessus des genoux. Sœur Marie-Calixa décrète que c'est contraire au règlement qui prévoit le port des manches longues et de la jupe arrivant au bas du genou. Je m'obstine quand même à faire entrer dans la tête de sœur Marie-Calixa que mon petit costume est tout à fait convenable.

Scandalisée, elle réfute tous mes arguments, juge le costume indécent et menace de me renvoyer chez moi. Je refuse de lâcher prise, je tiens à être belle pour maman qui, avec toutes ses amies, vient voir notre séance de gymnastique. Enragée noir, sœur Marie-Calixa accepte que je porte mon beau petit costume, mais elle ne cède pas pour autant... Elle ne trouve pas mieux à faire que de coudre des pans de papier crêpé aux manches pour les rallonger et d'en coudre aussi sur tout le bas de la jupe. Fière du résultat, elle me laisse aller.

Imaginez le tableau ! Durant toute la représentation, au moindre de mes mouvements, on entend le froissement du papier crêpé : *a frich a frouch a frich a frach* ! L'humiliation !

Désespérée, j'aperçois ma mère qui rit aux éclats avec ses amies. La honte ! Aucune échappatoire, je suis verte. Moi qui rêvais de voir maman me venger et engueuler cette bonne sœur, la voilà écroulée de rire.

— Je te l'avais ben dit que ça ne passerait pas, mais t'as voulu faire à ta tête, pis t'as payé pour !

Au fond, je sais bien qu'encore une fois ma mère a raison.

Mes huit longues années chez les bonnes sœurs, parce que j'ai fait ma neuvième au Business College, se terminent à midi au mois de juin. Sitôt rentrée chez moi, je me débarrasse avec joie des horribles grands bas *drabes* que j'ai endurés tant d'années et qui tiennent si chaud en ce début d'été. Adieu l'uniforme, on sort le linge léger et on s'habille en blanc. Quelle délivrance ! La tradition (celle de ma mère) voulait qu'on ne porte pas de blanc, chaussures comprises, avant le 24 juin, en l'honneur de la Saint-Jean et pour célébrer l'arrivée de l'été. Il en allait de même au printemps, où on attendait le dimanche de Pâques pour étrenner, beau temps, mauvais temps, nos chapeaux de paille et nos souliers de cuir vernis. Parmi mes plus beaux souvenirs, la veille de la Saint-Jean, avant le coucher, maman me frisait les cheveux avec des guenilles pour que je sois belle le lendemain quand nous irions chez ma tante Germaine, rue Sherbrooke. Chaque année, ma tante installait des chaises et des bancs le long du trottoir devant l'immeuble où elle était concierge, et toute la parenté assistait au défilé aux premières loges. On regardait passer les fanfares des écoles, suivies du défilé de chars allégoriques. Je préférais toujours celui de Dupuis Frères. On frétillait d'impatience en attendant le maire Camillien Houde, un vrai *showman* que les Montréalais adoraient et qui le leur rendait bien. Il descendait de la voiture décapotable dans laquelle il défilait, puis il marchait au milieu de la rue Sherbrooke jusqu'au coin de Saint-Denis. Élégant dans son *tuxedo*, un gros collier doré sur sa poitrine, son haut-de-forme à la main, il saluait sous les cris de la foule en liesse. Quel spectacle ! Au final, le clou de la procession, le petit saint Jean-Baptiste aux boucles blondes, un agneau à ses pieds, défilait en envoyant des baisers à la ronde sous les cris de joie des badauds.

Vint le jour où le p'tit frisé et son mouton ont été évincés du défilé traditionnel.

Si certains ont été déçus, d'autres ont compris qu'il était temps que les Canadiens français affichent d'autres symboles qu'un mouton pour les représenter.

J'ai fini par délaisser le défilé de la Saint-Jean jusqu'à ce que j'y emmène mes enfants. En 1960, élue Miss Radio-Télévision par le public, on m'invite à défiler sur un char allégorique avec ma fille Danièle.

Quelle petite fille n'a pas rêvé de défiler sur un char allégorique, déguisée en princesse. Je lui en avais fait la promesse. Le jour venu, la perspective du défilé ne m'amuse pas tellement, je suis fatiguée à cause du travail. Je préférerais me reposer tranquillement à la maison plutôt que de revêtir ma robe d'apparat pour aller faire des bye-bye, juchée sur un faux trône en carton-pâte. Le jour du défilé, il fait gris, froid et il risque de pleuvoir.

Je serais trop heureuse de me désister, mais Danièle refuse de mettre une croix là-dessus. Et son entêtement d'enfant gâtée nous vaut de passer un après-midi à nous geler, assises au grand vent sur le char qui s'arrête pour nous faire descendre quand il pleut trop et nous faire remonter à la moindre éclaircie. Je suis frigorifiée et j'arbore un sourire forcé d'actrice. La pluie tombant sur mes épaules dénudées, je grelotte, alors que Danièle, rayonnante, envoie des baisers. Yvon Duhaime, costumier à Radio-Canada, se trouve par hasard sur le parcours. Mort de rire en nous apercevant, il me lance son chandail pour que je me réchauffe.

Le Modern Business College et les secrets de famille

Bien que je n'aie eu aucune ambition de devenir sténographe à la cour, comme mon père le souhaitait, j'ai adoré le temps du Business College. J'aimais les profs et je m'appliquais.

Un beau jour, quand j'arrive à la maison pour dîner, ma mère m'annonce en grande pompe :

— T'as reçu une lettre de Toronto !

Qui peut bien m'écrire de Toronto ? Je me précipite sur l'enveloppe et j'en sors une photo d'Alys Robi, assortie d'une jolie lettre. Elle m'encourage à me lancer dans ce métier dont je rêve tant.

Je n'en crois pas mes yeux : depuis un an que je lui ai écrit, je tiens à la main la réponse tant espérée. J'ai encore cette photo d'Alys Robi et sa lettre…

Au bout de quelques mois sur les bancs du collège, je soupçonne cette Hélène Lapointe de la rangée à côté de n'être nulle autre que ma demi-sœur. À quoi je le sens ? Elle en fait trop ! Elle est trop gentille, rit toujours de mes blagues, me laisse copier ses devoirs de mathématiques et m'envoie des cartes de Noël et d'anniversaire. Bref, elle ne se comporte pas comme mes autres amies !

D'ailleurs, l'intuition d'avoir été adoptée me taraude depuis longtemps. Chaque fois que je réclame mon extrait de baptême, mes parents trouvent un prétexte pour se défiler.

En tant qu'enfant unique, je me sens différente aussi bien à l'école que dans la rue Cartier, où toutes les maisons voisines abritent des familles nombreuses.

Un après-midi, décidée à en avoir le cœur net, je fouille dans les boîtes où maman conserve les papiers importants et je tombe sur un avis de décès de *La Presse* : « À Montréal, le 4 juin 1931, est décédée Evelyne Labonté […]. Elle laisse dans le deuil son époux, Lucien Lapointe, typographe à *La Presse*, ainsi qu'une petite fille, Denise. » Pas besoin d'être Sherlock Holmes pour comprendre que la « petite fille, Denise » en question, c'est moi.

Dans la classe, Hélène Lapointe, au courant de ce secret de famille, avait tout de suite compris.

On ne parle pas de ces choses-là, mes parents m'ont caché ça, voulant me préserver du regard qu'on porte sur les enfants nés de parents inconnus ou de filles-mères bannies de leur foyer et jetées à la rue.

Je me garde de parler de ma découverte pour ne pas leur faire de peine. Ils ont appris bien plus tard que je connaissais ma véritable identité depuis l'adolescence.

Au lendemain de mon enquête, je me confie à ma cousine Jeannot, au fait de toutes les histoires de famille, et elle me révèle que mon père biologique, Lucien Lapointe, a épousé en secondes noces la tante de ma mère biologique, Evelyne Labonté. Ils ont eu cinq filles dont Hélène, l'aînée.

Tout le reste de l'année scolaire, je garde le même comportement envers ma demi-sœur. Une certaine timidité, mêlée de pudeur, m'empêche d'aborder le sujet.

Des années plus tard, Hélène me téléphone pour m'annoncer qu'elle viendra me voir chanter le samedi suivant au Continental avec ses parents.

Je vais donc rencontrer mon père biologique pour la première fois. Étonnée de ne ressentir aucune émotion particulière, je suis un peu embarrassée quand même et m'interroge sur la façon d'agir avec lui. Qu'est-ce que je vais lui dire ? Après tout, il m'a abandonnée ! Il n'avait que vingt et un ans. Je dois sans doute lui pardonner et... Et merci, mon Dieu, de lui avoir donné l'idée de me laisser chez Yvonne Parent et Armand Filiatrault. Jamais je n'aurais pu rêver de meilleurs parents adoptifs.

Le moment venu, la rencontre se déroule bien et, comme je l'ai appréhendé, je fais face à un parfait étranger. Heureusement, l'heure du spectacle me sort de cette situation troublante.

À l'époque où je joue la Grand'Jaune dans *Les Belles Histoires des pays d'en haut*, je reçois un appel de mon père au studio.

— Denise, j'ai une mauvaise nouvelle à t'annoncer.

Je retiens mon souffle.

— Ton père est mort!

Tout ce que je trouve à répondre c'est:

— Ben voyons donc, papa, t'es pas mort, tu me parles!

Depuis un bon moment déjà, il sait que je connais mes véritables origines et me pousse à aller au salon mortuaire. Donc, l'après-midi, après le tournage de l'émission, j'y vais... à reculons.

J'entre à peine au salon quand l'épouse éplorée se jette dans mes bras en criant:

— Denise... Ah! ma Denise!

Je reste figée, mal à l'aise devant tant d'effusions de la part d'une inconnue. Hélène n'étant pas là, je ne connais personne de la parenté, en l'occurrence la mienne, dont les membres, tous âgés et assis à l'écart, égrènent leurs chapelets. Ne sachant plus où me mettre, je finis par quitter les lieux.

Cinquante ans plus tard, au Rideau Vert, je reçois une lettre d'Hélène. Elle m'y reproche d'avoir parlé lors d'une entrevue de ma déception lorsque j'ai rencontré mon père biologique et de l'avoir décrit comme un tout petit homme aux cheveux noirs, employé comme typographe à *La Presse.* Aussi tient-elle à rétablir les faits: il aurait été livreur de ce journal plutôt que typographe.

Pourtant, j'ai conservé la coupure de presse, toute jaunie certes, mais dont le texte imprimé, bien lisible, mentionne que Lucien Lapointe travaillait comme typographe à *La Presse.* Peut-être a-t-il été livreur à un moment donné? Fin de la parenthèse...

Au collège, j'adorais mes cours de sténo et j'avais trouvé un truc pour devenir encore plus rapide en dictée. On nous donnait toujours le même devoir : prendre trois phrases en dictée, laisser un espace, continuer et reprendre trois phrases, et ce, vingt fois de suite. Ce qui m'ennuyait profondément. Comme je revenais tous les jours à la maison pour le repas du midi, j'en profitais donc pour me débarrasser de mes devoirs en écoutant la radio.

Branchée à la station CHLP pour *La Parade de la chansonnette française*, je m'amusais à prendre mes trois lignes à même les textes de chansons. Et on n'y faisait pas tourner que des ballades langoureuses !

M'attendant à recevoir une sérieuse réprimande la première fois que je remets mon devoir, je me tiens prête à fournir une excuse et, à ma grande surprise, j'obtiens une excellente note. Je me dis que la prof ne lit probablement pas les copies. Le lendemain, je recommence à prendre des chansons en sténo et persiste ainsi jusqu'à la fin des cours. À la remise du certificat d'études de fin d'année, fière de mes bonnes notes en sténo, j'éprouve quand même un peu de remords de n'avoir pas strictement suivi les règles. Je m'oblige à dire la vérité au prof.

— Ma petite Denise, c'est le résultat qui compte ! Et pour y arriver, vous avez trouvé le meilleur exercice qui soit, que je vais d'ailleurs recommander à mes futures élèves.

Une job *steady* pis une pension assurée

J'ai quinze ans, un certificat d'études et toute la vie devant moi ! Je pars à l'aventure chercher du travail comme sténodactylo, mais je ne trouve rien. Ma mère n'a de cesse de me répéter :

— Va donc au bureau de l'Impôt sur le revenu, j'ai vu dans les journaux qu'ils cherchent des employés. Ça te ferait une bonne job, un bon salaire, pis une bonne pension pour la fin de tes jours.

Un vendredi matin, je me décide à aller place D'Youville dans le Vieux-Montréal et fais une demande d'emploi en bonne et due forme auprès d'un M. Gauthier qui, après avoir écouté mon baratin et regardé ma fiche d'inscription, m'annonce:

— Vous n'êtes pas admissible à cet emploi, mademoiselle. Il faut avoir dix-sept ans pour travailler ici et vous n'en avez que quinze.

Dépitée, je rentre au logis et raconte ma déconvenue à ma mère qui, elle, ne l'entend pas de cette façon et m'enjoint de revenir à la charge.

— Mais, maman, comprends donc que je suis trop jeune pour la job!

— Ben voyons donc, c'est un détail, ça, tu devrais y retourner. T'as juste à pas t'habiller pareil, il te reconnaîtra pas. Tu vas voir, ça va passer.

Le lundi matin, je me présente devant le même fonctionnaire, certaine que, maquillée, coiffée et habillée différemment, il ne me reconnaîtra pas.

Ça marche quelques minutes, puis…

— Me semble que vous êtes déjà venue ici il y a quelques jours…

— Oui, monsieur…

— Dites-moi donc pourquoi vous tenez absolument à travailler ici.

— Parce que ma mère dit que c'est une bonne job, avec un bon salaire et une pension assurée jusqu'à la fin de mes jours.

J'y suis restée trois ans. Et comme, entre-temps, nous avions déménagé à Saint-Eustache-sur-le-Lac, je voyageais en train tous les jours.

J'occupais un poste de dactylo à copier des dossiers à longueur de journée, j'avais « une job *steady* pis un bon *boss* », comme le disait Yvon Deschamps, mais je m'ennuyais à mourir.

Je gagnais 17 dollars par semaine et je tenais mon budget : 2 dollars pour mes tickets de tramway, 5 dollars de pension à ma mère, 3 dollars à déposer à la banque, il m'en restait un peu pour m'acheter du rouge à lèvres. Grâce aux augmentations de salaire au cours de ces trois ans, j'ai fini par gagner 35 dollars par semaine, ce qui représentait un bon salaire pour l'époque, mais j'avais à payer en plus mon abonnement pour le train Saint-Eustache–Montréal.

Pendant l'heure du lunch, les filles du bureau me réclamaient des chansons et riaient de me voir debout sur les bureaux à leur faire mes imitations des vedettes du moment. On avait du *fun.*

Durant ma dernière année à l'Impôt, j'ai commis la grave erreur de commencer à fumer. À peu près toutes les filles du bureau fumaient. Francine Major que j'aimais bien et dont je n'oublierai jamais le nom fumait comme une cheminée et entrait au bureau en manque le matin, comme une droguée, en quêtant une cigarette. Je comprenais mal cette fébrilité, je n'avais jamais fumé. J'ai voulu faire l'expérience. Le premier essai m'a conduite à l'infirmerie avec un gros mal de cœur.

— Qu'est-ce que tu peux bien aimer dans la cigarette, Francine ? J'ai été malade comme un chien !

— C'est parce que c'était la première fois, ma belle…

Alors comme une innocente, j'ai récidivé le lendemain et, malheureusement pour moi, sans ressentir de nausées. J'ai connu des périodes, notamment quand j'écrivais pour la télévision, où je pouvais passer quatre paquets par jour. Après plusieurs tentatives, en 1986, motivée par la venue au monde de mon petit-fils, j'ai enfin réussi à arrêter. Il était grand temps, j'ai écopé d'un certain degré d'emphysème pour le reste de mes jours.

À l'époque où je travaillais à l'Impôt, je me trouvais à l'occasion des jobs dans quelques spectacles de salles paroissiales. Au début, ma mère m'accompagnait, trop heureuse de sortir, se sentant si seule dans sa campagne. Ses amies, sa rue, son quartier animé, toute cette joie de vivre lui manquait.

Le Plateau bourgeois d'aujourd'hui n'a plus grand-chose en commun avec le quartier ouvrier de ma jeunesse. À la fin des années 1970, une faune d'artistes et de jeunes entrepreneurs l'ont investi et, malgré quelques transformations, jusqu'à récemment, le quartier avait conservé sa nature. Cette essence, je ne la retrouve plus. Il y règne un climat sectaire qui donne aux gens de l'extérieur le sentiment de ne pas y être les bienvenus. Je le déplore d'autant plus que le doyen des théâtres d'expression française au Canada est situé au cœur même de ce quartier. En tant que directrice artistique du Rideau Vert, l'accès à la culture au plus grand nombre et le rayonnement du théâtre font partie entre autres de mon mandat. Si un pourcentage de notre clientèle utilise les transports en commun, la perspective de s'engager dans un labyrinthe de rues à sens unique, bordées de parcomètres et de vignettes, en rebute plusieurs. J'ai peine à comprendre qu'on refuse de simplifier le transit.

Selon moi, le Plateau appartient à tous les Montréalais, et tous devraient pouvoir y circuler en bonne intelligence.

Nous quittons le Plateau

Nous voilà déménagés à Saint-Eustache-sur-le-Lac et, la première année, nous avons du mal à nous adapter. Je m'ennuie de la ville et de son effervescence, de ne pas prendre simplement le tramway au coin de la rue pour me rendre au travail. Le matin, je marche une bonne distance depuis la maison jusqu'à la gare de Saint-Eustache pour sauter dans le train, direction la Gare centrale à Montréal. De là, encore dix minutes à pied jusqu'aux bureaux de l'Impôt sur le revenu, place D'Youville.

Le soir, mon père et moi, nous nous croisons sur le quai de la gare. Je descends du train, lui y monte en direction du centre-ville. Retraité de la police de Montréal, il s'est trouvé un boulot comme *house detective* de nuit à l'hôtel Laurentien.

Le jour, il dormait tant bien que mal, tandis que ma mère déprimée braillait comme un veau, ne connaissant personne dans cette petite ville où elle ne voyait que sa belle-mère et sa belle-sœur Simone qui habitaient l'avenue derrière chez nous. Et pour ajouter à sa détresse, ni l'une ni l'autre ne jouaient aux cartes ou au bingo.

Heureusement, l'année suivante, la Ville de Saint-Eustache-sur-le-Lac a offert à mon père le poste mixte de chef de police et chef des pompiers.

Fini les voyages en train, même qu'il pouvait venir dîner à la maison le midi, sauf que maman ne braillait plus dans sa cuisine à attendre. Devenue membre du cercle des fermières, des dames de Sainte-Anne et des Filles d'Isabelle, elle menait désormais une vie sociale.

La plupart du temps, mon père découvrait un mot sur la table de la cuisine : *Armand, ton dîner est prêt, tu n'as qu'à le mettre au four.*

Trois ans depuis notre arrivée, et je trouve les soirées longues et ennuyeuses. Ma grand-mère me conseille de commencer à monter mon trousseau.

— Pour quoi faire ? Je n'ai aucune intention de me marier bientôt.

— On sait jamais, mieux vaut prévoir.

Pour m'encourager, elle me brode des nappes, des serviettes de table, des linges à vaisselle : de véritables pièces de collection que ma mère fait admirer à ses amies qui se pâment sur mon trousseau soigneusement rangé dans le coffre de cèdre que toute jeune fille doit prétendument posséder. Je le paie par versements.

L'annonce du concours de Miss Cinéma 1950 parue dans *Le Petit Journal* vient me tirer de l'ennui. Je ne peux pas prétendre être vraiment une actrice, on tourne peu de films au Québec, mais je n'ai rien à perdre. Et puis, ne suis-je pas devenue la reine des concours en tout genre ? Et, non, je n'ai jamais rien gagné.

J'envoie donc ma photo et, quelques semaines plus tard, je suis convoquée à une audition au deuxième étage du restaurant Au 400 Chez Lelarge, un des premiers restaurants français de Montréal, fréquenté par toute la colonie artistique et journalistique des années 1950.

Nous sommes une centaine de concurrentes devant un jury composé en majorité de journalistes du *Petit Journal* et d'animateurs radio. Ignorante des exigences du concours, j'ai quand même préparé une chanson et attends mon tour avec un bon trac, mais pas trop envahissant.

Mon tour arrive. Après les questions d'usage, on me demande de mimer trois émotions : la joie, la peur et le chagrin. Je m'exécute et, à voir la réaction des juges, je pense m'en être bien tirée avec la joie et la peur. Au moment de mimer le chagrin, fière de moi et très émue que des gens si importants semblent m'apprécier, braillarde comme je le suis, j'éclate en sanglots !

Je ne suis pas couronnée du titre pour autant, mais je termine quand même parmi les seize finalistes qui seront présentées à la radio à tour de rôle sur les ondes du poste CKVL le samedi soir en direct du Café Saint-Jacques, où ma chanson a eu du succès.

En sortant de l'émission de radio, les journalistes nous emmènent finir la soirée au Faisan Doré, propriété d'Edmond et Marius Martin, réputés membres de la pègre marseillaise.

Le célèbre Jacques Normand faisait la renommée de cette boîte. Connu à la radio grâce à ses brillants monologues sur l'actualité, il excellait sur scène, et une faune d'intellectuels, d'artistes, de journalistes et d'annonceurs de Radio-Canada se mêlait à celle moins recommandable du milieu interlope pour venir l'entendre. Coin Saint-Laurent et Sainte-Catherine, c'était « le » cabaret à la mode, totalement différent des autres *night-clubs* de Montréal qui présentaient des artistes américains (de second ordre) dans des *novelty acts,* c'est-à-dire des numéros de magiciens, de jongleurs, d'acrobates en provenance de Philadelphie ou de Boston. Comme maîtres de cérémonie et pour les marcheuses et chanteuses-diseuses, on recrutait des artistes locaux. Les marcheuses, ainsi nommées parce que piètres danseuses, on les faisait parader sur la scène, réservant les numéros chorégraphiés aux rares danseuses professionnelles.

On appelait « diseuses » les interprètes de chansons populaires par opposition aux chanteuses d'art lyrique.

Le Faisan Doré se distinguait en ne prenant sous contrat que des artistes francophones, en majorité des chanteurs et chanteuses qu'on faisait venir de France, et parfois des Québécois comme Monique Leyrac ou le jeune Fernand Gignac.

À ses débuts, Charles Aznavour, accompagné de Pierre Roche, parrain de ma fille Danièle, formant les duettistes Roche et Aznavour, y a fait un malheur pendant plusieurs mois, voire quelques années.

Le public adorait l'accent marseillais de Clairette, marraine de ma fille Sophie, et raffolait de Jean Rafa, le M. C. (maître de cérémonie) à l'année.

Me voilà donc au Faisan Doré en compagnie d'autres finalistes de Miss Cinéma 1950, ainsi que des organisateurs du concours.

À la fin du premier show, Jean Rafa, qui m'a entendue à la radio un peu plus tôt dans la soirée, m'invite à monter sur scène. Sans me faire prier, j'y monte presque en courant pour interpréter ma chanson ô combien insipide : *Cuanta le Gusta*, popularisée par Carmen Miranda, vedette sud-américaine de films musicaux.

Je fais un *hit*, la salle enthousiaste m'applaudit, la clientèle de passage le samedi soir se montre souvent plus indulgente que celle des habitués.

Le Faisan Doré : des débuts difficiles

Edmond Martin me propose sur-le-champ un contrat de trois mois à raison de 75 dollars par semaine !

Jean Rafa claironne à la ronde que je remonterai cette boîte qui, selon lui, commence à sombrer dans la routine. Quant à moi, cette fois, j'en ai la certitude : ça y est, c'est arrivé !

C'était sans présumer de la réaction de mon père.

— Es-tu malade ? Réalises-tu que c'est un club dirigé par la pègre et que certaines personnes sont connues pour y faire la traite des Blanches ?

— Voyons donc, papa, t'exagères, les patrons, c'est tous des bons « monsieurs ». Edmond Martin, le directeur, est un vrai Français de France !

À force de le supplier, de lui promettre monts et merveilles, et grâce à ma mère qui intercède en ma faveur pour l'assurer que sachant différencier le bien du mal je ne poursuis pas d'autre but que celui de chanter, il accepte en posant deux conditions. La première : rencontrer M. Martin au début de mon contrat.

La tête d'Edmond Martin quand, voyant mon père, il reconnaît le détective « spécial » du Red Light, petit royaume des barbottes, maisons closes, putes, *pimps* et gangsters en tout genre. Après le passage de papa, on a dû recevoir des instructions dans la boîte, car personne n'a osé toucher à un de mes cheveux.

La deuxième condition ? Que je rentre tous les soirs – ou plutôt toutes les nuits – après le spectacle en taxi à Saint-Eustache.

Je me plie à toutes les conditions, pourvu qu'on me laisse chanter. Je tiens parole en rentrant en taxi à Saint-Eustache-sur-le-Lac au coût de 7 dollars la course, six soirs par semaine. Sur l'argent qu'il me reste, une fois prélevés le coût de mon abonnement au train, la pension par semaine versée à ma mère, les frais de maquillage et les partitions musicales, je n'en mène pas large. Aussi après deux semaines de ce régime...

— Armand, ç'a pas de bon sens ! La p'tite peut pas continuer comme ça pendant trois mois.

— C'est pourtant ça qui a été entendu, Vonneau.

— Peut-être, mais, moi, j'te dis que ç'a pas de bon sens ! Ça fait que j'ai pris sur moi de m'organiser avec ma sœur Léda. La petite va aller coucher chez elle après ses spectacles, pis elle reviendra à Saint-Eustache pour sa journée de congé.

Ce que Vovonne veut, Armand le veut, à mon grand soulagement.

Toutefois, la magie n'opère pas au Faisan Doré. Le public ne m'aime pas, on ne me trouve pas bonne... Et on n'a pas tort. La réalité me rattrape, et je perds mes illusions en constatant la différence marquante qui existe entre une cliente qui monte chanter sur scène un soir en amateur et une chanteuse professionnelle. À la fin de mon premier show, M. Martin a la face longue, et les *waiters*, découragés, comprennent que ce n'est pas avec moi à l'affiche qu'ils vont arrondir leurs fins de mois.

Pour enfoncer le clou, j'apprends qu'ils viennent de recruter une jeune chanteuse québécoise. Toute petite, belle comme un cœur, elle casse la baraque, comme on dit dans le métier, une interprète intelligente et cultivée, une voix grave et sensuelle. Cette révélation s'appelle Guylaine Guy, le public en est fou, et me voilà malheureuse comme les pierres.

Je prends la pleine mesure de mes lacunes. Je ne sais plus si j'ai du talent et, si j'en ai, comment le développer.

De toute façon, je ne fais pas le poids, impossible de rivaliser avec Guylaine. Ça serait perdu d'avance.

Je me suis donc liée d'amitié avec cette « rivale », rien de plus simple, elle était adorable, mais je souffre quand même de ne pas « pogner » auprès du public, en ignorant comment m'améliorer.

J'ai le sentiment de voler ma paye et je ne sais plus où donner de la tête à force d'écouter les conseils de tout le monde, de la *cigarette girl* aux *busboys* en passant par les garçons de table.

Au bout de quinze jours, le patron envoie Doggey, le *head waiter*, m'avertir qu'on me laisse une semaine de préavis, après quoi je serai remplacée par un chanteur français qui arrive à Montréal, recommandé par Charles Aznavour.

Pas facile à avaler. Si, d'un côté, je me sens soulagée, de l'autre, ayant remis ma démission à l'Impôt, je me retrouve le bec à l'eau. Alors je conteste : au lieu d'une semaine de préavis, j'en réclame deux, qu'on finit par m'accorder de mauvaise grâce. Erreur, je ne fais qu'allonger mon supplice à chanter pour un public qui m'ignore ou qui parle si fort durant mon numéro que j'ai peine à me concentrer.

Je n'ose pas exiger le salaire des deux mois qu'il reste à mon contrat, j'ai trop honte et je me sens rejetée tant par les patrons que le public. Frustrée, je me défoule en gueulant que c'est la faute des maudits Français qui viennent voler les jobs des Canadiens.

Durant ces quinze derniers soirs, le chanteur français fume sa pipe, assis au bar, et attend de me remplacer. Au fond de moi, j'ai la certitude que ma carrière est terminée.

En haut : avec Jean-Pierre Masson dans *Les Belles Histoires des pays d'en haut.*

En bas : avec Jean Duceppe dans *L'Échéance du vendredi*, de Marcel Dubé, téléthéâtre à Radio-Canada, 1971.

En haut à gauche : Cartierville, rue Beauséjour. Denise avec Sophie et Isabelle Péladeau au bord de la piscine.

En haut à droite : Sophie et Danièle, écolières.

En bas : rue Beauséjour, Denise, Danièle et Sophie en compagnie du chien Hillbilly.

Denise Filiatrault et Dominique Michel dans *Moi et l'autre.*

En haut, à gauche : avec Johnny Hallyday, à la discothèque La Licorne.
En haut, à droite : Denise.
En bas : avec Jean Besré dans *Les Après-midi d'Émilie*, au Théâtre Jean-Duceppe.

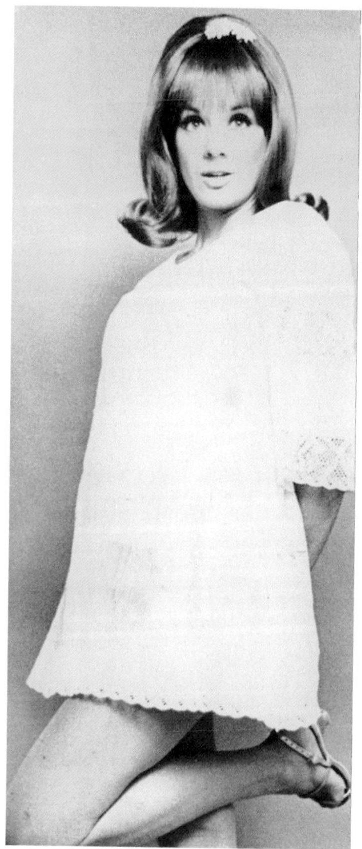

En haut, à gauche : Denise.

En haut, à droite : avec Bénito, elle porte la fameuse chasuble de vison qu'on lui volera à la Casa Loma.

En bas, à gauche : avec Yvette Brind'Amour, fin des années 1960, lors de la création des *Belles-Sœurs.*

En bas, à droite : Benoît Marleau, Denise Filiatrault, Michel Forget et Jacques Normand, dans le numéro d'ouverture au *Bye Bye 77.*

En haut: Denise vêtue de la fameuse robe signée Paco Rabanne, à la discothèque Epoca, en 1969.
En bas: avec Denise Pelletier, à gauche.

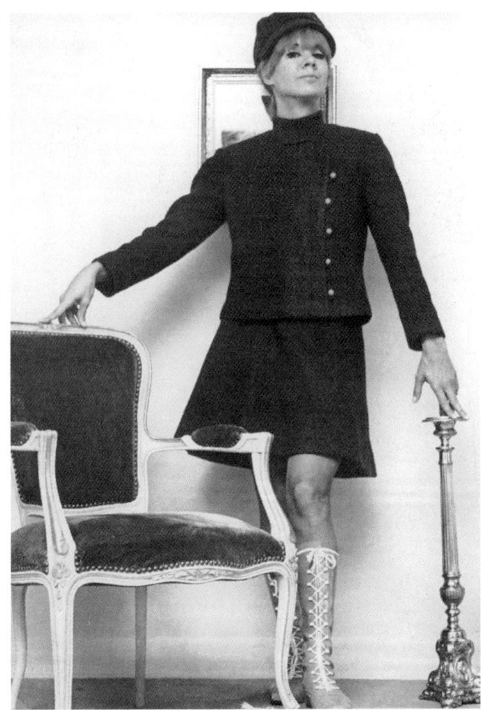

En haut, à gauche : Denise mannequin pour Elle, la boutique de Madeleine Quevillon, rue Crescent.
En haut, à droite : Denise devant chez elle.
En bas : Denise mannequin pour Elle, la boutique de Madeleine Quevillon.

Denise en Monica la mitraille devant la Place des Arts, 1968.

Deux événements auront quand même marqué mon passage au Faisan Doré. D'abord, la visite de toute l'équipe du film *Étienne Brûlé*. Un soir, aux environs de minuit, je vois débarquer les techniciens et les acteurs de la production qui viennent prendre un verre au cabaret pour fêter la fin du tournage. J'achève mon numéro de chansons quand j'aperçois Paul Dupuis, grand, viril, athlétique, de la trempe des Kirk Douglas et Burt Lancaster et, à ce jour, sans doute le plus bel homme que j'aie connu. Paul Dupuis a été découvert à Londres, alors qu'il occupait un poste de correspondant de guerre. Son physique impressionnant et son talent en ont fait rapidement une vedette de cinéma.

Dans la salle, toutes les femmes se retournent sur le passage de cet Adonis au corps bronzé, sculpté dans le roc, au regard bleu acier qui éclaire le visage encadré d'une longue crinière pour les besoins du film, aux reflets châtain doré. À la fin de mon numéro, je ne salue même pas le public, qui s'en fout de toute façon. Je n'ai d'yeux que pour ce géant et la starlette à son bras, au demeurant fort jolie et dont j'envie le bonheur, songeant que je n'aurai sûrement jamais la chance de rencontrer ce prince.

Le destin en décidera autrement.

Le deuxième événement marquant se révèle beaucoup moins glamour.

La scène du Faisan Doré trônait au milieu de la salle dans un espace complètement ouvert sur les spectateurs placés à l'avant comme à l'arrière.

Un samedi soir, au milieu du spectacle, la bagarre éclate entre deux clients. Au moment où les deux gars s'élancent sur la scène, le *bouncer* se précipite sur eux, tandis que, la peur au ventre, je continue à chanter. Ils se battent tous les trois à mes pieds en roulant sur le plancher jusqu'à l'arrière-scène. Le *bouncer* finit par les attraper tous les deux par le col et les descend de la scène. Puis il les mène à bout de bras au bord de l'escalier pour les rouer de coups de pied, avant de les lancer au bas des marches donnant sur la rue Saint-Dominique. Fin de la bagarre et de mon tour de chant au Faisan Doré.

À l'aube, les policiers ont retrouvé deux cadavres sur le trottoir, devant la porte arrière du cabaret. Aujourd'hui encore, quand je passe à cette hauteur de la rue Saint-Dominique, je ne peux m'empêcher de jeter un regard derrière l'établissement qui remplace aujourd'hui ce club de nuit de mes débuts.

Le Français de France

Le patron finit par me présenter ce fameux Français fraîchement débarqué.

— Denise, voici Jacques Lorain, le monsieur qui va te remplacer.

Le Jacques Lorain en question me gratifie, tout feu tout flamme, d'un baisemain, mais je ne veux rien savoir de lui ni de son baratin. Il n'a même pas l'air d'un « vrai Français ». Ses cheveux blond-roux, sa veste de tweed, sa pipe de Sherlock Holmes lui donnent plutôt l'allure d'un *British.* Cependant, en y regardant bien, je lui trouve une ressemblance avec Charles Trenet.

Me sentant rejetée après mon dernier spectacle, je ramasse mes p'tits et débarrasse la loge sans trop de regret. Je retourne chez ma tante Léda.

Après avoir connu le *nightlife* de Montréal, je n'ai plus du tout envie de vivre à Saint-Eustache. J'y vais quand même, le dimanche, et pour accrocher un sourire à ma mère qui me boude, j'ouvre mon coffre en cèdre et lui donne une pièce de mon trousseau. Elle sent que je m'éloigne du nid. Bien sûr, elle me soutient toujours auprès de mon père pour que je puisse continuer à vivre chez ma tante Léda. On habitait alors chez nos parents jusqu'à la majorité, fixée à vingt et un ans, et je n'en avais que dix-neuf.

Quand je suis rendue en ville, l'argent de mes cachets sur lesquels j'ai pu épargner me permet de subsister. Par contre, je me demande bien comment trouver du travail comme chanteuse.

Pas question d'abandonner, je n'étais pas à la hauteur au Faisan Doré, mais je réussirai à me placer ailleurs. Et je ne veux surtout pas retourner faire du 9 à 5 à l'Impôt sur le revenu.

Mais où et à qui m'adresser? Je ne connais rien, même pas l'existence d'agents qui se chargent de *booker* des artistes dans les clubs de nuit de Montréal et de la province.

Désemparée, je vais quand même au Faisan Doré voir le spectacle « du Français ». Je dois me rendre à l'évidence, il est excellent et va y rester un mois, car, depuis que Jacques Normand a quitté l'affiche, la clientèle se fait plus rare. La même année, on fermera le Faisan Doré pour le transformer et le rouvrir en boîte somptueuse, sous le nom de Cabaret Montmartre, mettant à l'affiche les grosses vedettes françaises de l'heure, Mouloudji, Patachou et même Mistinguett.

Un soir, ayant assisté au spectacle de Mistinguett dans ce nouveau cabaret, je me retrouve devant le miroir des toilettes en train de me poudrer le nez à côté de cette légende qui retouche son maquillage. De si près, j'ai un pincement au cœur à la vue de cette dame d'environ soixante-quinze ans, en maillot de lamé garni de plumes, terriblement ridée sous le fard. Insolente de jeunesse, je me dis : « Pauvre femme, avoir été la maîtresse du grand Maurice Chevalier, la vedette des Folies Bergère, la coqueluche de Paris pendant des années et se retrouver ici sur la *Main*… Elle doit vraiment avoir besoin d'argent. »

Comme Jacques Lorain aime bien Montréal et veut y demeurer plus longtemps, les patrons du Faisan Doré lui proposent de travailler dans un autre de leurs établissements, La Ceinture fléchée que tout le monde du métier a baptisée « La C'ling », et ils me prennent également pour chanter dans cette espèce de *joint*, pour ne pas dire un trou, de la rue Sainte-Catherine où la *crowd* étire la nuit jusqu'à 5 heures du matin.

La scène était placée entre deux murs ! Je n'avais jamais vu une scène configurée de cette façon et n'en ai jamais revu depuis !

Sur cette scène minuscule, l'artiste devait faire son numéro face à un mur ! L'accompagnateur se trouvait assis à un piano droit, adossé au mur arrière. Donc, je suis dos à dos avec le pianiste et, chacun, nous faisons face à un mur ! Alors, comble du ridicule, nous devons nous tourner de côté pour que le public nous voie la face de temps à autre, sinon on ne nous voit que de profil !

Disons-le, les trois quarts du temps, le public boit, parle, ne nous regarde pas et nous écoute encore moins.

Nos deux shows terminés, vers 3 heures du matin, on traverse la rue Sainte-Catherine jusqu'à l'American Spaghetti House. Les gars de la pègre, les artistes et les soûlons mangent un *spaghatt'* avant d'aller se coucher aux premières lueurs du jour.

Je crois que le contrat à La C'ling a duré un mois.

Chez Gérard à Québec avec le Français

Gérard Thibault, de la boîte Chez Gérard, offre un contrat de trois semaines à Jacques Lorain, qui me fait engager avec lui pour que je participe à son spectacle. À mon insu, Jacques me paie à même son cachet, car Gérard Thibault ne me trouve pas assez bonne pour me prendre sous contrat.

Je n'ai jamais oublié les préparatifs de mon premier long voyage hors de Montréal. Ma tante Léda veut bien m'aider à faire ma valise, sauf que je n'en ai pas, de valise ! Mon billet de train payé, il ne me reste plus un sou pour en acheter une. Donc, je dispose mes affaires dans deux sacs à Tousignant. Ma tante Léda, qui n'est jamais sortie de son deuxième étage du 2016, Laurier Est, me regarde partir, incrédule, stupéfaite de tant d'audace. Je vais aller dans l'ouest de la ville prendre le train à la gare Windsor ? Et je vais débarquer à Québec avec mes deux sacs à poignées et tout le reste ? Ben oui, je n'y vois rien qui cloche. Naïve et tellement heureuse à dix-neuf ans d'aller chanter à l'extérieur de Montréal, je ne comprends pas son étonnement.

Et en plus de tenir mes sacs en papier brun dans chaque main, j'ai mes robes de scène sur le bras, dans un beau plastique transparent sorti tout droit de chez le nettoyeur. Il ne me manquait que le perroquet sur l'épaule, comme disait une amie mexicaine.

Au comptoir de la réception de l'hôtel Victoria, je sens à la façon dont le commis me regarde que quelque chose ne va pas. Je n'en fais pas de cas et demande avec aplomb la chambre de M. Jacques Lorain. Quand Jacques me voit débarquer avec tout mon attirail, il comprend tout de suite que je n'ai jamais voyagé de ma vie. Comparativement à la sienne, la réaction du commis à la réception était très discrète.

Le public de Chez Gérard est-il plus poli que celui du Faisan Doré à Montréal ? Toujours est-il que mon numéro a dû passer le test, puisque je n'en garde aucun mauvais souvenir.

Chez Gérard et La Porte Saint-Jean resteront longtemps des boîtes à la mode.

Plusieurs vedettes internationales s'y sont produites, dont Édith Piaf, que j'y ai vue pour la première fois.

La dure école des cabarets

De retour à Montréal, je mets la main sur le répertoire des agents qui *bookent* les artistes dans les cabarets de deuxième et de troisième ordre. Ils me placent tous au moins une fois. Chanteuse ou danseuse, on signe un contrat d'une semaine, avec une semaine d'option si on plaît au public et surtout aux *waiters* qui assistent au premier spectacle du lundi soir, avec droit de vie ou de mort sur les artistes qui défilent.

On ne m'a jamais gardée une deuxième semaine. Alors l'après-midi, pour combler les semaines à venir, je fais la tournée des agents. Leurs bureaux sont situés pour la plupart rue Sainte-Catherine Ouest.

Au début, on prend le temps de me recevoir. Mais au fur et à mesure qu'on me reconnaît, je n'ai qu'à entrouvrir la porte du bureau pour avoir ma réponse. Je revois Frank Bass, juif anglophone, à son local de l'ancien King's Hall. Pas de secrétaire à la réception, on entre sans faire de manières. On le trouve assis au fond de la pièce, devant la fenêtre qui donne sur la rue Sainte-Catherine.

Toc, toc…

— *Hi Frank, got something for me next week ?*

— *Nothing !*

Par la suite, il se contente d'un signe de tête négatif et je me dépêche de refermer la porte, humiliée d'avoir été refusée de nouveau, sachant que j'aurai quand même le culot de revenir à la charge la semaine suivante.

Évidemment, comme je ne réussis pas à me démarquer, l'agent ne me trouve du travail que lorsqu'il n'a personne d'autre de disponible sous la main.

Mais j'ai besoin de gagner ma vie. Donc je continue ma *run* de lait rue Sainte-Catherine jusqu'à la rue Peel, au bureau de Roy Cooper, agent juif canadien-anglais, lui aussi. Cooper ne signe que de grosses vedettes américaines.

Toutefois, il s'occupe d'une auberge à Sainte-Agathe-des-Monts, qui prend de temps à autre de jeunes chanteuses canadiennes-françaises durant l'été.

Chez Cooper, il y va du bon vouloir de sa secrétaire pour que les petites chanteuses parviennent jusqu'à lui. Une fois passé la porte, tu te dépêches de débiter ton boniment pour ne pas te faire pincer les fesses ! Cooper tente de nous attraper tandis qu'on court autour de son bureau. Durant ce manège, il rigole, alors je ris aussi, feignant de m'amuser.

Je n'ai pas le courage de le remettre à sa place, il me faut du travail. De toute façon, je suis trop rapide, il n'arrive pas à me coincer. Heureusement pour moi, je ne suis pas pénalisée. À l'occasion, il me trouve du travail à Sainte-Agathe. (Il y a quatre ou cinq ans, Cooper m'a même téléphoné. Il était très fier du chemin que j'ai parcouru depuis mes débuts.) Je frappe aussi à la porte des Norman, père et fils, de Mme Turner, de Fernande Grimaldi. Tous très gentils, ils ont souvent pitié de moi et m'envoient chanter à l'hôtel du village de quelque coin perdu de la province.

Le plus souvent, les musiciens ne lisent pas la musique, pas plus que ceux de certains clubs de Montréal, d'ailleurs. Sans scrupule, ils griffonnent sur mes orchestrations. Mes cinq partitions, piano, basse, *drum*, sax alto et sax ténor deviennent presque illisibles.

J'aboutis à maintes reprises dans des lieux improbables. Une fois, je tombe sur un guitariste qui ne sait jouer que du country. Dans un autre club, le pianiste est aveugle ! Alors je chante les airs qu'il connaît.

Au final, ces cinq partitions qui ont grugé toutes mes économies sont tout juste bonnes pour la poubelle.

Mais p'tit train va loin, et je commence à prendre un peu d'assurance. Je sens ce qui ne va pas, mais ne sais pas comment y remédier.

Comme pour la plupart des interprètes, mon répertoire se compose de succès américains. On ne m'embaucherait pas du tout s'il n'y en avait pas, mais je m'entête à y ajouter des chansons françaises. La chanson québécoise, à part le folklore, est à peu près inexistante.

Depuis la fin de la guerre, la radio diffuse un répertoire plus moderne avec de nouvelles voix, dont Lucienne Delyle, Jacqueline François, Tohama, Annie Cordy…

MA VIE DE JEUNE FEMME

Les semaines et les mois passant, Jacques Lorain a envie de rester encore quelque temps au Canada, et nous décidons de nous mettre en ménage. J'ai dix-neuf ans. Ma mère n'apprécie pas du tout la situation et envoie mon père me chercher dans le petit meublé que nous habitons depuis peu. Je refuse de partir et j'explique à mon père que j'aime Jacques, que je vais demeurer à ses côtés. Cependant, je me garde bien d'avouer que je suis enceinte ! Ça, je ne veux pas que mon père le sache, et encore moins ma mère.

Papa téléphone donc à maman pour la raisonner.

— Ta fille ne veut rien savoir, elle reste avec le Français ! Il m'a l'air d'être un gars ben correct. Je ne peux pas la ramener de force. Elle est presque majeure. On est mieux de la laisser vivre sa vie que de se la mettre à dos.

Et il repart pour Saint-Eustache en m'embrassant, mais ma mère qui ne l'entend pas de cette oreille me téléphone en me traitant de tous les noms, mais je tiens bon.

Puis elle me rappelle deux heures plus tard pour s'excuser, et nous pleurons de joie, toutes les deux, trop contentes de nous être réconciliées.

Tant et aussi longtemps que ma grossesse peut se dissimuler, je continue à chanter – quand je trouve du travail – et fais quelques progrès en améliorant mon tour de chant grâce aux conseils de Jacques. De son côté, il travaille avec le célèbre Jacques Normand, devenu directeur et maître de cérémonie du cabaret-théâtre Saint-Germain-des-Prés, situé au coin de Saint-Urbain et Sainte-Catherine. Le Saint-Germain-des-Prés est alors affilié au célèbre Continental, propriété de Jack Horn qui n'engage que de grosses vedettes françaises ou américaines.

Jacques Normand, lui, se fait un point d'honneur de s'entourer d'artistes de chez nous, chanteurs, chanteuses et surtout humoristes à la mode, dont Gilles Pellerin, également annonceur à CKVL, et Paul Berval qui ouvrira quelques années plus tard son propre cabaret-théâtre Le Beu qui rit.

Jacques travaille au cabaret durant toute ma grossesse, ce qui nous permet de joindre les deux bouts. Nous habitons un autre petit meublé, rue Mackay au sud de la rue Dorchester, dont l'immeuble est détruit aujourd'hui, à deux pas de l'édifice qui abritait les studios de Radio-Canada ces années-là et où Jacques fait ses premières apparitions dans les téléthéâtres du dimanche soir.

Je poursuis donc ma *run* de cabarets *cheap*, surtout ceux de la rue Notre-Dame qui en compte une dizaine, dont le Mocambo, le Hale Hakala, le Pagoda, Le Coq d'Or, le 42, etc.

Parfois, je fais deux clubs le même soir.

Un samedi, je chante au Blue Sky, coin Sainte-Catherine et Saint-Laurent, et je double avec le 42, rue Notre-Dame, près de Saint-Laurent.

À la fin de mon dernier show au Blue Sky, j'ai tout juste le temps de prendre le tramway jusqu'au coin de

Saint-Jacques et de marcher jusqu'à la rue Notre-Dame pour mon spectacle au 42.

Rue Notre-Dame, j'ai à peine fait quelques pas très rapides que, tout à coup, je sens la présence de deux hommes d'à peu près six pieds et quelques, qui marchent derrière moi. Arrivés à ma hauteur, ils posent chacun la main sur mes épaules, et je m'arrête net. On dirait deux détectives qui me prennent pour une fille qui fait le trottoir. Ils me demandent de les suivre.

À la vitesse à laquelle je marchais, une prostituée n'aurait pas fait de très bonnes affaires !

D'autant qu'à 2 heures du matin les rues sont très mal éclairées ou carrément plongées dans l'obscurité. Ces dames recrutent le client dans des lieux plus clairs et plus animés.

Je me mets donc à hurler, mais personne ne vient à mon secours puisque les rues sont désertes. Je résiste à ces colosses en me laissant glisser sur les talons, accroupie entre eux deux, qui me traînent sur le trottoir vers je ne sais où. Ma peur, c'est qu'ils m'emmènent au poste de police où on risque de découvrir que je suis enceinte de trois mois, alors que mes parents n'en savent rien et qu'en plus je suis mineure.

Heureusement, un camionneur qui passe près de là a entendu mes cris. Il descend de son véhicule et s'approche de moi. Les deux affreux me lâchent enfin. Terrifiée, je m'agrippe à sa jambe en pleurant.

— Monsieur, je vous en supplie, ne les laissez pas m'emmener ! J'ai rien fait de mal, s'il vous plaît, monsieur !

Le camionneur se renseigne.

— Qu'est-ce qu'elle a fait ?

— Demandez-y, vous verrez ben.

— J'ai rien fait !

Naïve et innocente, je refuse de leur indiquer où je vais et de dire que je suis chanteuse. Je me crois trop connue dans le circuit des cabarets. Si je me nomme et si on découvre que la police m'a appréhendée, plus personne ne m'engagera.

Affolée, je me dis, alors que tout se bouscule dans ma tête : « Ils n'ont pas l'air de vrais policiers. Et si c'étaient des gars qui font la traite des Blanches ? » Mon père me rebattait les oreilles d'histoires sordides à ce sujet. Ou bien ils veulent m'enlever pour me violer ? Sur ces entrefaites, quelques chauffeurs de taxi s'arrêtent, suivis de quelques soûlons qui sortent des cabarets, le cercle s'agrandit autour de moi. Le camionneur discute avec les deux gars qui s'avèrent des détectives.

Toujours en braillant, je répète que je m'en vais travailler au 42 comme *cigarette girl*. Les hommes finissent par me lâcher et s'éloignent.

Le camionneur tente de me réconforter, puis retourne à son camion. Je reprends mon chemin en vitesse vers le cabaret, suivie jusqu'à la porte par des bonshommes complètement ivres qui, sortis des cabarets alentour, me questionnent à savoir pourquoi les *beus* m'ont arrêtée. Je poursuis mon chemin en silence, humiliée. Arrivée au 42, le barman, voyant mon état, me demande ce qui se passe. Je lui raconte tout et lui décris les deux affreux. D'après lui, ce sont deux détectives qui savent pertinemment qu'aucune fille ne racole dans le coin, puisque celles qui le font recrutent leur clientèle dans les cabarets. Ils m'ont très bien vue quitter le tramway, et aucune femme au monde ne fait le trottoir en p'tit char. Donc les deux affreux faisaient du zèle.

Rassurée par le barman si gentil, je passe derrière le comptoir où se trouve la trappe dont il soulève le rabat, pour me laisser descendre à la cave et rejoindre les loges.

Le lendemain, je téléphone à mon père et lui raconte l'indicent, en lui décrivant les deux soi-disant détectives.

Il me répond qu'il les connaît bien et qu'il va faire un rapport à ses supérieurs, mais, pour moi, le mal est fait.

Au moment d'écrire ces lignes, j'en pleure encore, non pas de honte ni de rage comme autrefois, mais de tristesse en revivant l'humiliation que je n'ai jamais oubliée, même enfouie au fond de ma mémoire.

Je fais aussi le Coq d'or, une boîte logée dans un sous-sol de la rue Notre-Dame, à quelques pas du 42, et dont le plafond nous arrive presque sur la tête.

L'endroit est un restaurant le jour et un club le soir. Je me produis sur une scène minuscule, accompagnée d'un seul pianiste, faute de place pour d'autres musiciens. Après le dernier spectacle, on démonte la scène afin d'installer une table pour le lunch du lendemain. Je fais deux shows par soir, comme d'habitude. Au premier, vers 22 h 30, toutes les filles de petites vertus viennent m'écouter avant l'arrivée de leurs clients. J'en compte dix-sept exactement tous les soirs, pas une ne manque à l'appel. Chacune à sa table devant un verre de Coke ou de 7Up, elles applaudissent comme si elles entendaient mes *tounes* pour la première fois. Pourtant, ce sont toujours les mêmes chansons deux shows par soir, pendant toute la semaine.

Le Coq d'or n'est pas régi par l'AGVA (American Guild of Variety Artists), un syndicat américain dont à peu près tous les clubs de Montréal font partie, et je suis sous-payée.

En tant que membre en règle de ce syndicat, je ne devrais pas travailler là, mais ai-je le choix ?

Il faut que je gagne ma vie, alors quelquefois je fais des cabarets qui ne sont pas régis par ce syndicat.

Le salaire minimum de 60 dollars par semaine pour une chanteuse membre passe à 45 dans un club *non-union*. Évidemment, c'est mieux que rien, et comme je ne me suis pas encore fait pincer par les inspecteurs de l'AGVA qui font la tournée des clubs… Peut-être qu'ils s'en foutent.

Le punch de cette histoire ? Il n'y a pas de loge au Coq d'or, et le gérant ne m'autorise pas à rester dans son bureau durant la pause entre les deux shows. Le dernier spectacle commence à 2 heures du matin. Donc, après le premier show, je vais m'asseoir dans les toilettes ! Non, pas dans le *powder room* ! Ça serait difficile, il n'y a pas de chaise, tout juste un miroir et une poubelle. Donc si je veux m'asseoir… Quand une cliente arrive, je lui cède ma place et récupère mon siège lorsqu'elle en sort. Sinon il me reste le bar et son lot de désagréments : la musique qui casse les oreilles et surtout les clients soûls qui te racontent leur vie et que t'écoutes d'une oreille distraite en hochant la tête pendant que ton esprit s'évade, rêvant au jour où tu sortiras de ces endroits minables pour devenir enfin une grande vedette… même si au fond de toi s'ancre la certitude que tu n'y parviendras jamais. Tu pars de si loin…

Un samedi soir que je suis assise au bar – trop de clientes vont et viennent dans les toilettes ce jour-là –, un jeune homme très bien élevé me fait la conversation. Montréalais d'origine, en visite chez ses parents au Québec, résidant aux États-Unis, il est danseur de claquettes. Il me demande pourquoi je ne vais pas chanter à Los Angeles.

— Aller chanter à Hollywood ? Es-tu malade ? J'ai toutes les misères du monde à travailler ici !

— Tu chantes trop de chansons françaises, c'est pour ça. Les Montréalais qui fréquentent les clubs sont tellement américanisés, ils veulent surtout du répertoire américain. Tu sais, à Los Angeles ou à New York, t'as plein de petits pianos-bars où on engage de jolies filles. T'es pas obligée d'avoir la voix de Judy Garland. Les Américains raffolent des chanteuses françaises (les Américains prononcent des *chantouzee*) qui chantent en anglais avec un accent. Ils vont t'adorer.

Je l'ai traité de fou qui voulait se rendre intéressant. Voyons, on n'engagera jamais une chanteuse canadienne-française aux États-Unis ! J'avais toujours en tête les paroles de ma mère : « Faut pas rêver, t'sais, quand t'es née pour un p'tit pain... »

Si on m'avait dit qu'un jour une jeune Québécoise à la voix exceptionnelle et poussée par un imprésario de génie deviendrait non seulement l'idole des Américains, mais une mégastar planétaire ! Un destin tel que celui de Céline Dion relevait de la science-fiction dans ces années-là.

Comme je suis enceinte de cinq mois, les horaires de spectacle du Midway me conviennent parfaitement. Le premier show à 15 heures et l'autre à 20 heures, je peux me coucher tôt. Le Midway, boulevard Saint-Laurent, s'annonçait comme « *a burlesque theatre* » et présentait surtout des numéros de striptease.

Aux États-Unis, l'arrivée du burlesque au début des années 1930 a pratiquement tué le vaudeville.

En Amérique, la différence entre le vaudeville et le burlesque tient au fait que les spectacles de burlesque comportent moins de sketchs et davantage de numéros avec des danseuses ou des stripteaseuses.

Alors les cabarets de vaudeville fermaient leurs portes à tour de rôle, supplantés par ceux qui présentaient du burlesque.

Ainsi, Louise Hovick et sa sœur June, que leur mère avait fait commencer au vaudeville encore enfants, se sont retrouvées à la rue du jour au lendemain. June, âgée de treize ans, s'est sauvée de sa mère pour aller se marier dans une ville voisine, tandis que Louise s'est recyclée dans le burlesque et est devenue à seize ans une des premières stripteaseuses célèbres, connue sous le nom de Gipsy Rose Lee. En plus d'être considérée avec Lili St-Cyr comme l'une des reines du striptease d'après-guerre, elle a fait carrière au cinéma. L'histoire de sa vie a été portée à l'écran comme à la scène dans la comédie musicale *Gypsy*.

Le burlesque était aussi très populaire à Montréal, au célèbre théâtre Gayety. Les grandes vedettes américaines du striptease: Lili St-Cyr, Peaches, Gipsy Rose Lee et autres y tenaient l'affiche.

Le clergé a longtemps bataillé pour obtenir la fermeture du Gayety, et c'est finalement le maire Jean Drapeau qui y est parvenu en 1953.

L'endroit, renommé le Radio City, a été dirigé par Jean Grimaldi, et on y a présenté du vaudeville jusqu'en 1956.

Cependant, en 1952, l'avènement de la télévision captivait le public et l'affluence diminuait.

En 1957, Gratien Gélinas rachète l'ancien Gayety pour fonder la Comédie-Canadienne qui aura pour vocation de faire connaître les créations canadiennes ou françaises. Au début des années 1960, Jacques Lorain et Gérard Thibault prennent la direction du volet variétés de la Comédie-Canadienne pour y produire des vedettes telles que Gilbert Bécaud, Charles Aznavour, Jacques Brel, Guy Béart, Sacha Distel et plusieurs autres qui ont tous eu beaucoup de succès.

Ce n'est qu'en 1972 que Gratien Gélinas cédera la Comédie-Canadienne au Théâtre du Nouveau Monde qui, après avoir occupé l'Orpheum, le Gesù et le Théâtre Port-Royal, s'y établit enfin et y est toujours.

Revenons aux années 1950… D'autres petits théâtres de la *Main*, dont le Midway, affichent encore du burlesque avec des stripteaseuses en provenance de Boston, Philadelphie ou Chicago, ainsi que des comédiens américains qui font leurs numéros de vaudeville entre les stripteases. J'enfilais trois chansons entre ces attractions.

La première fois que je monte sur cette scène, je ne me sens pas très brave.

Déjà, quand je chante ailleurs, c'est tout juste si on ne me garroche pas des tomates ! Heureusement qu'ils n'en ont pas sous la main. Alors imaginez au Midway, où les hommes paient surtout pour voir les filles se déshabiller !

Avant d'entamer ma première chanson, j'ai les jambes comme de la guenille et je serre les genoux pour me donner une certaine contenance. En plein après-midi, la salle n'est qu'à moitié pleine et on m'applaudit poliment après chaque chanson. Pour une fois, on me garde une deuxième semaine, au salaire de 80 dollars, un cadeau du ciel !

On me propose aussi de jouer dans les *bits*, ce qui en anglais populaire veut dire « jouer dans les sketchs ».

Dieu sait que j'ai besoin d'argent, mais pas encore assez pour accepter de jouer dans ces *bits* plus ou moins vulgaires, et mon anglais est assez rudimentaire. Cependant, je suis quand même fière qu'on m'ait offert une job sans que j'aie eu à la quémander. Toute contente en rentrant à la maison, je dis à Jacques :

— Écoute, ça va tellement bien pour moi au Midway qu'on m'a demandé de jouer dans les *bits*.

Il me regarde incrédule et me fait répéter.

— Oui, oui, ils veulent que je joue dans les *bits* !

J'ignorais qu'en France « bite » est un mot d'argot pour désigner le pénis.

Durant les deux semaines dans ce *burlesque theatre*, j'assiste à des scènes inimaginables. Plusieurs stripteaseuses emmènent leurs bébés qu'elles déposent à la cave qui sert de loge, alignant les petits paniers le long du mur. Après leur numéro de strip, les filles descendent donner le sein ou le biberon à leurs rejetons et remontent en vitesse pour leur deuxième passage. Je les trouve courageuses, ces mères qui s'occupent seules de leurs enfants nés pour la plupart de pères inconnus.

Ma grossesse étant de plus en plus difficile à cacher, le Midway sera mon dernier cabaret avant d'accoucher. J'évite les visites chez mes parents à Saint-Eustache : ils ignorent tout de mon état.

Un contrat à New York

Jacques a décroché un contrat à New York, au Bal Tabarin situé au coin de la 46e Rue et de Broadway, où on présente des artistes français. Pendant cinq semaines, il y remporte un franc succès avec son répertoire français et ses imitations de Charles Trenet et de Maurice Chevalier, que les New-Yorkais adorent.

Le jour du départ pour New York, on prend le train de nuit à la gare Windsor et, trop fauchés pour se payer des couchettes, on doit se contenter de dormir sur nos sièges. Lorain se réveille au milieu de la nuit et, ne me voyant plus à ses côtés, se met à ma recherche dans tous les wagons. Il finit par me retrouver dans le compartiment à bagages, allongée sur l'étagère près des valises. Enceinte de sept mois, épuisée, je n'arrivais pas à dormir assise.

Dans la Grosse Pomme, on nous avait réservé une chambre dans un petit hôtel que je trouve tout de suite trop cher. Au bout de deux jours, j'entraîne Jacques sur la 8e Avenue, beaucoup moins élégante et prospère que la célèbre 5e Avenue. J'avais repéré plein de *tourist rooms* bon marché et, marchant au milieu des clochards avec nos valises à bout de bras (les modèles à roulettes dorment encore dans le cerveau d'un inventeur), nous sommes crevés. Au bout d'un moment, la chicane pogne. Jacques se plaint qu'on a l'air de deux péquenots et il a bien raison, mais comme personne ne nous connaît, *who cares*?

Il finit par se résigner, sachant bien que nous n'avons pas les moyens de vivre à l'hôtel. Après New York, nous serons tous deux sans contrat. Moi parce que je suis presque arrivée à mon huitième mois de grossesse, et lui parce qu'il n'a aucune offre. Finalement, au coin de la 8e Avenue et de la 43e Rue, on loue une chambre au décor un peu vieillot, mais très convenable, pas tellement le style de Jacques, qui aurait préféré plus cossu, mais je ne lui laisse pas le choix.

Je suis heureuse, j'adore New York ! Jacques m'emmène dans les musées et nous visitons la ville en déambulant dans les rues. Un après-midi, j'aperçois mon idole Judy Garland, en chair et en os, qui discute avec un monsieur au coin de Broadway et de la 6e. Imaginez mon émoi...

Judy Garland ! La première vedette que j'ai vue au cinéma Papineau, juste à côté de La Licorne d'aujourd'hui. Je n'avais que treize ans lorsque, un jour après l'école, ma cousine Jeannot m'avait maquillée et coiffée d'un chapeau de ma mère, espérant que je paraisse en avoir seize. Le placier avait fermé les yeux, sans doute moins regardant pour la séance en matinée. Ainsi, j'ai vu mon premier grand film américain avec Judy Garland et Gene Kelly dans *For Me and My Gal.* Kelly en était à son tout premier film que je me suis repassé en tête toute la semaine, ne pouvant croire que des êtres humains puissent être aussi doués. Comment jouer, chanter et danser avec une telle aisance ? J'étais trop jeune encore pour me représenter le quart de la somme de travail à fournir pour atteindre cette perfection.

Avec Jacques, durant nos cinq semaines à New York, nous allons au cinéma le dimanche ou on se promène dans Central Park. Nous n'avons pas les moyens d'aller voir de spectacle sur Broadway. En revanche, j'ai vu Marlon Brando au cinéma dans *A Streetcar Named Desire.* Lui aussi m'a fortement impressionnée.

Par un beau dimanche après-midi, on se décide à visiter la statue de la Liberté sur Staten Island.

On prend le métro, Jacques qui ne parle pas un mot d'anglais, et moi qui n'ai aucun sens de l'orientation. À changer continuellement de ligne, pour tenter de nous y retrouver, nous avons échoué à Coney Island et, après des heures d'errance, sommes rentrés épuisés. Nous n'avons jamais répété cette expérience.

Au Bal Tabarin, Jacques a un fan, un Américain d'une cinquantaine d'années, très *clean-cut,* toujours souriant, qui vient assister au second show même s'il ne parle pas un mot de français.

Après le spectacle, limousine à la porte, il nous invite à manger dans un grand restaurant. Imaginez la scène : le monsieur, tout sourire, ne parle pas notre langue, Jacques ne parle pas la sienne, et moi si peu que ça donne un repas de longs silences que je tente de meubler dans un anglais plutôt bancal. Impeccable, le monsieur demeure tout sourire et paraît toujours très satisfait. Le repas terminé, après les *thank you very much* d'usage, son chauffeur, nous ouvre la portière de la limousine et nous ramène directement à notre chic *tourist room* sur la 8e !

Une situation pour le moins bizarre. Qui est ce type-là ? Un caïd de la pègre ? On a fini par apprendre qu'il était un vétéran de l'armée américaine, nostalgique de Paris, et que Jacques en spectacle lui rappelait Maurice Chevalier.

Tout va pour le mieux durant ces cinq semaines que j'apprécie vraiment. Je téléphone à mes parents à l'occasion pour leur donner de mes nouvelles, sachant bien qu'en rentrant à Montréal il sera temps de les mettre au courant de mon état.

D'ici là, j'essaie de ne pas trop y penser. En vérité, je ne pense qu'à l'heure des repas !

C'est à New York que Jacques m'apprend à manger à la française. Je croyais qu'on se contenterait du comptoir Soda Fountain chez Woolworth, qui est abordable. En plus, la tarte aux pommes y est tellement bonne !

Jacques ne veut rien savoir de la tarte aux pommes de chez Woolworth ! En vrai Parisien, il tient à sa bouffe à la française.

Si j'ai réussi à le faire économiser sur le prix de la chambre, il ne fera pas de compromis sur la nourriture.

Heureusement, Clairette, chanteuse marseillaise, l'avait précédé au Bal Tabarin et lui avait recommandé le restaurant français Chez Thérèse, au coin de la 48e Rue et de la 8e Avenue. Enchantés dès notre première visite, nous avons fini par y manger tous nos repas, et j'ai vite pris goût à la cuisine française dont je ne me suis plus jamais passée.

Le contrat de New York terminé, nous devons rentrer à Montréal. Le train est encore trop cher, alors on revient en autobus. Une bien mauvaise idée, car j'ai mal au cœur les douze heures du voyage de nuit.

À mon retour, je vois le médecin de mon enfance, le Dr Sansregret, qui me trouve bien imprudente à huit mois de grossesse d'avoir fait ce long voyage en autobus qui aurait pu provoquer l'accouchement.

Au moins, Jacques Normand a eu la gentillesse de prendre Jacques Lorain à son cabaret pendant le reste de ma grossesse.

L'annonce faite à Vovonne

Nous retrouvons donc notre meublé rue Mackay. Plus moyen de retarder le moment de parler à mes parents et, un après-midi de novembre, je monte à bord du train pour Saint-Eustache. À la porte de la maison, ma mère m'accueille en souriant et, voyant mon ventre, elle porte la main à sa bouche pour étouffer un « Ah ! mon Dieu ! Ah ! mon Dieu !... Mon Dieu ! Mon Dieu, mon Dieu ! »

À l'époque, enceinte plus célibataire égale péché mortel ! Le top de tous les péchés, aussi grave que le meurtre, mais ça dépendait pour quelle famille. Bref, j'ai commis l'impardonnable, le déshonneur sur toute la famille, le scandale dans tout le quartier.

On est encore au temps où, dans les petits villages, le père bannit sa fille du foyer sans que la mère puisse quoi que ce soit pour la retenir. Ces pauvres filles-mères se sauvent à la ville pour cacher leur péché. Certaines trouvent du travail comme bonne à tout faire, dans des familles huppées d'Outremont ou de Westmount, où on les exploite au maximum jusqu'à l'accouchement.

Généralement contre leur gré, elles abandonnent leur bébé à la crèche (l'orphelinat). À peine ont-elles vu le bout du nez du bébé qu'on les force à signer des papiers d'adoption. Un geste aussitôt regretté après qu'elles ont repris leurs sens. C'est le prix à payer pour sauver l'honneur de la famille et retourner dans leur patelin.

— Ben oui, maman, je suis enceinte de huit mois.

Sur ce, ma mère, comme d'habitude lorsqu'un drame survient, se réfugie dans sa chaise berceuse et répète comme une litanie : « Mon Dieu, mon Dieu, mon Dieu… »

— Je me doutais pas que ma fille était une p'tite guidoune ! Qu'est-ce que ton père va dire ? Qu'est-ce que ta grand-mère va dire ? Ah ! mon Dieu ! Mon Dieu, ah ! mon Dieu ! Qu'est-ce que ton oncle, le père Jean, du Très-Saint-Sacrement, va dire ? Le saint homme !

— …

— Te rends-tu compte que ce Français-là a quinze ans de plus que toi ? On sait pas, il est peut-être marié de l'autr' bord, pis il a peut-être des enfants ?

La tête basse, je me tais parce que, effectivement, il l'est, marié de l'autre bord. Jacques ne m'a jamais caché son passé. Je sais que, durant la guerre, il a été arrêté et envoyé en Allemagne dans un camp de prisonniers d'où il est parvenu à s'évader après deux tentatives. Après la guerre, il s'est engagé au Théâtre aux armées et y a rencontré une acrobate qu'il a épousée.

Ce mariage n'a pas trop d'importance à mes yeux. L'union n'a pas été célébrée à l'église catholique, sa femme étant protestante. Et comme ils n'ont pas d'enfant…

Enfin, tandis que ma mère finit de sécher ses larmes, j'essaie de lui expliquer que nous sommes amoureux et que, aussitôt qu'il fera un peu d'argent, Jacques ira à Paris s'occuper de son divorce. Et voilà qu'elle recommence à brailler de plus belle !

Soudain, on entend la porte de la maison s'ouvrir, ma tante Simone et ma grand-mère débarquent en trombe dans le corridor qui mène à la cuisine.

« Ah mon Dieu ! Mon Dieu, mon Dieu ! » À mon tour d'implorer le Seigneur… Apercevant maman qui sèche ses larmes, ma grand-mère Delphine s'inquiète :

— Voyons, Yvonne, qu'est-ce qui vous arrive ?

Et ma tante Simone renchérit :

— Ben oui, Vovonne, voyons, qu'est-ce qui se passe ?

Et ma merveilleuse Vovonne se rattrape au vol en improvisant comme une actrice qui a un trou de mémoire…

— Ah, parlez-moi-z'en pas, j'suis tellement émue ! Imaginez-vous donc que ma Denise vient de m'annoncer qu'elle s'est mariée à New York.

Les deux femmes, radieuses, se tournent vers moi.

— Ah oui ?

Et toujours à la table, je me lève d'un bond.

— Ben oui…

Puis elles constatent mon état et, mi-figue, mi-raisin…

— Ah bon !

— Ah ben !

Elles sont perplexes, surtout ma tante, alors j'invente, je brode sur mon mariage à New York. Leurs yeux s'allument, elles mordent à l'hameçon, ma réputation est sauve.

Au moment de partir, je braille dans les bras de ma mère, qui braille, elle aussi, en s'excusant de m'avoir traitée de petite guidoune.

Étouffant un sanglot, elle m'assure que je serai toujours la bienvenue à la maison et, dans un reniflement, elle ajoute :

— Mais pas lui…

Quant à mon père, il n'a pas trop mal encaissé le choc et, à la naissance de Danièle, il est devenu un grand-papa gâteau, et maman, une adorable grand-mère.

Lorsque l'enfant paraît

La naissance du bébé est prévue entre Noël et le jour de l'An. Un dimanche soir de la mi-décembre avec Aglaé, une chanteuse québécoise très populaire au Québec comme en France, avec qui je m'étais liée d'amitié, j'assiste au spectacle du futur père de mon enfant quand, soudain, je sens mes eaux crever. Affolée, je ne comprends pas ce qui m'arrive et Aglaé, déjà passée par là, me ramène vite à la maison pour préparer ma valise. Jacques doit finir son spectacle, accompagné au piano par Pierre Roche. Ensuite, tous les trois, ils m'emmèneront à l'hôpital.

Mes douleurs s'intensifient pendant que nous attendons les deux hommes qui ne trouvent pas de taxi dans la tempête de neige.

Alors que je me tords de douleur, à me pendre après les rideaux, Aglaé entreprend de me faire les ongles. Jeune et encore très douce, je n'ai pas le cœur de l'arrêter, mais, durant les contractions, j'hésite entre lui sauter à la gorge ou simplement m'évanouir.

Les deux hommes arrivés, nous partons. Devant la porte de l'Hôpital Notre-Dame, les douleurs sont foudroyantes, je veux me jeter dans le banc de neige, et les deux hommes ont tout juste le temps de me retenir.

Au moment de faire mon admission, je profite d'une accalmie, sachant bien que les contractions vont me reprendre, et ça m'obsède.

On m'enregistre sous le nom de Mme Jacques Lorain, car je n'aurais pas eu le droit d'accoucher dans cet hôpital en tant que célibataire.

On me conduit aussitôt dans la salle de travail, les contractions sont plus rapprochées, mais surtout je crie trop fort.

Exaspérées, les bonnes sœurs me disputent.

— S'il vous plaît, madame, prenez sur vous !

Elles n'en peuvent plus de m'entendre, on dirait qu'elles se doutent que je suis une fille-mère tellement elles sont sèches avec moi. Je m'excuse, pleine de bonne volonté, jusqu'à la prochaine douleur où je recommence à hurler de plus belle. Ça dure jusqu'à l'arrivée du Dr Sansregret vers 4 heures du matin. Heureusement pour les religieuses, j'ai été élevée dans le respect de l'autorité. Aujourd'hui, même à bout de forces, je les sortirais de la pièce.

Toutes les femmes qui ont accouché me comprendront...

Danièle est née à 4 h 20 du matin, un bébé de 7 livres et 5 onces. Je me sens la reine de l'Univers d'avoir mis un enfant au monde. Jacques avait espéré un garçon, mais il est très heureux. Nous avons choisi Aglaé et Pierre Roche comme marraine et parrain.

Au bout d'une semaine à l'hôpital, nous rentrons à la maison avec le bébé et je vais enfin pouvoir pouponner !

Mais où l'installer ? Je n'ai pas de bassinette ! Même pas un panier d'osier, pas une couche, pas un biberon !

L'accouchement étant prévu après Noël, dans ma grande naïveté, je croyais avoir tout le temps de profiter des soldes. Heureusement, la concierge de notre immeuble nous a prêté un petit lit d'enfant et nous a fait une liste d'articles de base à nous procurer. Du lait, six biberons, six couches, de l'huile pour bébé, etc.

Je me lève pour donner le boire à Danièle toutes les trois heures, jour et nuit. Pour chaque biberon, il faut bouillir l'eau pour stériliser les bouteilles et percer les tétines, et on n'y arrive pas, même avec une broche à tricoter.

Une nuit, je vois Jacques, épuisé, s'y attaquer avec une paire de ciseaux, et la petite boit enfin son lait… Ensuite vient le temps de faire passer le rot, et nous espérons qu'une des six couches qui sèchent sur le calorifère sera prête à temps. Toutes les cinq minutes, je me plonge dans le livre *La Mère canadienne et son enfant*. La petite pleure sans arrêt, j'essaie de déceler si c'est parce qu'elle a faim ou à cause de la douleur des coliques… Si elle souffre de constipation, *La Mère canadienne et son enfant* conseille de « masser le ventre de l'enfant en dessinant de petits cercles avec le bout des doigts », ce que je fais, et elle arrête de brailler !

Exténués, nous n'avons que dix minutes pour dormir avant le prochain boire.

Au bout d'une semaine à ce régime, je n'ai plus les yeux en face des trous, et il va falloir que nous recommencions à travailler. Par l'entremise de Jean Rafa, Jacques a trouvé une dame Morin qui garde des enfants à la semaine et prend Danièle en pension.

Le cœur en lambeaux après l'avoir déposée dans les bras de son père qui l'emmène chez la nounou, je m'étends sur le lit tout habillée et je dors quinze heures d'affilée.

Il va falloir la faire baptiser, sinon elle sera déclarée « fille illégitime d'Untel et Unetelle ». Encore une fois, Jacques Normand, toujours généreux, prend les choses en main.

Le baptême est célébré chez lui, dans sa grande maison de Verdun.

Il connaît un vieux *padre* de l'armée, assez conciliant pour baptiser une enfant dont les parents ne sont pas mariés. Elle aura un acte de baptême en bonne et due forme. Ma mère est contente, l'honneur est sauf, et son vœu, exaucé. Elle se réconcilie avec le père de mon enfant.

Pas de congé de maternité

Je reprends la tournée des *joints* ou, pour mieux dire, des clubs de nuit. Comme je travaillais le soir, j'allais voir ma fille les après-midi de fin de semaine. Ça m'a donné une certaine maturité de mettre un enfant au monde et, du coup, j'ai davantage confiance en moi. Je chante les chansons américaines qu'on me réclame, mais j'insiste pour enrichir mon répertoire de succès de Jacqueline François, Lucienne Delyle et Tohama, les nouvelles vedettes françaises d'après-guerre.

L'arrivée de la télévision

Le 6 septembre 1952 marque l'arrivée de la télévision. À ce moment-là, je chante au Beaver, situé coin Sainte-Catherine et De Bleury.

Jean-Yves Bigras de l'Office national du film, devenu réalisateur à Radio-Canada, fait le tour des cabarets à la recherche d'artistes pour ses émissions de variétés. Il tombe sur mon numéro et m'engage aussitôt pour participer à une émission en compagnie de Raymond Lévesque et Mimi Catudal. En novembre, je fais ma première apparition à la télé dans une émission en noir et blanc, ayant pour thème la pluie. Le décor représente un grand jardin avec, au centre, une fontaine à plusieurs jets.

Malheureusement, la technique n'est pas encore au point, et la transparence de l'eau donne du fil à retordre au cameraman.

Après plusieurs essais, un technicien a l'idée de teinter l'eau avec de l'encre. Et comme je chante juste à côté de la fontaine, mon ensemble, trench-coat et béret sur l'œil à la Vivien Leigh dans *Waterloo Bridge*, en prend un coup ! Qu'importe, je suis si heureuse d'être à la télévision !

L'émission n'a pas eu un très vaste auditoire, les foyers équipés d'un téléviseur sont rares. On voit souvent les gens, en rang d'oignons sur le trottoir, qui regardent les émissions sur les télés en vitrine des magasins.

Je fais ma deuxième émission avec Pierre Mercure, le mari de la comédienne Monique Mercure, musicien et réalisateur à Radio-Canada. Il m'offre de chanter *Les Feuilles mortes,* succès d'Yves Montand, accompagnée d'un orchestre sous la direction du célèbre chef Jean Deslauriers.

Chanter avec soixante-quinze musiciens ! Habituée aux cabarets, je me sens au paradis, mais me paie un de ces tracs !

Durant une répétition, j'entends quelque chose qui cloche avec l'orchestre. Je ne saurais pas dire quoi exactement, alors je n'ose pas intervenir. Mais Tony Romandini, guitariste talentueux et très réputé, s'aperçoit de mon malaise.

— Quelque chose ne va pas ?

— Euh... non, non, tout va très bien.

Jean Deslauriers s'enquiert :

— Vous êtes certaine, Denise ?

J'hésite, mais je me risque :

— Ben... J'ai l'impression que l'alto n'est pas rentré au bon moment, je ne suis pas certaine, je peux me tromper.

— Non, vous avez raison, j'ai fait une erreur.

Et le musicien s'explique avec le chef d'orchestre. Je suis tellement gênée, j'aurais pu me taire. Hormis mes quelques cours de solfège avec Jeanne Couet, qu'est-ce que je connais tant à la musique ? Mais je suis quand même fière de réaliser que j'ai une bonne oreille.

Je commençais à afficher plus d'aisance sur scène dans les clubs, mais le travail se faisait plus rare. À mesure que la télé s'ancrait dans les foyers, les cabarets fermaient leurs portes.

On comptait peu de chanteuses sur les rangs, à part les vedettes de la radio, telles Lucille Dumont, Muriel Millard et Rolande Désormeaux ou Claudette Jarry, je me rattrapais comme invitée à quelques émissions. J'appartenais à la catégorie des petites nouvelles avec Colette Bonheur, Janine Gingras et peut-être une ou deux autres. Claire Gagnier et Pierrette Alarie, des chanteuses lyriques, étaient reconnues et adorées.

L'été venu, pour n'avoir qu'un seul loyer à payer, nous abandonnons notre meublé loué au mois pour aller nous installer dans un petit chalet à Saint-Eustache. Ainsi, nous pouvons voir notre fille que nous avons retirée de la pension pour la confier à ma mère. En septembre, nous reprenons un meublé, tandis que maman s'occupe de Dada à plein temps, pour son plus grand bonheur. Maman traîne la petite au bingo, deux ou trois soirs par semaine, et papa l'emmène parfois en voiture de police avec sirène et lumière rouge pour aller chercher le cornet de crème glacée tant convoité.

Ma seconde vie de jeune fille

Vers la fin de cet été-là, Jacques décide de partir en France pour régler son divorce. Les démarches devraient durer à peu près un mois. Il s'embarque sur un paquebot et y fait la connaissance de Bourvil, qui le prend dans la première partie de son spectacle en tournée européenne, ce qui le retient outre-mer pendant au moins six mois.

Toutefois, le divorce ne sera prononcé que six ans plus tard…

J'ai le cœur gros en allant le reconduire à la gare Windsor. Il se rend à New York en train, avant de s'embarquer sur le *Queen Mary*. En le quittant, je lui remets

Bonheur d'occasion, que je viens de terminer. Jacques fera donc connaissance avec ma nouvelle idole, Gabrielle Roy, dans le train qui le mène vers la Grosse Pomme.

Comme toute bonne petite Québécoise obéissante, j'ai rendu des comptes à mon père jusqu'à l'âge de dix-neuf ans, puis Jacques a pris le relais. J'avais de la peine à l'idée de cette séparation, mais, le temps passant, je commençais à savourer ma liberté.

Jacques appartenait à cette génération très machiste de mâles européens selon laquelle l'homme décide de tout dans le ménage. De mon côté, je ressentais de fortes aspirations à prendre ma vie en main même si, la plupart du temps, je la fermais et me rangeais à ses décisions pour maintenir la paix.

Me revient en mémoire une anecdote avec Annie Cordy et son mari, que nous avons rencontrés et qui, par la suite, sont devenus de fidèles amis. Chaque fois qu'on se trouvait à table avec eux, son mari piquait la fourchette dans l'assiette d'Annie pour en retirer les aliments qu'elle devait s'abstenir de manger. En sa qualité d'imprésario, il s'arrogeait le droit de surveiller la ligne de sa femme. Annie, bonne et conciliante, consentait avec le sourire. À sa place, est-ce que je l'aurais laissé faire ? Probablement, pour éviter la dispute.

Malgré son tempérament de macho, Jacques agissait en véritable pygmalion pour moi. Ancien professeur des beaux-arts à Paris, il appréciait les belles choses et, sachant me faire profiter de ses connaissances, il m'a beaucoup appris.

Seule après son départ pour l'Europe, je n'arrive plus à payer les frais de notre meublé. François Gascon, de la célèbre famille des Gascon, propriétaire de la fabrique de boissons gazeuses Christin, un bon ami de Jacques, me propose de venir habiter dans l'ancienne grande demeure de ses parents, convertie en maison de chambres, rue Ontario, angle Papineau.

J'y suis logée dans un studio minuscule, mais très coquet, moyennant 14 dollars par semaine. Mes possessions se limitent à une assiette, un couteau, une fourchette et un ouvre-boîte. Faute de cuisinette, j'achète des conserves que je mange dans l'assiette sans les faire chauffer. J'ai un immense cadre d'une photo de moi en couleurs que le célèbre photographe Gaby m'a vendue à crédit. J'en fais une table en le posant à l'envers sur deux chaises. Les jours fastes, je vais au *snack-bar* d'en face chercher un hamburger avec des frites.

Les beatniks

Mon amie Claude Chénard, bonne copine de Serge Deyglun et de toute sa bande, me présente l'une des leurs, Denise Boulerice, que je prends en amitié et qui deviendra la maman de Michel Rivard.

Denise était tombée follement amoureuse du comédien Robert Rivard, un ami de Jacques. À son retour de France, Jacques nous avait trouvé une chambre au Manhattan Tourist, rue de la Montagne. Tenue par Joseph, un vieux Parisien, cette maison de chambres hébergeait beaucoup de chanteurs français fraîchement débarqués à Montréal. Une veille du jour de l'An, il avait dépanné Robert en lui passant sa chambre, et c'est dans notre lit qu'a été conçu Michel Rivard.

Plus tard, lorsque, à l'occasion, nous nous fréquentions avec nos familles, je disais toujours à Danièle en parlant de Michel, enfant :

— Viens, on s'en va rendre visite au petit génie…

Durant le séjour de Jacques en France, je ne me prive pas de sortir après le travail pour rejoindre la bande d'existentialistes de Claude Chénard qui se réunit dans un bistrot de beatniks, coin Sherbrooke et De Bleury : La Hutte, si je me rappelle bien. En plus du poète Sylvain Garneau – dont le frère Michel, devenu membre de la direction de l'École nationale de théâtre du Canada, à Montréal, un homme de grande qualité, me dirigera plus tard –, j'ai connu Amulette, qui deviendra sa femme, Gérald Tassé, auteur et collaborateur à l'émission *Le Sel de la semaine*, Robert Blair, peintre du mouvement automatiste et amant de la merveilleuse actrice Muriel Guilbault, qui a mis fin à ses jours en 1952, et plusieurs autres dont les noms m'échappent. J'aime fréquenter ces intellectuels et artistes bohèmes. Leurs discussions me changent des propos vulgaires et grossiers dont je suis abreuvée dans les clubs de nuit.

Lors d'une fin de soirée chez Robert Blair, Claude Chénard tient à me montrer la salle de bain où Muriel Guilbault s'est suicidée. Mue par une sorte de curiosité morbide, j'y suis entrée, mais j'en suis ressortie aussitôt, trop remuée.

Je me rappelais avoir séché les cours pour voir cette actrice que j'adorais aux répétitions du Radio Théâtre Lux Français dirigé par Paul Langlais et, le soir même, je retournais à la salle Saint-Stanislas, rue Laurier, pour assister à l'émission devant public, voir les actrices en robes longues lire leur texte devant le micro. Je n'aurais manqué ça pour rien au monde. J'ai eu beaucoup de peine lorsque Muriel Guilbault est décédée, si jeune, à vingt-neuf ans. Sa sœur Denise, ma voisine de classe au Business College, deviendra la merveilleuse actrice que nous avons connue, sous le nom de Dyne Mousso, épouse du peintre et sculpteur Jean-Paul Mousseau.

Ma mère s'occupe de Danièle à plein temps. Mes jours de congé, je prends le train pour aller la voir.

Depuis que j'ai quitté la maison familiale, je suis rarement seule. Jacques ne me lâche pas d'une semelle.

Quand il sort sans moi, je reste à la maison. Après son départ pour aller régler son divorce, je commence à savourer ma liberté, je m'ennuie de moins en moins, prenant conscience que ce que j'avais cru être de l'amour relève davantage de l'éveil de ma sexualité. J'ai consenti à cette première expérience sexuelle avec lui parce qu'il était « étranger ». Avec un gars de chez nous, je n'aurais jamais osé me commettre sans être mariée, de crainte que ça se sache et que je perde ma réputation.

À peine douze jours après son départ pour Paris, j'ai les yeux secs, et je réalise que mes sentiments pour lui s'apparentent plus à la tendresse qu'à la passion amoureuse. Malgré ça, je resterai avec lui pendant douze ans. Évidemment, je me sens coupable de ne plus avoir les mêmes sentiments à son égard, mais je n'en parle à personne, surtout pas à ma mère, qui attend son retour, espérant le voir débarquer avec le jugement de divorce à la main pour nous marier au plus vite. Elle a dû patienter six ans pour que son vœu soit exaucé.

Le prince charmant

Toute seule dans mon studio, un samedi soir d'été, par miracle, je suis en congé. Au diable ma table de fortune et le *snack-bar* d'en face ! Je décide plutôt de me faire belle pour aller souper au 400 Chez Lelarge, restaurant des artistes, rue Drummond.

À 18 heures, je sais qu'il n'y aura pas grand monde. Les gens du métier viennent plus tôt en semaine, et la clientèle du samedi soir arrivera beaucoup plus tard.

J'ai tout de même le pressentiment qu'il va se passer quelque chose ce soir-là… Comme de fait ! J'ai à peine pris place à une table qu'à l'instant où je m'apprête à ouvrir le menu je croise le regard bleu acier d'un homme aux cheveux châtain doré, qui me gratifie d'un sourire immaculé. J'ose à peine lui sourire tant je suis intimidée. Ce bel homme à la table d'en face, c'est Paul Dupuis, qui soupe en compagnie du célèbre caricaturiste Robert LaPalme.

À la fin du repas, Paul me rejoint... Puis nous terminons la soirée et passons la nuit dans mon petit studio de la rue Ontario.

Comme de raison, j'en tombe amoureuse, voilà enfin le prince charmant dont je rêve depuis l'adolescence. Oui, je me sens très coupable... Bien sûr, nous nous revoyons.

Quelques mois plus tard, le jour même où Jacques rentre de Paris, les deux hommes se croisent à l'heure du lunch au 400. Ils se toisent. Chacun m'avouera que, l'espace d'un regard, ils se sont compris sur cette aventure.

Le retour à la réalité

Le père de ma fille de retour à Montréal, je ne revois plus Paul, ni personne d'autre. D'ailleurs, même si je le voulais, je n'ai jamais l'occasion de sortir seule. Il m'accompagne toujours, sauf quand je travaille dans mes clubs de nuit et, là, il en profite pour aller s'amuser à sa guise.

Le temps passe. Jacques joue souvent dans les téléthéâtres du dimanche soir. Moi, je participe à des émissions de variétés. Grâce à la télévision, nous gagnons mieux notre vie.

Puis arrive le moment où Paul Berval ouvre sa propre boîte : Le Beu qui rit. Un petit cabaret-théâtre de quatre-vingts places, rue Sherbrooke, angle Jeanne-Mance, en haut du bar Le Moulin rouge, propriété de l'avocat Jean-Marie Bériault.

Un succès instantané, la clientèle compte de jeunes finissants de l'université dont Jean Drapeau, Pierre Elliott Trudeau et d'autres qui composeront notre élite.

Berval a formé sa troupe avec Denis Drouin, un des meilleurs acteurs de sa génération, Jacques Lorain et Jean-Claude Deret (père de Zabou Breitman, comédienne et cinéaste réputée en France), qui tous deux écrivent une grande partie des textes. Jacques travaille aussi aux décors, alors que Jean-Claude crée les costumes à même des trucs dénichés à l'Armée du Salut.

Le pianiste Roger Joubert, qui au début faisait office d'accompagnateur, finit par participer aux sketchs.

Pour meubler le temps durant les changements de costumes, je chante trois chansons et, peu à peu, les gars commencent à me donner des petits rôles. Le Beu qui rit, c'est mon école. Je fais mes classes en travaillant à l'écriture des sketchs, avec des *one-liners* et *un punch line*, alors que Jacques Lorain me guide comme comédienne et chanteuse fantaisiste.

On monte trois revues par année, et chacune reste à l'affiche environ trois mois.

C'est pas le Pérou comme salaire, mais la paye tombe régulièrement, à point nommé.

Si je me souviens bien, nous avons tenu quatre ans. La deuxième année, Dominique Michel s'est jointe au groupe.

C'est à ce moment-là que j'écris le sketch *La Mère et la Petite Fille*, qui a toujours remporté beaucoup de succès dans les cabarets.

En 1976, pour un *Bye Bye* de fin d'année, je me suis servie du même canevas pour le sketch de *La Petite Nadia Courtemanche* dont la mère hystérique et ambitieuse traîne sa fille à la gymnastique pour en faire une petite Nadia Comaneci. Fermons cette parenthèse.

En saison, je suis au Beu qui rit, tandis que, l'été, je retourne travailler dans les clubs de nuit. Comme j'ai acquis davantage d'expérience et qu'on me voit quelquefois à la télévision, le salaire s'améliore et j'ai droit à un peu plus de respect.

À la découverte de la France

En 1956, en vivant de mon salaire du Beu qui rit et en économisant ce que je gagnais à la télé, j'ai amassé assez d'argent pour partir en France passer les deux mois de vacances d'été.

Jacques se réjouit à l'idée de présenter sa petite famille et, afin de témoigner de sa réussite en Amérique, décide que sa Pontiac décapotable sera de la traversée. Ça gruge un peu notre budget, mais, en habitant chez ses parents, nous n'aurons pas d'hôtel à payer, et il tient tant à me faire voir du pays ! Roger Joubert, avec qui nous sommes très copains, est aussi du voyage et, pour ne pas être en reste, son énorme Oldsmobile décapotable blanc et turquoise également.

Du port de Québec, on s'embarque avec armes et bagages sur l'*Homéric*, un paquebot italien de seconde classe, mais très convenable. La traversée de l'Atlantique doit durer sept jours, avant que nous accostions au Havre, où les parents de Roger, partis d'Avignon, viendront accueillir leur fils.

Dire à quel point j'ai souffert sur ce bateau ! Pour moi, il n'y a pas plus horrible que le mal de mer. Je préfère cent fois accoucher dans les pires douleurs.

La traversée est un cauchemar.

Le matin, je laisse ma fille à la *nursery*. Heureusement, elle supporte bien le voyage, et je peux vite retourner me coucher. Le mal est plus supportable quand je suis allongée, et je n'ai pas à courir en vitesse aux toilettes pour essayer de vomir mes entrailles.

Jacques, lui, est en pleine forme, et il veut absolument que je sorte de ma cabine.

— Tu te prives de tout le bonheur de la traversée.

Un soir, pour lui faire plaisir, je ramasse toute mon énergie et me rends à la salle de cinéma, dans la cale du bateau. Je me mets en rang comme tout le monde, en attendant la fin de la première séance.

J'ai tellement mal au cœur ! Au bout d'un moment, je ne peux plus tenir debout et je m'assois par terre, entre les jeunes gens qui patientent dans la file, j'ai peine à me retenir de vomir.

On me regarde de travers, mais je n'ai plus aucune pudeur ! Je ne sais même plus comment me relever pour retourner à ma cabine. Bonjour les joies de la traversée !

Et on nous répète sur tous les tons qu'il faut manger ! Ce qui est exact, mais essayez donc d'avaler quoi que ce soit, le cœur au bord des lèvres en permanence. Ne pouvant rien avaler, je suis dix fois plus malade, et j'ai l'impression de régurgiter mes entrailles.

Quant à Roger Joubert, aussi mal en point que moi, il dort tout le temps. Heureux homme qui lui n'a de comptes à rendre à personne. Deux jours après l'épisode du cinéma, on annonce un bal costumé. Jacques insiste :

— Là, ça suffit ! Toi qui aimes te déguiser, fais un effort, tu verras, ton mal de mer va passer.

J'arrive à me convaincre qu'il a sans doute raison et je me prépare pour la mascarade. Les passagers se costument avec les moyens du bord (sans jeu de mots). Avec ce j'ai sous la main, je peux me débrouiller pour me déguiser en Amérindienne.

Au-dessus de ma couchette, je prends une couverture à carreaux qui fera l'affaire. Dans mes bagages, j'ai toute une panoplie de coiffes et de poupées amérindiennes destinées à mes nièces. Dans l'étroite cabine, je titube et parviens tant bien que mal à m'organiser un costume. Enrobée de la couverture, les poupées amérindiennes engoncées dans de gros chaussons que je me suis accrochés au dos, je suis fin prête pour le concours.

J'ai autant envie d'y participer que de sauter à l'eau. Et encore, j'aimerais mieux me jeter à la mer que de mourir à petit feu comme j'en ai l'impression à ce moment-là.

J'avance péniblement, en tenant d'une main ma couverture à carreaux croisée sur la poitrine et, de l'autre, la rampe qui court tout le long du corridor qui conduit à la salle de bal, précédée de Roger Joubert qui n'a pas eu le courage de se déguiser. De la porte de la salle, je vois Jacques qui nous attend au bar, très élégant comme d'habitude, grand seigneur. Le verre de cognac à la main, il regarde les concurrents qui défilent et il applaudit. Il y a encore dix personnes devant, et je commence à me demander si je pourrai me retenir de vomir. La sueur me coule sur le visage, j'ai les jambes molles, le cœur me débat, mais je m'efforce de tenir le coup. Arrive mon tour, je fais un demi-cercle devant le public pour parader dans le costume et, en tapant une main sur la bouche, je pousse de petits cris comme j'ai vu au cinéma… « Hou… Hou, hou… » Mais plus je tourne, plus mes « Hou… Hou… » s'assourdissent. La nausée m'envahit et, là, je sens que c'est une question de secondes !

J'ai tout juste le temps de sortir de la salle la main sur la bouche. Affolée, je cherche la porte des toilettes, que je ne trouve pas. Paniquée, j'en ouvre une autre et je vomis aussitôt la poire que j'ai mangée en me préparant. Ceux qui sont déjà passés par là me comprendront.

On dit que le mal de mer est causé par le mouvement continu du roulis, suivi du tangage. Le roulis, le tangage… Le roulis, le tangage… On a sans cesse l'impression que le bateau s'élève vers le ciel, puis redescend vers la mer… Le ciel, la mer… Le ciel, la mer… Et ce, vingt-quatre heures sur vingt-quatre, durant sept jours.

Pour Roger et moi, ce calvaire a pris fin le sixième jour, la veille de notre arrivée au Havre, alors que le paquebot naviguait sur une mer agitée. La tempête si forte faisait valser le bateau à tel point que les tables et les chaises étaient ancrées au plancher par des chaînes. Ainsi délivrés du roulis et du tangage grâce à cette tempête, on danse tous les deux un rock'n'roll endiablé, on s'amuse comme des fous dans le petit cabaret. On pète le feu !

Le lendemain matin, la terre apparaît à l'horizon, et nous accostons enfin… Je revois M. et Mme Joubert, radieux, qui accueillent leur fils sur le quai. D'un pas hésitant, je descends du bateau avec ma fille, Roger Joubert se jette dans les bras de ses parents. On sort les voitures, et la Pontiac suivie de l'Oldsmobile roulent vers Deauville, où nous allons dîner dans un restaurant du bord de mer.

L'endroit est magnifique ! Cependant, comment définir mon choc culturel au restaurant quand, assise sur l'élégante banquette de velours rouge, je vois une dame, tout près, qui nourrit son chien, couché à ses côtés sur la banquette ! Je ne sais plus ce qui me choque le plus : de voir la bête mâchonner sa viande et ronger son os, installée sur la même banquette que les clients, ou bien de constater que personne n'y trouve à redire ? Dans les années 1950, en France, c'est fréquent de voir dans les restaurants une gamelle par terre, près du bar, réservée au chien. J'ai vu ça dans plusieurs établissements, sauf à la brasserie Lipp de Saint-Germain-des-Prés. Heureusement, cette coutume tend à disparaître et, avec elle, cette manie de laisser les chiens faire leurs besoins partout sur les trottoirs… Les touristes, peu habitués à marcher les yeux rivés au sol, mettaient inévitablement le pied dedans. Aujourd'hui, les Parisiens comme les Montréalais sortent leur animal de compagnie et nettoient.

Durant le trajet entre Deauville et Paris, si je trouve le paysage superbe, je suis impatiente d'arriver dans la Ville lumière.

J'en rêve depuis la première fois où j'ai entendu Joséphine Baker chanter à la radio: «J'ai deux amours, mon pays et Paris.» J'avais quatre ans.

— C'est quoi, maman, Paris?

— Y paraît que c'est la plus belle ville du monde, ma petite fille.

Enfin... la Ville lumière!

Vingt ans plus tard, je la vois de mes yeux: la plus belle ville du monde!

Et en ce samedi de début juillet, vers la fin de l'après-midi, Jacques choisit de m'en mettre plein la vue et nous fait entrer dans sa ville natale par la plus belle avenue du monde. Dans la voiture décapotée, nous contournons la place de l'Étoile en admirant l'Arc de triomphe.

Ensuite, nous descendons les Champs-Élysées jusqu'à la place de la Concorde, au son d'une fanfare qui défile devant nous. Je ne sais plus pour quelle occasion, mais il me plaisait d'imaginer que c'était pour nous accueillir...

Je crois rêver: les restaurants, les cinémas, les terrasses bondées. Je n'ai jamais vu de terrasses de ma vie, j'ouvre des yeux émerveillés, surtout devant celle du Fouquet's fréquentée par les stars.

Y a pas à dire, Lorain a su y faire pour que cette entrée dans Paris s'imprime à jamais dans ma mémoire.

Nous arrivons à Enghien-les-Bains, coquette petite banlieue à une demi-heure de Paris, connue pour son casino et ses termes. Mes futurs beaux-parents y habitent un pavillon en pierres de taille caché par une immense grille de fer forgé qui donne sur un jardinet à la française. Une allée de gravier blanc mène à l'escalier du porche.

À l'arrière, un autre joli jardin où au milieu des groseilliers trône un poirier Williams que Danièle, n'ayant encore jamais vu d'arbre fruitier, trouve fabuleux.

Ce pavillon à deux étages offrait un confort modeste, et le loyer trimestriel était plus que raisonnable. En France, après la guerre, les propriétaires n'étaient pas autorisés à augmenter les frais de location. Heureusement pour les parents de Jacques, qui n'étaient pas très fortunés. Sa mère, une ancienne comédienne de théâtre, avait joué sous le nom de Mirane Esbly à la même époque que Gaby Morlay, vedette de cinéma au cours des années 1950. Quant au père Lorain, sous le pseudonyme de Mervel, il avait dirigé La Boule noire, une boîte de Pigalle, et travaillé comme directeur de tournées.

Ma belle-mère, ayant connu quelques heures de gloire durant sa jeunesse, et mon beau-père, ce macho autrefois volage, formaient un couple pour le moins singulier.

Cette histoire incroyable a fait le tour de la famille : lors d'une de leurs tournées de théâtre, un après-midi à Bordeaux, la famille prend le frais sur une terrasse lorsqu'une sirène de détresse retentit dans le port. Aux tables voisines, on raconte qu'un cargo s'est enflammé, et le père Lorain s'empresse d'aller se renseigner. Au bout d'une attente interminable, la mère et les enfants se résignent à quitter la terrasse et à rentrer à l'hôtel. Le père Lorain n'a réapparu que quelques semaines plus tard, il s'était embarqué sur un bateau pour Alger !

Dans son jeune temps, lorsqu'il sortait acheter son paquet de Gauloises papier maïs, on ne savait jamais quand il reviendrait. Généralement, ce genre d'anecdote relève de la légende, mais, dans ce cas particulier, c'est véridique !

Au moment où je l'ai connu, l'âge avait eu raison des fredaines de mon beau-père.

Durant ces vacances en France, Jacques et moi sortons tous les soirs. Dès le lendemain de notre arrivée, un dimanche, je me meurs de voir Montmartre. Pensez donc, marcher dans les pas d'Aristide Bruant, respirer le même air que La Goulue, entrer au Moulin Rouge, où Toulouse-Lautrec a puisé son inspiration, laissant en héritage des chefs-d'œuvre.

En compagnie de Roger Joubert et de ses parents, nous soupons sur la Butte. Autour de nous, de jeunes artistes dessinent le portrait des touristes américains qui s'émerveillent de tout.

Je tiens mordicus à finir la soirée dans une boîte de nuit à Pigalle. Jacques et Roger s'y opposent fermement. Le premier m'explique que ces cabarets sont des attrape-touristes, le second, que ces lieux lui rappellent de trop mauvais souvenirs, alors qu'il y a travaillé durant des mois avant son départ pour le Canada. Dans une de ces boîtes, on exigeait qu'il reste au piano de 22 heures à 4 heures, sans arrêt, sauf pour aller aux toilettes. Durant les courtes pauses, un des musiciens de l'orchestre lâchait son instrument et le remplaçait au piano pour ne pas interrompre le morceau que Roger reprenait en revenant... Donc, les deux hommes ne veulent rien savoir d'aller à Pigalle !

Mais moi, têtue comme une mule, j'insiste, j'ai en tête ces paroles : « Un p'tit jet d'eau, une station de métro, entourée de bistrots, Pigalle... » Une chanson, popularisée de par le monde, qui fit la renommée de Georges Ulmer, auteur-compositeur d'origine danoise, et qui a certainement contribué à l'explosion du tourisme dans ce quartier de Paris.

Je voulais le voir, ce p'tit jet d'eau ! Et ils ont fini par céder.

Sur la place, je cherche le fameux p'tit jet d'eau.

Il est si petit... Il faut que les deux hommes me mettent le nez dessus pour que je réalise être sur la célèbre place Pigalle.

Je n'ai sans doute pas l'âme assez poétique. En voyant l'endroit, je ne comprends pas ce lyrisme, autour du p'tit jet d'eau d'à peine 2 pieds de hauteur, de la station de métro dont on devinait à peine l'entrée derrière les kiosques à journaux, et des bistrots, qui sont en effet de véritables attrape-touristes. Dans les fameuses boîtes de Pigalle, les entraîneuses sont chargées de faire boire le client. On les paie au bouchon de bouteille de champagne qu'elles ont le devoir de commander pour le client auquel on ne laisse pas vraiment le choix. Les types, pour la plupart des touristes américains ou allemands, repartent complètement ivres, souvent déçus, ayant espéré passer la nuit avec l'entraîneuse pour le même prix. Ce sont les prostituées qui assurent les services sexuels, les entraîneuses doivent se limiter à faire consommer le client. Sitôt la bouteille ouverte, elles déposent le bouchon devant elles, et ce, toute la nuit, jusqu'au lever du jour. Obligées de boire avec le client elles profitent une fois sur deux d'un moment d'inattention, attendant que le type ait le dos tourné pour vider le contenu de leurs verres dans le seau à glace. Parfois, elles versent carrément le champagne sous la table. Les pauvres gars, trop soûls, n'y voient que du feu. Au lever du jour, elles remettent leurs bouchons au patron qui les compte et les paie avant la fermeture.

Ce soir-là, j'observe le manège d'une entraîneuse assise en face de nous avec son client. Ayant repéré ses deux compatriotes, elle tape un clin d'œil à Jacques et Roger chaque fois qu'elle vide son verre dans le seau à glace. Pauvres filles ! C'était une bien triste façon de gagner leur vie.

Tous les soirs de semaine, après le dîner avec pépé, mémé et notre petite fille, nous filons en décapotable vers Paris.

Jacques, élevé dans le 8e arrondissement, connaît tous les recoins de la ville, donc, après les endroits les plus courus, il me fait découvrir les quartiers dont les touristes ignorent l'existence. J'y vois les gamins qui jouent au ballon dans la rue, de vrais titis parisiens qui s'engueulent et ronchonnent, et la chanson popularisée par Yves Montand, *Un gamin de Paris*, me revient en tête. Je reçois toute la poésie de cette ville en plein cœur.

Le dimanche, on déjeune en famille en écoutant à la radio les humoristes à la mode que les Français appellent des « chansonniers ». Je les trouve tous plus talentueux les uns que les autres, Pierre-Jean Vaillard, mon préféré, Robert Lamoureux (*Papa, maman, la bonne et moi*), l'inimitable Fernand Raynaud, etc. Après le déjeuner, c'est la sortie dominicale. On visite les châteaux, ceux de la Loire, puis Fontainebleau et, pour finir, Versailles.

Des années plus tard, en 1982, Pierre Elliott Trudeau m'invite à l'accompagner à la cérémonie de clôture du sommet du G7 à Versailles. Au château, dans un petit théâtre que Marie-Antoinette a jadis fréquenté, on donne un opéra en un acte, auquel j'ai l'honneur d'assister en compagnie de l'ambassadeur Michel Dupuy et de sa femme. Nous sommes entourés des membres du cabinet de François Mitterrand.

En fin de soirée, dans la fameuse galerie des Glaces, j'attends Pierre devant une immense porte-fenêtre. Passe le président Mitterrand qui s'arrête et me toise de la tête aux pieds avec insistance, esquissant un sourire très séducteur. Il se détourne, entraîné par la première dame des États-Unis, Mme Nancy Reagan, qui elle aussi m'avait lorgnée de ses petits yeux noirs, vifs et durs, tandis que le président Reagan souriait à la foule d'invités qui saluaient leur passage.

Du coup, les gens autour de moi commencent à me parler et à s'enquérir de mon identité auprès de madame l'ambassadrice. Un moment étrange. Même si le président Mitterrand avait la réputation d'aimer les belles femmes et si, dans ma jeunesse, on disait que j'étais pas mal…

Mais revenons en 1956. Le 14 juillet, Joubert et Lorain veulent absolument aller à Montmartre en voiture pour que je voie l'ambiance de la fête et le feu d'artifice depuis la place du Tertre. Nous ne sommes jamais arrivés en haut de la Butte en décapotable. À mi-chemin, nous avons dû redescendre en marche arrière, incapables de faire demi-tour sur ce chemin étroit, bondé de monde. Les gens montaient à pied et nous engueulaient en nous traitant de tous les noms et en nous lançant des pétards, des boules de papier, etc.

Onze ans seulement que la guerre a pris fin, les Parisiens ont encore les souffrances et les privations sur le cœur. Ils subissent notre passage en grosses voitures américaines dans le quartier comme un affront. Ils ne voient même pas nos plaques du Québec, trop occupés à nous traiter de collabos qui s'en sont tirés, de sales Marocains bourrés de fric, d'Algériens véreux ou d'horribles Suisses qui ont planqué les sous volés par les Boches.

Je n'ai jamais eu si peur. Lorain ne disait pas un mot, reculant la voiture aussi vite qu'il le pouvait, et Joubert, blanc de rage, était terrifié à l'idée qu'on lui abîme la sienne. Le soir même, au volant de son Oldsmobile, il quitte Paris pour Avignon, sa ville natale du Midi.

Par la suite, quand nous attendons au feu rouge, les passants jettent un regard de dédain sur la voiture et nous traitent de sales capitalistes ! Un mot que je n'avais pas appris à l'école et encore moins entendu dans la rue Cartier.

Jacques m'en explique le sens et, chaque fois qu'on nous traite de capitalistes, je m'explique :

— Mais non, monsieur, nous ne sommes pas plus riches que vous, voyons ! Nous avons acheté la voiture à crédit et nous la payons tous les mois !

Il faut voir la tête des gars qui entendent un accent québécois pour la première fois. Et parlant d'achat à crédit, ce qui n'était pas courant à l'époque, je révèle une chose trop personnelle. Comme les Parisiens veulent toujours avoir le dernier mot, ils en rajoutent en nous criant: « Sales Amerloques ! » Jusqu'à ce que Jacques, de son plus pur accent parigot, les remette à leurs places.

— Alors, Ducon, t'as fini tes conneries? L'Amerloque, y t'emmerde, et ta mère avec...

D'abord interloqué, le monsieur, voyant qu'il a affaire à un compatriote...

— Dis donc, toi et la tienne de mère, c'est comme ça qu'elle t'a élevé?

Et Jacques de répliquer, ce qui donne lieu à une scène digne de Michel Audiard, célèbre dialoguiste de Jean Gabin qui avait puisé son inspiration chez les gens du peuple...

— Ma mère, elle t'emmerde...

— Et ta sœur?

— Ma sœur? Elle est garnie de clous pour pas que les cons comme toi grimpent après.

On démarre alors sur les chapeaux de roues, et je m'enfonce dans le siège, morte de honte, soulagée que le feu de circulation vire au vert. Disons aussi que les Parisiens adorent s'engueuler...

Cet été de 1956, je fais *36 chandelles*, une émission de variétés télévisée. J'ai un trac fou de chanter *C'est si bon* à la façon d'Eartha Kitt devant ces Parisiens que je prends tous pour de brillants intellectuels. Fallait-il être naïve ! Au cours de mes nombreux autres voyages, ma perception s'est de beaucoup nuancée. C'est par l'entremise de Jean-Louis Marquet, copain de Jacques et imprésario de Charles Aznavour, que j'ai obtenu un passage à cette émission, avec Maurice Chevalier en vedette. À l'idée de chanter devant ce monument du music-hall français, je meurs de trac.

En coulisse, Maurice Chevalier attend son tour comme tout le monde et, fascinée, je ne le quitte pas des yeux. Il est grand, très beau, un teint magnifique, un sourire éclatant. Comme toutes les femmes, je suis séduite. Je rêve de prendre une photo avec lui, mais, trop timide, je n'ose pas le lui demander. Tout en l'observant, je me rappelle mes exercices de sténo, assise devant la radio en l'écoutant chanter: *Paris sera toujours Paris, Prosper (Yop la Boum),* « Elle avait de tout petits petons », *Valentine.*

L'heure avance, l'émission va bientôt commencer. Chevalier, sentant mon regard sur lui, me sourit gentiment. Au même moment, j'aperçois un photographe et je saute sur l'occasion pour lui demander une photo. Le célèbre chanteur accepte de poser avec moi.

En apprenant que je suis de Montréal, il me répond qu'il a justement eu le maire de ma ville au téléphone, l'après-midi même. La conversation s'engage et dure quelques minutes durant lesquelles j'oublie totalement que je vais chanter à la télé française dans les instants à venir. La photo prise, Chevalier me souhaite bonne chance, se dirige vers sa loge, et le trac me reprend de plus belle. Si je ne remporte pas un gros succès dans ce show, je dois tout de même y faire bonne impression, puisque le directeur du Châtelet me demande en audition pour une opérette. Extrêmement nerveuse, je ne décroche pas le rôle. En revanche, j'ai conservé cette photo où j'ai l'air pas mal *nounoune*, à dévorer des yeux, en vraie groupie, cet homme devenu une vedette internationale en chantant *Prosper (Yop la Boum)*! On parle ici d'une autre époque.

Jean-Louis Marquet s'occupe aussi d'Eddie Constantine, un Américain exilé en France, une immense vedette de la chanson française et du cinéma, surtout grâce à son petit accent que les Français adorent. Marquet nous obtient des billets au poulailler (troisième balcon de l'Olympia, qui n'était pas encore rénové) pour le spectacle de Constantine. À la fin de celui-ci, Jean-Louis nous escorte vers la loge de la vedette pour le féliciter, mais nous n'y arrivons jamais. Je crois que je vais mourir étouffée au milieu de toutes ces célébrités qui se bousculent comme des gamins pour se frayer un chemin jusqu'à Constantine.

Du coup, je me retrouve coude à coude avec... Charlie Chaplin ! Le petit bonhomme trapu, cheveux blancs, joues roses et au sourire d'une tendresse indescriptible, est accompagné de sa femme Oona O'Neill et flanqué de gardes du corps qui essaient de lui ouvrir un passage jusqu'à Constantine. Jacques est coincé dans la foule à quelques mètres de moi, et je lui crie :

— Regarde qui est là !

Et la foule qui l'aperçoit se rue, hystérique, sur ce génie en criant :

— Charlot !... Charlot !... Regardez, c'est Charlot !...

Les gardes du corps le saisissent pour le conduire, avec sa femme, dans la loge de Constantine.

En fin de soirée, nous allons souper dans un restaurant très élégant des Champs-Élysées. En allant aux toilettes, je n'en crois pas mes yeux. Au lieu du papier hygiénique, des bouts de papier journal piqués à un clou. On avait le choix entre *France-Soir*, *Le Figaro*, *L'Aurore* ou *Le Monde*.

Un jour, je demande à la mère de Jacques où trouver « un magasin de fer », je veux acheter du coton fromage pour couvrir les fenêtres. En ce mois de juillet très chaud, les moustiques nous dévorent tout rond... Elle me regarde, ahurie.

— Un magasin de fer ?... Mais qu'est-ce que c'est que ça, un magasin de fer ?

Je lui explique de mon mieux et elle finit par comprendre...

En haut : *Les Belles-Sœurs.* De gauche à droite : Denise Proulx, Sylvie Heppel, Denise Filiatrault, Marthe Choquette, Carmen Tremblay, Germaine Giroux, Nicole Leblanc (dans le fauteuil roulant), Lucille Bélair et Janine Sutto.
En bas : avec Michel Tremblay et le coiffeur Pierre David.

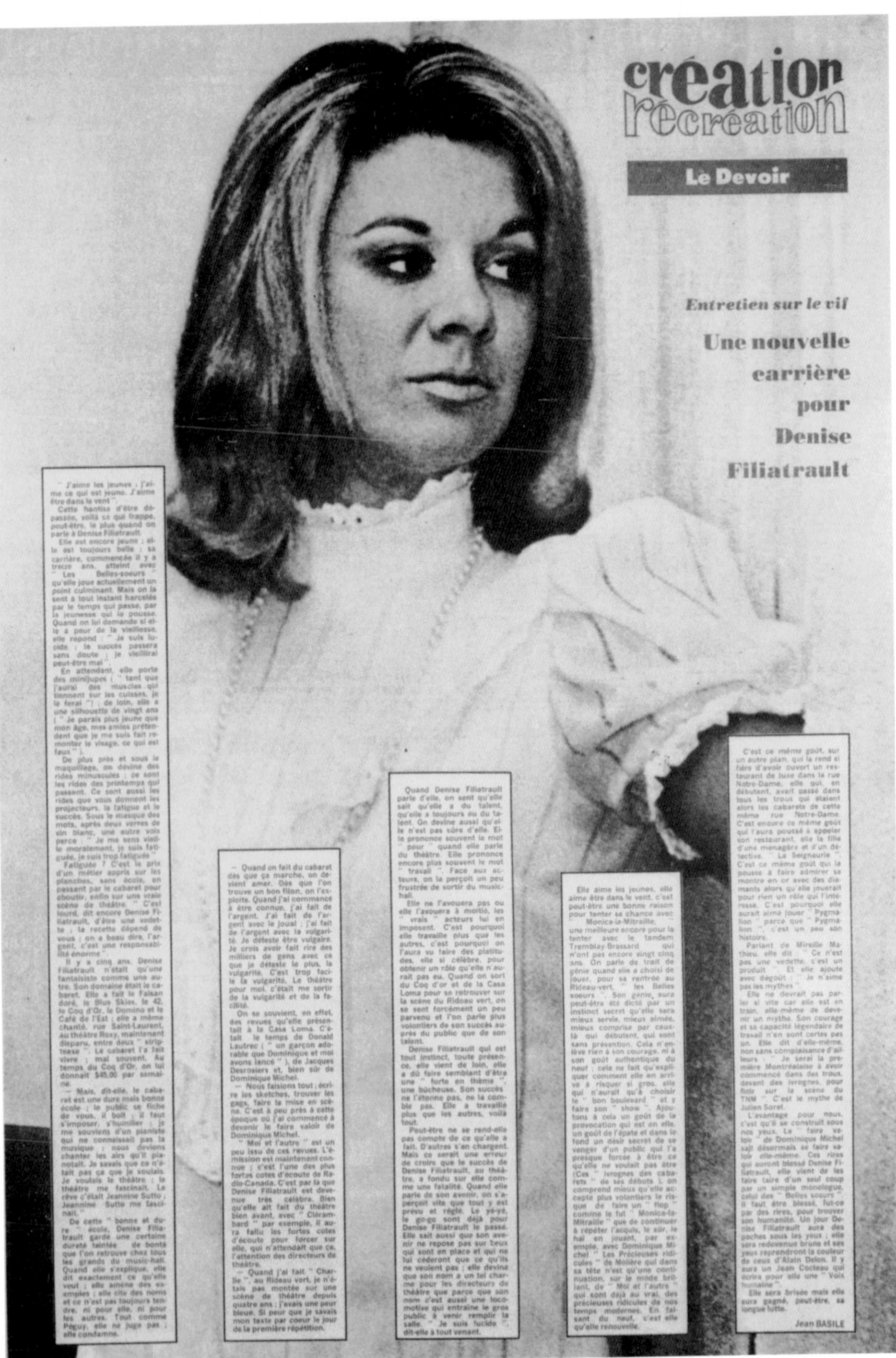

création récréation

Le Devoir

Entretien sur le vif

Une nouvelle carrière pour Denise Filiatrault

" J'aime les jeunes ; j'aime ce qui est jeune. J'aime être dans le vent ".

Cette hantise d'être dépassée, voilà ce qui frappe, peut-être, le plus quand on parle à Denise Filiatrault.

Elle est encore jeune ; elle est toujours belle ; sa carrière, commencée il y a treize ans, atteint avec " Les Belles-soeurs " qu'elle joue actuellement un point culminant. Mais on la sent à tout instant harcelée par le temps qui passe, par la jeunesse qui la pousse. Quand on lui demande si elle a peur de la vieillesse, elle répond : " Je suis lucide ; le succès passera sans doute ; je vieillirai peut-être mal ".

En attendant, elle porte des minijupes (" tant que j'aurai des muscles qui tiennent sur les cuisses, je le ferai ") ; de loin, elle a une silhouette de vingt ans (" Je parais plus jeune que mon âge, mes amies prétendent que je me suis fait remonter le visage, ce qui est faux ").

De plus près et sous le maquillage, on devine des rides minuscules ; ce sont les rides des printemps qui passent. Ce sont aussi les rides que vous donnent les projecteurs, la fatigue et le succès. Sous le masque des mots, après deux verres de vin blanc, une autre voix perce : " Je me sens vieille moralement, je suis fatiguée, je suis trop fatiguée ".

Fatiguée ? C'est le prix d'un métier appris sur les planches, sans école, en passant par le cabaret pour aboutir, enfin sur une vraie scène de théâtre. " C'est lourd, dit encore Denise Filiatrault, d'être une vedette ; la recette dépend de vous ; on a beau dire, l'argent, c'est une responsabilité énorme ".

Il y a cinq ans, Denise Filiatrault n'était qu'une fantaisiste comme une autre. Son domaine était le cabaret. Elle a fait le Faisan doré, le Blue Skies, le 42, le Coq d'Or, le Domino et le Café de l'Est ; elle a même chanté, rue Saint-Laurent, au théâtre Roxy, maintenant disparu, entre deux " striptease ". Le cabaret l'a fait vivre ; mal souvent. Au temps du Coq d'Or, on lui donnait $45.00 par semaine.

— Mais, dit-elle, le cabaret est une dure mais bonne école ; le public se fiche de vous, il boit ; il faut s'imposer, s'humilier ; je me souviens d'un pianiste qui ne connaissait pas la musique ; nous devions chanter les airs qu'il pianotait. Je savais que ce n'était pas ça que je voulais. Je voulais le théâtre ; le théâtre me fascinait. Le rêve c'était Jeannine Sutto ; Jeannine Sutto me fascinait. "

De cette " bonne et dure " école, Denise Filiatrault garde une certaine dureté teintée de bonté que l'on retrouve chez tous les grands du music-hall. Quand elle s'explique, elle dit exactement ce qu'elle veut ; elle amène des exemples ; elle cite des noms et ce n'est pas toujours tendre, ni pour elle, ni pour les autres. Tout comme Péguy, elle ne juge pas ; elle condamne.

— Quand on fait du cabaret dès que ça marche, on devient amer. Dès que l'on trouve un bon filon, on l'exploite. Quand j'ai commencé à être connue, j'ai fait de l'argent. J'ai fait de l'argent avec le joual ; j'ai fait de l'argent avec la vulgarité. Je déteste être vulgaire. Je crois avoir fait rire des milliers de gens avec ce que je déteste le plus, la vulgarité. C'est trop facile la vulgarité. Le théâtre pour moi, c'était me sortir de la vulgarité et de la facilité.

On se souvient, en effet, des revues qu'elle présentait à la Casa Loma. C'était le temps de Donald Lautrec (" un garçon adorable que Dominique et moi avons lancé "), de Jacques Desrosiers et, bien sûr de Dominique Michel.

— Nous faisions tout ; écrire les sketches, trouver les gags, faire la mise en scène. C'est à peu près à cette époque où j'ai commencé à devenir le faire valoir de Dominique Michel.

" Moi et l'autre " est un peu issu de ces revues. L'émission est maintenant connue ; c'est l'une des plus fortes cotes d'écoute de Radio-Canada. C'est par là que Denise Filiatrault est devenue très célèbre. Bien qu'elle ait fait du théâtre bien avant, avec " Clérambard " par exemple, il aura fallu les fortes cotes d'écoute pour forcer sur elle, qui n'attendait que ça, l'attention des directeurs de théâtre.

— Quand j'ai fait " Charlie ", au Rideau vert, je n'étais pas montée sur une scène de théâtre depuis quatre ans ; j'avais une peur bleue. Si peur que je savais mon texte par coeur le jour de la première répétition.

Quand Denise Filiatrault parle d'elle, on sent qu'elle sait qu'elle a du talent, qu'elle a toujours eu du talent. On devine aussi qu'elle n'est pas sûre d'elle. Elle prononce souvent le mot " pour " quand elle parle du théâtre. Elle prononce encore plus souvent le mot " travail ". Face aux acteurs, on la perçoit un peu frustrée de sortir du music-hall.

Elle ne l'avouera pas ou elle l'avouera à moitié, les " vrais " acteurs lui en imposent. C'est pourquoi elle travaille plus que les autres, c'est pourquoi on l'aura vu faire des platitudes, elle si célèbre, pour obtenir un rôle qu'elle n'aurait pas eu. Quand on sort du Coq d'or et de la Casa Loma pour se retrouver sur la scène du Rideau vert, on se sent forcément un peu parvenu et l'on parle plus volontiers de son succès auprès du public que de son talent.

Denise Filiatrault qui est tout instinct, toute présence, elle vient de loin, elle a dû faire semblant d'être une " forte en thème ", une bûcheuse. Son succès ne l'étonne pas, ne la comble pas. Elle a travaillé plus que les autres, voilà tout.

Peut-être ne se rend-elle pas compte de ce qu'elle a fait. D'autres s'en chargent. Mais ce serait une erreur de croire que le succès de Denise Filiatrault, au théâtre, a fondu sur elle comme une fatalité. Quand elle parle de son avenir, on s'aperçoit vite que tout y est prévu et réglé. Le yé-yé, le go-go sont déjà pour Denise Filiatrault le passé. Elle sait aussi que son avenir ne repose pas sur ceux qui sont en place et qui ne lui céderont que ce qu'ils ne veulent pas ; elle devine que son nom a un tel charme pour les directeurs de théâtre que parce que son nom c'est aussi une locomotive qui entraîne le gros public à venir remplir la salle. " Je suis lucide ", dit-elle à tout venant.

Elle aime les jeunes, elle aime être dans le vent, c'est peut-être une bonne raison pour tenter sa chance avec " Monica-la-Mitraille, " une meilleure encore pour la tenter avec le tandem Tremblay-Brassard qui n'ont pas encore vingt cinq ans. On parle de trait de génie quand elle a choisi de jouer, pour sa rentrée au Rideau-vert, " les Belles soeurs ". Son génie, aura peut-être été dicté par un instinct secret qu'elle sera mieux servie, mieux aimée, mieux comprise par ceux-là qui débutent, qui sont sans prévention. Cela n'enlève rien à son courage, ni à son goût authentique du neuf ; cela ne fait qu'expliquer comment elle en arrive à risquer si gros, elle qui n'aurait qu'à choisir le " bon boulevard " et y faire son " show ". Ajoutons à cela un goût de la provocation qui est en elle, un goût de l'épate et dans le fond un désir secret de se venger d'un public qui l'a presque forcée à être ce qu'elle ne voulait pas être (Ces " ivrognes des cabarets " de ses débuts), on comprend mieux qu'elle accepte plus volontiers le risque de faire un " flop " comme le fut " Monica-la-Mitraille " que de continuer à répéter l'acquis, le sûr, le haï en jouant, par exemple, avec Dominique Michel " Les Précieuses ridicules " de Molière qui dans sa tête n'est qu'une continuation, sur le mode brillant, de " Moi et l'autre " qui sont déjà au vrai, des précieuses ridicules de nos temps modernes. En faisant du neuf, c'est elle qu'elle renouvelle.

C'est ce même goût, sur un autre plan, qui la rend si fière d'avoir ouvert un restaurant de luxe dans la rue Notre-Dame, elle qui, en débutant, avait passé dans tous les trous qui étaient alors les cabarets de cette même rue Notre-Dame. C'est encore ce même goût qui l'aura poussé à appeler son restaurant, elle la fille d'une ménagère et d'un détective, " La Seigneurie ". C'est ce même goût qui la pousse à faire admirer sa montre en or avec des diamants alors qu'elle jouerait pour rien un rôle qui l'intéresse. C'est pourquoi elle aurait aimé jouer " Pygmalion " parce que " Pygmalion ", c'est un peu son histoire.

Parlant de Mireille Mathieu, elle dit : " Ce n'est pas une vedette, c'est un produit ". Et elle ajoute avec dégoût : " Je n'aime pas les mythes ".

Elle ne devrait pas parler si vite car elle est en train, elle-même de devenir un mythe. Son courage et sa capacité légendaire de travail n'en sont certes pas un. Elle dit d'elle-même, non sans complaisance d'ailleurs : " Je serai la première Montréalaise à avoir commencé dans des trous, devant des ivrognes, pour finir sur la scène du TNM ". C'est le mythe de Julien Sorel.

L'avantage pour nous, c'est qu'il se construit sous nos yeux. Le " faire valoir " de Dominique Michel sait désormais se faire valoir elle-même. Ces rires qui auront blessé Denise Filiatrault, elle vient de les faire taire d'un seul coup par un simple monologue, celui des " Belles soeurs ". Il faut être blessé, fût-ce par des rires, pour trouver son humanité. Un jour Denise Filiatrault aura des poches sous les yeux ; elle sera redevenue brune et ses yeux reprendront la couleur de ceux d'Alain Delon. Il y aura un Jean Cocteau qui écrira pour elle une " Voix humaine ".

Elle sera brisée mais elle aura gagné, peut-être, sa longue lutte.

Jean BASILE

Denise à la une du cahier culturel du *Devoir*, article de Jean Basile.

En haut, à gauche : avec Pierre Nadeau.
En haut, à droite : avec le premier ministre René Lévesque.
En bas : dans *Lysistrata.* Adaptée par Michel Tremblay et mise en scène par André Brassard, la pièce inaugure le théâtre du Centre national des arts à Ottawa, en 1969.

Devant La Seigneurie, rue Notre-Dame Ouest, à Montréal.

En haut: avec Charles Aznavour et sa femme Ulla, au restaurant La Seigneurie.
En bas, à gauche: avec Bénito, à La Seigneurie.
En bas, à droite: avec Bénito.

En haut : avec Bénito et Benoît Marleau.
En bas : à Acapulco, au Rivoli, restaurant à ciel ouvert où travaillait Bénito avant de venir à Montréal.

En haut : dans le salon d'une magnifique villa louée à Puerto Vallarta.
En bas, à gauche : avec Mouloudji.
En bas, à droite : à Puerto Vallarta.

En haut, à gauche: avec Roger Joubert.
En haut, à droite: à la discothèque Fuddle Duddle.
En bas, à gauche: au Fuddle Duddle, Denise devant sa photo de première communiante.
En bas, à droite: avec Philippe Dagenais au Fuddle Duddle.

— Ah, je vois, vous cherchez une droguerie…

À mon tour de la regarder, incrédule…

— Non, non, voyons je ne veux pas acheter de drogue, pour qui me prenez-vous ?

Jacques intervient pour calmer le jeu et finit par m'emmener dans une droguerie, que chez nous, à l'époque, on appelait « le magasin de fer », mieux connu aujourd'hui sous le nom de quincaillerie.

Malgré les petits accrocs entre nous, j'avais beaucoup de respect et d'admiration pour la mère de Jacques. C'était une bonne personne, doublée d'une cuisinière hors pair, qui concoctait des plats savoureux, qu'elle mitonnait sur les deux ronds d'un petit réchaud au gaz. Elle faisait aussi sa lessive en faisant bouillir le linge dans une grosse cuve de métal posée sur un brûleur au gaz. Je la trouvais tellement courageuse.

Le midi de la France, la Côte d'Azur

Arrive le mois d'août et nous partons sur la Côte d'Azur en voiture. À bord : pépé, mémé, Jacques, Danièle et moi, ainsi que Bambo, le caniche royal de la famille, qui prend pas mal trop de place à mon goût. Nous sommes en route vers Sainte-Maxime, petite station balnéaire à une quinzaine kilomètres de Saint-Tropez. Nous arrêtons en chemin pour passer quelques jours à Avignon et rendre visite aux parents de Roger, qui nous ont reçus à bras ouverts. J'ai adoré Avignon et tout le Midi où, contrairement aux Parisiens, les gens étaient accueillants. Le long de la route sur notre passage, nous entendons leurs commentaires et leur accent savoureux.

— Dites, monsieur, un briquet sur cette voiture, ça vaut dans les combien ?

Ou alors…

— Té, encore des pauvres malheureux qui vont se faire le marché avè ça, peuchère !

Et cela, toujours sur le ton de la rigolade et dans la bonne humeur.

Le père de Roger nous fait un somptueux cadeau en nous offrant des billets pour *Le Prince de Hombourg* présenté dans la cour du palais des Papes. Merveilleux décor naturel, pour cette œuvre, que Jean Vilar, directeur du TNP (Théâtre national populaire) veut faire connaître aux Français.

Le mot « populaire » est choisi à bon escient parce que Vilar avait à cœur de faire apprécier le théâtre au peuple. Il allait jusque dans les usines Renault pour faire découvrir aux ouvriers les œuvres classiques du répertoire français et étranger.

Le Prince de Hombourg met en vedette le sublime Gérard Philipe. Je le vois encore, à vingt-neuf ans, aussi talentueux que beau dans sa chemise de voile blanc dont les manches volent au gré du vent et lui donnent l'aspect d'un ange. À ce jour, ce *Prince de Hombourg*, dans la mise en scène de Vilar, reste une des plus belles pièces que j'aie vues.

Je n'aime pas le théâtre classique à cette époque-là, mais, à l'instar de Jean Vilar, Raymond Rouleau me le fait voir autrement et apprécier grâce à sa vision de *Cyrano de Bergerac* (interprété par le sublime Daniel Sorano), qu'il a dépoussiéré de la façon ancienne de déclamer les vers, à sa mise en scène et à sa direction d'acteurs empreintes d'une profonde compréhension de l'âme humaine. Monté de cette façon, le théâtre classique devient accessible à tous.

Devant ces paysages uniques de la Côte d'Azur, tout m'enchante : les parfums, le chant des cigales, cette lumière qu'on ne retrouve nulle part ailleurs, les couchers de soleil. J'adore cette cuisine du Midi que l'on déguste aux terrasses des restaurants du bord de mer où de l'arrière-pays. Toutes ces spécialités régionales telles que la pissaladière, la soupe de pistou, la soupe de poissons, la bouillabaisse, le loup de mer au fenouil sur le gril, tous ces mets savourés dans ce cadre unique demeurent mes plats préférés. Chaque fois que je vois un film dont l'action se passe dans le midi de la France, je ressens une profonde nostalgie.

Imaginez plus tard ma grande déception lorsqu'en Floride, pour la première fois, je cherche de petits restos au bord de la mer et une terrasse où m'installer et ne trouve que des *snack-bars* dans des centres d'achats où les clients mangent enfermés à l'air climatisé. Heureusement, la Floride a changé en mieux.

Ce n'est pas le cas de Paris, où c'était bon dans tous les restaurants, où ça coûtait trois fois rien autrefois. On y mange encore bien, mais il faut y mettre le prix. Et mieux vaut ne pas se risquer dans le petit bistrot pas cher, sauf si l'endroit vous a été recommandé. Déjà, au cours des années 1970, quand je retournais dans la Ville lumière, je trouvais qu'en vingt ans tout avait changé. Que dire aujourd'hui ! J'en arrive à me demander si c'est parce que dans les années 1950 on ne savait pas manger au Québec que tout nous semblait meilleur en France.

En fait, chez nous, on connaissait moins de variété, mais nos mères savaient cuisiner des plats simples et délicieux. Je me souviens que, quand mon Parisien de mari, chiant comme il se doit pour la nourriture, venait souper chez maman, il se régalait et lui réclamait souvent ses fameux cigares au chou. Pour ma part, j'avais un faible pour le rôti de porc à l'ail et la graisse de rôti, mon plat préféré encore aujourd'hui. Toutefois, même cuisiné comme ma mère le faisait, je n'y retrouve pas la saveur d'antan. Il semble que ça vient de la façon dont ces bêtes sont nourries de nos jours. Mon amie Johanne Brunet, qui connaît mon goût pour le rôti de porc, l'apprête d'une manière qui me rappelle le plus celui que maman faisait.

Chez Louise Schmidt, la mère de la comédienne Geneviève Schmidt, je retrouve les recettes de la mienne, car elle cuisine de la même façon. Beaucoup plus jeune que moi, Louise tient ses recettes de sa mère et, comme en Floride nous habitons le même immeuble, je suis honorée d'être invitée à sa table. Quant à Denise Robert, qui fait partie de la bande, elle se spécialise dans une délicieuse soupe de poisson, et Denise Bombardier, également du groupe, prépare aussi « du bon manger ». Sauf que la chicane pogne souvent entre nous deux à table. Nos divergences d'opinions et nos caractères bien trempés font des flammèches. Comme nous ne sommes pas rancunières, nos disputes ne durent jamais trop longtemps. Une autre qui adore recevoir, avec brio, c'est Diane Juster. Ses brunchs du jour de l'An sont mémorables ! Elle y accueille une trentaine de personnes pour lesquelles elle a cuisiné tout elle-même les jours précédant l'événement. Ça m'émerveille, moi qui n'ai pas le don de faire du « bon manger ». On dit que je dresse de belles tables, et c'est vrai que j'adore préparer la mienne avec tout ce que j'ai amassé au cours de ma vie...

Par exemple, en Pologne, un dimanche matin de novembre, un revendeur avait étalé sur un trottoir de Varsovie des pièces de coutellerie en argent ayant déjà appartenu à la royauté prussienne, que je me suis empressée d'acheter. À Cracovie, en allant prendre le train, j'ai aperçu un magasin d'antiquités et j'ai succombé à une lampe Art déco (mon style préféré) que Denise Robert et moi avons *dealée* pendant dix minutes. Nous avons dû courir jusqu'à la gare, la lampe enveloppée dans du papier journal qui se déchirait en lambeaux le long du parcours. On tenait la lampe tour à tour, en nous hâtant afin d'attraper le train qui partirait d'une minute à l'autre pour Prague. J'avais la peur au ventre en passant la douane, car normalement cette lampe n'aurait pas dû sortir du pays, mais je n'ai pas été inquiétée.

J'aime aussi les encans, où j'ai souvent trouvé des antiquités que je n'aurais pas pu me payer chez un antiquaire. Lors de ventes à l'encan, j'ai mis la main sur un service de vaisselle anglaise blanc et bleu nuit, deux cloches en argent de marque Old Sheffield qui gardent la nourriture chaude sur la table... En 1968, j'ai aussi déniché de grandes assiettes en argent faisant partie de la succession de M. Joseph-Alexandre DeSève, qui fut président fondateur du Canal 10 (aujourd'hui TVA) et qui décorent ma table régulièrement. À la campagne, comme je ne dispose pas de toute la vaisselle que j'ai en ville, j'ai acheté des assiettes à hors-d'œuvre bleu nuit chez Dollarama pour les *matcher* avec mon service anglais ! Eh oui, il faut oser... J'adore les encans, c'est le seul endroit où je prends plaisir à miser. Je ne suis pas joueuse pour deux sous, même si je tuerais père et mère pour obtenir le morceau convoité.

Dans les années 1950, sur la Riviera française, on trouvait un casino dans presque toutes les villes. Le public y allait pour jouer, mais, moi qui n'ai jamais misé un franc, j'y allais pour les spectacles et j'ai pu y voir se produire bon nombre d'artistes français, chanteurs et humoristes à la mode.

Parmi ceux-là, je garde un souvenir marquant de la performance de Charles Aznavour, jeune chanteur de trente-deux ans, au casino de Juan-les-Pins...

Charles, qui en avait bavé comme pas un à ses débuts, commençait à devenir de plus en plus populaire auprès du public des jeunes, car, en bon *showman*, il électrisait la salle. Le public plus âgé qui l'avait hué découvrait enfin cet auteur-compositeur-interprète de génie.

Donc, ce soir-là, son imprésario Jean-Louis Marquet nous donne rendez-vous à la station balnéaire de Juan, mais, à notre arrivée au Casino, plus une place de libre, toutes les tables sont réservées depuis des semaines. Qu'à cela ne tienne, nous nous tiendrons debout sur la véranda dont les portes s'ouvrent sur la salle de spectacle. Pas de chance, les gens y sont cordés, debout les uns contre les autres. Reste la plage. Après tout, nous connaissons le show par cœur. Seulement, la plage est bondée, de jeunes surtout qui, ne pouvant se payer le prix du billet, demeurent les deux pieds dans le sable pour voir leur idole à travers les grandes baies vitrées ouvertes. Comme il y a foule sur le sable, nous marchons vers la mer et, subjugués, découvrons plein de jeunes couples, dans l'eau jusqu'aux genoux. De cet endroit, ils aperçoivent tout juste le dessus de la tête de la star. Cette soirée remonte à 1956. Incroyable de voir qu'en 2017 cet artiste remplit toujours les salles.

Début septembre, les vacances s'achèvent, retour à Enghien. Nous roulons de nuit sur des routes de montagne en lacet, avec en prime la pluie qui tombe comme des clous. En plus d'avoir le cœur au bord des lèvres, je meurs de peur tout le long du trajet jusqu'à l'aube, où nous nous arrêtons chez des amis de la famille en Auvergne.

J'ai reconnu dans l'accent auvergnat une parenté avec celui de certaines régions du Québec. Cet accent que les Parisiens prétendent adorer pour nous faire plaisir, mais dont plusieurs d'entre eux se moquent dans notre dos.

Rebelote, le mal de mer

Ce premier voyage en France demeure mon plus beau souvenir de cette année 1956. Cependant, toute bonne chose ayant une fin, au bout de trois mois sonne l'heure du retour chez nous. Toutefois, au moment du départ, on se retrouve sans le sou ! Durant tout le voyage, c'est Jacques qui tenait les cordons de la bourse. Il a dû se résoudre à envoyer un télégramme à son ami, le père Lelarge, propriétaire du restaurant Au 400 à Montréal, le priant de lui faire parvenir 200 dollars. Il nous faut un plein d'essence pour nous rendre jusqu'au Havre, faire quelques dépenses sur le bateau et, de retour au port de Québec, couvrir les frais du transport vers Montréal.

Au départ du Havre, allongés sur des transats, malades comme des bêtes, Roger Joubert et moi n'en menons pas large.

Le roulis a déjà commencé avant même que le bateau prenne la mer. Nous demeurons au chaud, enveloppés jusqu'au cou dans nos couvertures, et toutes les cinq minutes, je demande :

— Roger ?

— Oui, Denise ?

— Quelle heure est-il ?

— Il est 8 heures.

— Merci.

Au bout de quelques minutes qui paraissent des heures :

— Roger ?

— Oui, Denise ?

— Quelle heure il est ?

— Il est 8 h 5.

Et ce dialogue se poursuit jusqu'à 18 heures, alors que, le teint vert, nous prenons le chemin de la salle à manger, espérant réussir à avaler quelque chose. Vers 21 heures, retour à la cabine pour m'allonger enfin… Danièle et moi partageons une cabine avec deux dames. Difficile de trouver le sommeil entre leurs ronflements. Les hommes aussi partagent des cabines. Avec les frais de transport de la voiture, on n'a plus les moyens de s'offrir une cabine décente avec hublot. Donc, je me tape sept jours en mer, dans un espace exigu, avec deux étrangères. Sans gêne, l'une ouvre la lumière aux aurores et bardasse dans la cabine pour se préparer pour la messe de 5 heures, tandis que l'autre fredonne des psaumes sitôt les pieds en bas du lit. Évidemment, la petite se réveille !

J'essaie alors de la rendormir pour quelques heures, du moins jusqu'à l'ouverture de la *nursery*. Je suis trop malade pour m'occuper d'elle, qui se porte comme un charme et ne demande qu'à s'amuser. Ces dames ont eu la chance de croiser ma route à l'époque où, encore timide, je n'osais pas trop m'affirmer. Issue de la génération des « nés pour un p'tit pain » et persuadée que mon destin sur terre consistait à endurer, je les ai subies sans broncher. *Thank God*, Jacques Lorain m'a réveillée d'aplomb et aidée à me libérer de cette attitude judéo-chrétienne.

De retour au pays… *not a rose garden*

De retour à Montréal, la vie poursuit son cours, mais la relation entre Jacques et moi continue de se détériorer. Si j'ai pris de l'assurance vis-à-vis des autres, je me sens toujours coupable à son endroit. Plus encore, j'en ai peur. En colère, il a le verbe acerbe et parfois le geste violent. Si, un soir, je n'ai pas envie de passer à la casserole, il boude, alors qu'il ne s'en prive nullement à l'extérieur. Bien des femmes du monde en parlent comme d'un amant exceptionnel !

Nous retrouvons la routine de nos repas en silence, pas la meilleure ambiance pour ma petite Danièle qui vit maintenant avec nous.

Croyant rétablir l'harmonie du ménage en ayant un deuxième enfant, je tombe enceinte. Cependant, le divorce n'est toujours pas prononcé. Alors ma mère me casse les pieds pour que je pousse Jacques à faire avancer le dossier.

On me demande d'auditionner pour le rôle de Délima, la Grand'Jaune des *Belles Histoires des pays d'en haut,* de Claude-Henri Grignon. Sa femme, qui m'a vue jouer des sketchs à l'émission *Music-Hall,* le dimanche soir avec Michelle Tisseyre, lui dit que je corresponds à son personnage de Délima.

Je n'ose pas me présenter enceinte à cette audition, mais Jacques m'y encourage : ce serait dommage de perdre un rôle dans une série qui risque de s'étaler sur deux ou trois ans. Pour une fois, j'obtiens le rôle et je l'ai tenu pendant neuf ans avant de devoir l'abandonner pour *Moi et l'autre.*

J'aurais bien aimé faire les deux, mais le réalisateur Bruno Paradis considérait comme impensable que je paraisse dans deux émissions en même temps. Que dirait-il de voir les mêmes acteurs et actrices jouer dans plusieurs séries aujourd'hui ?

La Grand'Jaune

Je suis folle de joie de cette première « continuité » à la télé. On me garantit un salaire de 150 dollars par émission. Ce n'est pas le Pérou, mais dans ces années-là... Et par bonheur, le public tombe amoureux de la Grand'Jaune. Élevée sur une terre, une habitante comme on disait, avec son franc-parler, elle ne se gêne pas pour brasser son frère, l'horrible Séraphin. Elle ira même jusqu'à le gifler, pour la plus grande joie des téléspectateurs qui attendent ce moment depuis vingt ans, car ils suivaient le feuilleton à la radio.

De plus, j'y retrouve Paul Dupuis, qui interprète Arthur Buies. J'éprouve toujours les mêmes sentiments envers lui et je sens que c'est réciproque. Ce que Claude-Henri me confirme, m'avouant que Paul lui a demandé d'écrire des scènes d'amour entre Délima et Arthur Buies.

Je ne me souviens pas d'avoir tourné de telles scènes. À l'époque, elles étaient assez chastes. Je remarque le regard attendri de Paul sur la femme enceinte que je suis devenue.

J'ai aussi une grande complicité avec Jean-Pierre Masson, notre Séraphin. Entre nos scènes, il raconte toujours des histoires drôles.

J'admire Andrée Basilières, qui ressemble à une star de cinéma, et j'envie à Andrée Champagne sa blondeur et ses yeux bleus. Elle a tout d'une princesse de contes de fées.

J'adore Paul Dupuis, bien sûr, et M. Desmartaux (le curé Labelle), qui nous raconte à tous les deux ses anecdotes de tournée avec Olivier Guimond (Ti-Zoune junior).

Cher Olivier…

Olivier Guimond travaillait au Théâtre canadien, qui se spécialisait dans le vaudeville. Il avait tous les talents, dont celui de mime, ce à quoi il excellait. Adulé de certains, snobé par les autres, il a fini par être découvert grâce à la télévision. Il était doté d'une aura et d'un charme incomparables, et toutes les femmes y succombaient, alors que Dieu sait qu'il ne courait pas après. D'une grande gentillesse, d'un tel charisme et d'une humilité rare : comment lui résister ?

À mes débuts à la télévision, j'ai travaillé avec lui deux ou trois fois dans des émissions de variétés et je ne me rendais jamais au bout d'un sketch sans éclater de rire. Aux répétitions, il prenait ses places pour la caméra, disait son texte à peu près. Olivier ne pouvait pas répéter, il ne savait pas « jouer » son personnage, il l'était et ne se révélait que devant un auditoire, entrant en action dès que la lumière rouge s'allumait ou aussitôt que le public était là. Je le trouvais si extraordinaire que j'en oubliais mes répliques.

Plus tard, Denis Drouin, son complice de la première heure, un de nos meilleurs comédiens que je considérais comme mon grand frère, l'a emmené à Radio-Canada pour l'émission *À la branche d'Olivier*. Hélas ! Un fiasco total. Olivier, de l'école du vaudeville, un maître de l'improvisation, avait du mal à s'en tenir aux répliques écrites. Et si, en plus, les textes manquaient de punch… Trop humble et trop poli, il n'osait pas se plaindre, mais n'en était pas moins malheureux comme les pierres. La série s'est terminée avant l'heure, et je crois qu'il est retourné à Télé-Métropole, où il avait conquis le cœur des Québécois avec *Cré Basile*. À cette époque, Dominique Michel, Olivier Guimond, Gilles Latulippe sont les idoles du public. Ils seront rejoints par Yvon Deschamps qui innove avec un personnage original et attachant. Encore de nos jours, les comiques occupent une place privilégiée dans le cœur du public québécois.

La naissance de Sophie

Sophie vient au monde un 21 novembre vers 17 heures.

Deux poussées, puis, la mère et l'enfant se portant bien, le Dr Sansregret peut quitter l'hôpital et arriver chez lui à temps pour le repas familial.

La venue du bébé n'arrange pas les choses entre son père et moi. Le divorce de Jacques étant enfin prononcé en France, ma mère saute de joie, mais, moi, je verse toutes les larmes de mon corps. Toutes les excuses me sont bonnes pour retarder la date du mariage. J'aime bien Jacques, c'est un bon père et il m'a tant appris, mais en suis-je encore amoureuse ? L'ai-je déjà vraiment été ? N'ai-je pas confondu un éveil sexuel avec le véritable amour ? Élevée dans la religion catholique, je sais fort bien que recevoir le sacrement du mariage représente un engagement à vie.

Pour maman, c'est tout réfléchi. Le premier mariage de Jacques célébré selon les rites protestants n'est pas reconnu par l'Église catholique, donc nous pourrons nous marier devant le prêtre.

Je tente de convaincre Jacques que, pour le bien des enfants, il vaudrait mieux demeurer ensemble en toute amitié, sans se marier, et mener notre vie chacun de son côté. Nos filles sentiraient qu'en plus de les aimer nous éprouvons tous deux une affection réciproque.

Il ne veut rien entendre. Son divorce lui a coûté cher, il a reconnu ses deux filles et laissé femme et patrie pour elles, il s'est acquitté de son devoir, alors il refuse de renoncer à ce mariage.

Une vie de couple orageuse

Notre couple bat de l'aile, Jacques, souvent bourru, peut passer des jours sans m'adresser la parole. De mon côté, j'ai du mal à comprendre ses humeurs, me demandant ce que j'ai pu faire pour en provoquer les variations. Le quotidien devient pénible avec quelqu'un qui ne te répond pas ou à peine.

En dépit de tout, j'ai vécu douze ans auprès d'un homme pour qui je ne ressentais plus d'amour fusionnel depuis longtemps et j'ai eu à l'esprit un sentiment de culpabilité constant envers mes filles et mes parents.

Je pourrais partir, nous ne sommes pas encore mariés, mais je veux épargner ma mère et surtout mes enfants. Comment laisser un homme qui a quitté son pays pour moi ?

Pour Jacques, la vie au Québec comporte ses écueils, son accent parisien le fait passer pour un de ces « maudits Français » (accent et vocabulaire à la Gabin qu'il n'a jamais perdus, d'ailleurs).

Sans doute, la plupart des Français ou plutôt des Parisiens méritaient bien cette épithète. Nous supportions mal leur air supérieur, leur ton catégorique et leur condescendance vis-à-vis de notre accent. Jacques, lui, n'avait pas cette attitude envers les Québécois.

Heureusement, la nouvelle génération de Français nous apprécie sincèrement et elle s'adapte mieux à la société québécoise.

Ça me désole tout de même de les voir en pâmoison devant tout ce qui est américain. De les entendre parler un français truffé d'expressions anglaises que, de notre côté, nous nous efforçons de traduire. Ils idéalisent une Amérique hollywoodienne bien loin de la réalité.

On se marie… pas vraiment pour le meilleur

Le mariage a été célébré par le père Ambroise, surnommé « l'aumônier des artistes ». Ma mère pleurait de joie, et moi, de chagrin. J'étais toutefois bien résolue à devenir une bonne épouse et j'ai tenu les premières années. Mais vivre aux côtés d'un homme mal dans sa peau, qui reste parfois des jours muré dans son silence et qui, d'un coup, sans crier gare, vous surprend tout guilleret avec un bijou, exige une certaine résistance sur le plan émotionnel.

Tous ses revenus passaient à satisfaire son dada pour les voitures.

En un an, j'ai vu défiler six modèles différents. Chaque fois, il me présentait la nouvelle voiture en disant :

— Tiens, pour toi !

Ce à quoi je répondais immanquablement :

— Tu sais bien que je ne conduis pas…

Mais ça le rendait tellement heureux, alors je m'efforçais d'avoir l'air heureuse, moi aussi, sachant qu'il serait de bonne humeur pour un temps et que la joie de vivre renaîtrait au foyer. Jusqu'au moment où, las de son nouveau jouet, il redevenait maussade. Pour reprendre de l'allant, il passait chez le tailleur commander un nouveau complet sur mesure et une chemise en popeline de soie provenant de chez un grand chemisier de la rue Sherbrooke. Il s'offrait tous ses caprices, à même son propre salaire, pendant que de mon côté je réglais les dépenses du ménage. Peu importe, je m'en foutais.

Je me sentais tellement coupable de gagner plus de sous que lui. S'il est encore considéré par certains comme embarrassant pour une femme de gagner plus d'argent que son conjoint, imaginez dans ces années-là... De toute manière, ce qui comptait pour moi, c'est que Jacques soit de bonne humeur et que j'aie la paix. Évidemment, mes sentiments à son égard se refroidissaient et, si j'éprouvais de la tendresse, la patience n'y était plus. Il s'en apercevait bien.

Un jour, prenant mon courage à deux mains, je lui propose qu'on se sépare.

— Tu ne m'aimes plus ?

— Oui, mais je veux ma liberté.

— Je te la rendrai quand tu me diras la vérité.

Et j'en suis bien incapable, trop lâche. Je ne veux pas lui faire de peine, sentant qu'il m'aime, à sa façon bien sûr...

S'il est si macho, possessif et intransigeant, c'est que, durant toute sa jeunesse, il n'a eu que son père comme modèle.

Finalement, il décroche un contrat de tournage à Paris.

La liberté provisoire

Soulagée de mes angoisses, je me sens si heureuse de pouvoir enfin faire ce que je veux que, lors d'un party chez Yvon Duhaime, costumier de *Moi et l'autre*, je suis encore là à 3 heures du matin, assise sur une chaise, seule au milieu de son salon.

— Qu'est-ce que tu fais là ? Ils sont tous partis.

— Je sais, mais comme je peux rentrer à l'heure que je veux, sans avoir de comptes à rendre…

Je savoure ce moment de liberté dont je dispose totalement.

J'ignore ce qui affecte Jacques. Souffre-t-il d'un trouble de l'humeur ? Aujourd'hui, on lui diagnostiquerait peut-être un trouble bipolaire ? On n'entendait pas parler de ça à l'époque.

Depuis la naissance de Sophie, nous habitons le haut d'un duplex à Outremont. Marcelle Éleutéri, la cousine de Roger Joubert, arrive directement de Lyon et devient la nounou de mes filles.

Je commence à penser à l'achat d'une maison. En ce début des années 1960, c'est la mode de se faire construire ou d'acheter un bungalow en banlieue. Jacques démontre peu d'enthousiasme pour cet endroit. Il préfère sortir, faire la fête, et je dois l'accompagner, même si je n'en ai aucune envie. Le bar et le restaurant du 400 sont devenus notre deuxième maison.

Cependant, j'ai toujours en tête le bungalow que j'ai visité sur la rue Beauséjour. Le promoteur en demande 33 500 dollars, une somme colossale au début des années 1960, et c'est beaucoup trop cher pour mes moyens. Plusieurs de mes copains ont payé le leur de 20 000 à 22 000 dollars.

Le promoteur exige 13 500 dollars comptants comme paiement initial. Je ne les ai pas, mais je lui propose un marché. Je lui offre 3500 dollars comptants et des versements de 1000 dollars par mois. Ainsi, au bout de dix mois, il obtiendra ses 13 500 dollars. Il accepte.

Le bungalow et la banlieue : trimer pour payer

Ça reste une grosse somme à ramasser, mais, selon mes calculs, c'est faisable. En réservant tout mon salaire des *Belles Histoires*, j'assure le roulement de la maison, et avec ce que je gagne par week-end au cabaret, j'ai assez au bout de dix mois pour régler mon acompte.

Le hic, c'est que je ne parviens plus à trouver du travail au cabaret toutes les fins de semaine de façon régulière. Les propriétaires de cabarets sont assujettis à une nouvelle loi du gouvernement qui leur impose de servir un repas durant les spectacles. Cette loi aura raison de nombreux petits hôteliers de la province, qui refusent de s'y soumettre et choisissent plutôt de fermer boutique.

Je travaille à peine une fin de semaine sur trois et dans les pires trous de la province, où les patrons contournent le règlement en servant dans des assiettes de carton une tranche de pain sec, un bout de fromage et un cornichon que les clients laissent sécher sur la table en sirotant leur bière.

Je ne peux même pas prendre Roger Joubert pour m'accompagner, les patrons de ces établissements miteux refusent de lui payer un cachet. Je me contente du pianiste local, qui en général ne sait pas lire la musique.

Le plus souvent, les shows ont lieu à l'hôtel du village, et je monte me coucher tout de suite après. Inévitablement, ma chambre est située au-dessus de la salle de spectacle et, comme les murs sont minces comme du carton, je ne réussis à m'endormir que vers 3 heures du matin, à la fermeture, pour me réveiller vers 9 heures. Juste à temps pour entendre l'orchestre engagé pour les mariages, qui joue pour souhaiter la bienvenue aux nouveaux époux et à leurs invités. La fête bat son plein, au son des « Swigne la bacaisse dans le fond de la boîte à bois » tout l'après-midi.

Un de ces week-ends où je donne un spectacle dans un hôtel, une clause de mon contrat stipule que je dois être logée et nourrie.

Pour le repas du dimanche midi, alors que je m'apprête à prendre place à une longue table dans la cuisine de l'hôtel avec les propriétaires et leurs enfants, la mère de famille me prie de bien vouloir m'asseoir à une distance raisonnable de sa parenté. Fallait-il que j'aie besoin d'argent pour arriver à payer cette sacrée maison !

En revanche, je m'affirmais davantage et je me disais : « Un jour… »

Pour en finir avec ces anecdotes de misère noire, voici un souvenir qui évoque une séquence de vieux film italien en noir et blanc. Un samedi d'hiver à Québec, où je jouais au cabaret Chez Gérard dans une revue de Jacques Lorain, je me fais remplacer par Margot Lefebvre. Jean Rafa m'a dégoté un *club date* (un gala) très payant à l'aréna de Thetford Mines, et je ne peux pas me permettre de rater ça.

À l'heure prévue pour mon départ, il n'y a pas d'autobus qui relie directement Québec à Thetford. Qu'importe, je descendrai à l'arrêt le plus près de la ville, je trouverai bien une correspondance pour Thetford Mines. Seulement voilà, une fois que je suis arrivée dans le dernier village, j'apprends qu'il n'y a aucune correspondance. Donc, pas le choix, je traverse le petit village à pied, pour aboutir assez vite en rase campagne sur une route au milieu d'un champ où on ne voit pas âme qui vive. Je reste plantée là, à l'orée du 5e Rang, avec ma valise dans la neige et ma robe de scène dans une housse de plastique sur le bras. Il fait beau, très doux, et une neige légère tombe sur le 5e Rang. J'attends… J'attends quoi ? Que quelqu'un passe ? J'imagine… Enfin, je ne sais pas, mais j'attends. Mon instinct, ou ma foi, me dit que le bon Dieu ne m'abandonnera pas au milieu de ce champ. L'attente perdure et, couverte de neige, je commence à désespérer quand j'aperçois une voiture. Alors qu'elle parvient à ma hauteur, je distingue à l'intérieur un monsieur et une dame d'un certain âge. La voiture ralentit, ils se penchent tous les deux et m'examinent sans aucune gêne, j'en fais autant. Au bout de quelques secondes, ils repartent et disparaissent au bout du rang. Puis ils reviennent, ralentissent devant moi, m'examinent de nouveau, je les regarde aussi, tente un sourire qu'ils ne me rendent pas. Et ils repartent dans la même direction. Je sens que ces gens-là ne savent pas quoi faire de leur après-midi, ils ont l'air d'avoir sorti leur voiture neuve pour faire « un tour de machine », et ma présence au milieu du rang les intrigue. L'heure avance, le soleil baisse, je commence à geler et, surtout, je vais être en retard pour la répétition… Ils répètent leur manège, mais cette fois ils s'arrêtent, la dame baisse sa vitre, me demande d'où je viens et où je vais.

Après que je lui ai expliqué le pourquoi de ma présence au milieu de nulle part, elle me dit que je suis environ à trois quarts d'heure de Thetford et, un peu hésitante, propose qu'ils m'y conduisent. Ouf ! Je suis arrivée juste à l'heure pour répéter. Le spectacle du soir s'est bien passé et, le lendemain, Jean Rafa m'a ramenée à Montréal.

Parfois, je me demande comment j'ai pu être aussi innocente. Fallait-il que j'aie envie de cette maison pour traverser tout ça ! J'étais jeune, je savais que les débuts seraient difficiles, mais je me disais : « Tu vas y arriver. »

Finalement, j'ai acheté la maison, ce qui ne nous a pas épargné la séparation, à Jacques et à moi. Il travaillait beaucoup à la télévision française et partait de longs mois à Paris. Il y a rencontré Arlette Sanders, une comédienne avec qui il a refait sa vie, et ils se sont installés à Montréal pour qu'il retrouve ses filles.

Toutes les fins de semaine, il venait les chercher afin de passer du temps avec elles. Elles ont développé une très belle relation avec Arlette, qui fait partie de la famille.

LA CONSÉCRATION

Moi et l'autre : la petite histoire

Arrive la série *Moi et l'autre*. Je crois qu'on peut dire sans se tromper que cette comédie de situation a laissé son empreinte sur la télévision québécoise.

Voici la petite histoire de cette émission qui marque une période importante de ma carrière. J'y ai vécu de belles heures, des moments de grande déception aussi, mais n'anticipons pas.

Un jour, le réalisateur Jean Bissonnette m'appelle pour m'annoncer que Gilles Richer, le scripteur, a une idée de *sitcom* pour Dominique Michel et moi.

Je ne regarde que certaines *sitcoms* américaines que j'aime bien, mais Gilles, lui, s'en gave. Le projet m'intéresse et on organise une réunion à quatre, dans le bureau de Jean Bissonnette, pour en discuter et faire une première lecture des textes de Gilles.

Il a de bonnes idées, mais Jean et moi nous sentons qu'il manque quelque chose pour que la mayonnaise prenne. Nos deux personnages manquent de corps, les intrigues ne tiennent pas trop la route. Bref, le genre de comédie que Gilles a écrite ne nous ressemble pas…

Il en prend conscience, lui aussi. Son travail de scripteur sur le talk-show *Les Couche-tard* consiste à trouver des gags sur l'actualité pour l'animateur Jacques Normand. Une forme d'écriture différente du développement d'une intrigue amusante d'une demi-heure, mettant en situation deux filles modernes et assez délurées pour les années 1960.

À la fin de cette lecture, un long silence s'installe, que je finis par rompre.

— Écoutez, les gars, allez prendre un verre au 400. De notre côté, on va aller Chez son père (autre restaurant à la mode des années 1960), et retrouvons-nous dans une heure.

Sitôt que nous sommes attablées au restaurant Chez son père, mon idée est faite.

— Pourquoi ne pas utiliser les deux personnages des sketchs qu'on joue au cabaret? La grande qui embarque la petite, qui se retrouve toujours dans l'embarras. Ce sont des personnages calqués sur ceux de la *commedia dell'arte*. Le clown blanc et l'auguste.

Pour les intrigues, on a en masse de quoi s'inspirer avec tout ce qui nous arrive au quotidien, en plus de toutes les anecdotes que nos amies nous racontent. On a de quoi alimenter nos personnages pour un bon bout de temps.

— Tiens, par exemple, un jour, je rencontre un beau Mexicain d'une famille riche et, pour l'impressionner, je te fais passer pour ma servante espagnole, etc.

On a plein d'idées en réserve, des situations à la tonne. Et nous développons cinq ou six intrigues que nous allons proposer aux deux gars qui nous attendent au 400.

Jean Bissonnette est convaincu et Gilles Richer se sent inspiré quant au style à prendre pour écrire les épisodes.

La série est acceptée. Les intrigues se déroulent dans le décor ultramoderne d'un *penthouse* avec vue sur Montréal, un style tout nouveau qui contraste avec les décors de cuisine et les personnages de mères de famille en tablier auxquels la télé nous a habitués.

Dans *Moi et l'autre*, nous avons lancé des styles et des modes en portant la minijupe, les t-shirts, les pantalons pattes d'éléphant, des bas de toutes les couleurs, de petites robes à la Courrèges, à la Pierre Cardin, d'autres dessinées par Yvon Duhaime de Radio-Canada. Madeleine Quevillon venait d'ouvrir la boutique Elle, rue Crescent. Ce minuscule local vendait les derniers modèles de la mode française pour dames afin qu'on soit au goût du jour... Je me rappelle qu'on arrivait toutes les deux dans son magasin en disant: « Madeleine, trouve-nous un *suit* pour l'émission de demain », et elle nous concoctait toujours un *look* qu'on ne voyait nulle part ailleurs. Et nous agencions le tout avec nos coiffures et nos maquillages dernier cri, sans oublier les postiches et les faux cils.

Les deux filles libres, belles et autonomes n'attendaient pas qu'on leur présente les beaux gars, elles s'organisaient pour les rencontrer.

Pour la jeunesse d'aujourd'hui, le propos de *Moi et l'autre* semble sans doute un peu bébé lala. Il faut se replonger dans le contexte de l'époque, en pleine révolution tranquille, pour comprendre à quel point le style de cette comédie de situation et nos personnages féministes avant l'heure innovaient.

Après plusieurs séances de *brainstorming*, Jean Bissonnette a décidé que les deux filles collaboreraient comme *idea women* pour adapter certaines situations de leur quotidien et créer des intrigues afin d'alimenter Gilles Richer. Le public raffolait de ces histoires toutes plus farfelues les unes que les autres.

Ça nous donnait deux cachets par émission. Le premier pour participer à des sessions de *brainstorming* de deux ou trois heures par semaine. Le second pour les répétitions et les tournages. Au début, les émissions se tournaient en direct et nous n'avions que le temps des pauses publicitaires pour nous changer. S'il restait quelques secondes, on retouchait nos coiffures, sinon advienne que pourra... trois, deux, un ! Et la lumière rouge de la caméra s'allumait.

On travaillait dur, mais pour un bon salaire.

Il n'y a pas que le travail...

Je rencontre Donald Lautrec, beau comme un cœur et malin comme un singe ! Nous avons neuf ans de différence et j'en tombe amoureuse... Quant à lui, son statut d'idole des jeunes des années 1960 lui confère le choix des couleurs. N'empêche qu'il est toujours rendu chez moi pour répéter avec ses musiciens au sous-sol de la maison et pour profiter de la piscine l'été. Nous avons gardé contact et sommes demeurés de fidèles amis jusqu'à ce jour.

Après avoir acquitté mes gros paiements sur la maison, je fais construire une piscine au coût de 3500 dollars. Encore une fois, je ne dispose pas de la somme totale à payer. Je demande au vendeur de me faire confiance et d'accepter un dépôt de 500 dollars avec un solde de 3000 dollars payables à la livraison. Aujourd'hui, une telle entente serait impossible. Au Québec, le marché des piscines privées débute à peine et, sans doute, mon statut de vedette de *Moi et l'autre* joue en ma faveur.

Cette petite piscine, avec une eau maintenue à 85 degrés Fahrenheit, représente le luxe suprême. J'ai horreur de l'eau froide. Les enfants sont comblées et mes amis adorent venir s'y baigner. L'été, pendant que les filles passent deux semaines de vacances chez les sœurs du Camp Mère Marie Clarac de Saint-Donat, la maison se remplit. Andrée Boucher, une assidue de nos partys au bord de la piscine, s'occupe des repas, au grand plaisir des invités, car elle cuisine comme un véritable chef.

J'ai une piscine, mais pas pour autant de meubles dans le salon… à l'exception d'un immense miroir orné d'un cadre de style florentin blanc et doré en bois sculpté, déniché chez un antiquaire de Québec. Posé à même le plancher et appuyé contre le mur, il en couvre la moitié.

Ma fille Sophie et Isabelle Péladeau transforment le salon en studio de danse et improvisent devant le miroir des chorégraphies de *gogo girls* ou répètent leur numéro de *miladies*. La maison est confortable et les autres pièces sont aménagées. Un sous-sol très à la mode des années 1960, avec foyer, petit bar, grosse télé, fauteuils et un spacieux sofa de douze pieds, introuvable de nos jours, et que j'ai fait recouvrir au fil des ans. Il trône encore aujourd'hui à la maison de campagne. Ma fille Danièle m'implore de ne pas m'en départir.

J'ai acheté ce sofa du regretté chanteur Guy Boucher, qui venait de l'acquérir lorsqu'il a décidé sur un coup de tête de déménager à Los Angeles… Petit problème, car, au bout d'un an, la réputée maison N. G. Valiquette, magasin d'où provenait le sofa, m'a réclamé le solde à payer sur l'achat que Guy a omis de régler avant son départ. Moi qui pensais avoir fait une bonne affaire, j'ai payé le solde dû à Valiquette. Dès son retour, Guy, qui avait agi sans malice à mon égard, s'est empressé de me remettre la somme.

Le salon est resté vide jusqu'à ce que, beaucoup plus tard, la mère et la grand-mère de Bénito (mon chum mexicain rencontré lors d'un voyage à Acapulco et venu me rejoindre à Montréal) nous rendent visite. Évidemment, rendue là, je n'ai plus eu d'autre choix que de finir de meubler la maison.

Au cours d'un de ces étés du début des années 1960, Fernande Grimaldi, *booking agent*, me trouve un contrat de quelques semaines dans un cabaret de Sept-Îles avec d'autres jeunes artistes québécois. Pour des questions de rentabilité, on décide de faire le voyage à deux voitures, à raison de six personnes par véhicule, de Montréal à Sept-Îles.

Comme, à partir de Baie-Comeau, la route n'est pas encore entièrement pavée, nous roulons sur un chemin de gravier et, avec la chaleur suffocante, les vitres fermées, on ne peut plus respirer. Mais si les fenêtres sont ouvertes, on reçoit de grandes rafales de sable dans la gorge. Quand je pense que je fumais deux paquets de cigarettes par jour. Je me rappelle aussi que Francine, la fille de Fernande et de Jean Grimaldi, adolescente ou jeune adulte, devenue une journaliste et chroniqueuse bien connue au Québec, nous accompagnait, remplaçant sa mère comme directrice du projet.

Je me souviens également que le public se composait entre autres de beaucoup d'ouvriers étrangers de toutes races et de toutes religions confondues. Un public si aimable, heureux d'avoir de la visite de Montréal pour le divertir. Malgré ça, j'avais hâte de rentrer chez moi, je m'ennuyais trop des enfants.

Le jour de mon retour, ma Danièle si raisonnable m'accueille avec le sourire, tandis que Sophie, trois ans, assise sur les marches du perron de notre maison de la rue Beauséjour, coin boulevard Gouin à Cartierville, me fixe les yeux comme des poignards. Si petite, elle m'en veut d'être partie aussi longtemps. C'est à cette période qu'elle devient copine avec Isabelle Péladeau. Sa gouvernante est venue sonner à notre porte pour demander si Sophie pouvait jouer avec Isabelle. Ça a été la naissance d'une grande amitié. Elles ne se sont jamais quittées jusqu'au décès d'Isabelle. J'adorais sa mère, Raymonde, qui était la gentillesse et la bonté mêmes. Avant que j'aie ma propre piscine, elle nous invitait souvent avec les enfants à nous baigner dans la leur qui était immense… Je la vois encore vêtue d'un short blanc qui mettait en valeur ses longues jambes… Je revois aussi son joli visage et ses cheveux blonds remontés à la Élaine Bédard (mannequin célèbre des années 1960). Raymonde était sculpturale, dévouée à ses enfants qu'elle adorait, follement amoureuse de son mari Pierre Péladeau. Elle veillait au bonheur de sa famille. Elle a souffert du déséquilibre entre ses aspirations de femme et celles de l'homme d'affaires réputé et nationaliste de la première heure, occupé à bâtir un empire devenu aujourd'hui un des fleurons du Québec. Comme sa fille Isabelle, Raymonde est partie beaucoup trop jeune.

À notre arrivée à Cartierville, je trouve la perle rare pour s'occuper de mes enfants. Une Française d'un certain âge, qui gère la maison de fond en comble et se fait appeler « Mamie ». Mamie fait tout à la perfection : la cuisine, la couture, la comptabilité, etc. Elle est parfaitement autonome et responsable, et je peux lui confier les enfants en toute quiétude. Je sais qu'elles seront entretenues, éduquées et même soignées. Ayant une profonde antipathie pour les médecins, elle n'a recours à leurs services que pour un motif sérieux. Armée de ses dictionnaires de médecine, qu'elle consulte au moindre symptôme, elle trouve les soins appropriés aux petits bobos des enfants, et ça fonctionne toujours. Elle sait se rendre indispensable.

Danièle l'apprécie beaucoup, car elle lui apprend la France qu'elle adore, tandis que Sophie, à l'esprit plus rebelle, y est rébarbative. Les enfants du quartier la craignent, car Mamie, au tempérament très vieille France, est autoritaire et stricte comme un dragon. Ahuris, ils la voient avec les filles cueillir des pissenlits dans les champs en bordure du boulevard Gouin. Ils ne peuvent croire que mes filles mangent ça en salade ! Tout ça se passe au cours des années 1960. Sophie a du mal à supporter cette autorité et cette intransigeance. Mais je n'ai pas le choix, les garderies n'existent pas encore, on garde nos enfants chez nous ou on les met pensionnaires au couvent. Pas question pour mes enfants. Si je ne les vois pas le jour, au moins, en arrivant de travailler, je prends le repas du soir avec elles si je n'ai pas de spectacle au cabaret.

Les filles en souffrent, Sophie peut-être davantage que Danièle, plus conciliante. En tout cas, si elle en souffre tout autant, elle le tait. Je ne vois pas, ou bien ne veux pas voir, ce qui se passe, trop heureuse à trente ans de ne plus rendre de comptes à personne et de ne plus être sous le joug d'un homme possessif.

Mes enfants fréquentent les meilleures écoles et elles ont une gouvernante à la maison à plein temps.

En plus de *Moi et l'autre*, le duo Denise et Dodo continue à faire du cabaret à l'occasion. Grâce au succès télé, nous gagnons en popularité ainsi qu'en salaire. C'est l'âge d'or des chanteurs et des groupes qui se multiplient depuis l'avènement des Beatles et des Stones. Pour être au goût du jour, notre duo s'associe à Donald Lautrec, dont les jeunes filles raffolent, et à Jacques Desrosiers, chanteur fantaisiste et comédien populaire.

Jacques Desrosiers, à la fois sensible, fragile et très *flyé*, était un hypocondriaque reconnu. Il se voyait affligé de toutes les maladies et faisait d'un simple rhume une pneumonie. Un hypersensible qui ne manquait pas de courage, il nous en a donné la preuve un soir à la Casa Loma.

Joe Di Maulo, maître d'hôtel de l'endroit, fête son enterrement de vie de garçon. En plein show, pendant notre numéro, ses chums assis au *ringside* font un tapage du diable. Les spectateurs ont beau leur demander de baisser le ton, peine perdue.

Soudain, à la table voisine de Di Maulo et sa bande, un jeune couple se tanne et, sur un ton assez autoritaire, la femme leur demande de la fermer. Les fêtards dans un état d'ébriété avancée en rajoutent. Si bien que le mari s'interpose. Ça déclenche une bagarre telle que, sur scène, on ne s'entend plus parler.

Nous continuons à faire notre numéro : *the show must go on...* J'en ai tellement vu dans ces endroits, je donne mes répliques en faisant ma liste d'épicerie. Dans la salle, la bataille se corse. Jacques Desrosiers, debout au coin du bar, assiste à tout depuis le début et commence à sentir la soupe chaude. Il traverse la salle au milieu des coups, monte sur scène, nous prend toutes les deux par le bras et nous sort de scène.

— C'est assez, les p'tites filles, on a assez ri !

Ça tourne au vinaigre, il faut qu'on parte en vitesse. Le chef d'orchestre nous oriente vers la cave, et on se fraye un chemin entre les caisses de bière et de soda jusqu'à la porte arrière. Tous les quatre, le lendemain, on passe aux nouvelles du soir. La bagarre s'est soldée par plusieurs blessés et un mort. Il paraît que Di Maulo et sa bande ont été interdits d'entrée dans la boîte durant un an sur ordre de Vic Cotroni, un des patrons de la Casa Loma.

Voilà un peu pourquoi je deviens exaspérée aujourd'hui quand de jeunes acteurs me demandent de leur parler de la belle époque des clubs de nuit. Je n'en ai aucune nostalgie et n'y vois rien de folklorique.

Ce spectacle que nous avons monté tous les quatre se compose de chansons, de sketchs et de parodies des groupes en vogue dont les Classels, César et les Romains, etc. Nous écrivons les textes individuellement ou ensemble, et je me charge de la mise en scène. Partout où nous passons à Montréal et en province, c'est un succès, sauf en Beauce. Rien à faire, le bide total ! Malgré tous nos efforts, nos sketchs et parodies ne pognent pas. Un soir, on cède à Desrosiers qui nous casse les pieds depuis un moment pour ajouter un numéro que nous avions toujours rejeté.

— OK, Jacques, sors-la, ta chaudière, pis fais-le, ton christie de numéro déguisé en femme de ménage !

Et Jacques se lance dans une parodie de la chanson de Piaf, *Non, je ne regrette rien*, à genoux, en train de laver le plancher. Les spectateurs s'écroulent, il les a eus !

Par la suite, partout où nous passons, si ça ne marche pas on crie :

— OK, Jacques, sors la chaudière !

Un autre souvenir de Jacques Desrosiers.

Les artistes montréalais aimaient beaucoup travailler à Québec, le public était très généreux, et les hommes aimaient les jolies femmes de la capitale. En plus, il y a toujours eu de bons restaurants dans cette ville, sûrement la plus belle du Canada. Récemment, à l'occasion des représentations de *Grease*, j'y ai rencontré le photographe Roland de Québec, quatre-vingt-cinq ans, droit comme un I, fidèle au poste. À travers ses photos, il m'a rappelé de bons et de mauvais souvenirs de ma jeunesse, lors de séjours à Québec, mais ainsi va la vie.

Si j'ai pleuré plus souvent qu'à mon tour, j'en ai ri un coup aussi. Avec Desrosiers, j'ai connu des fous rires mémorables, comme à La Porte Saint-Jean, dans un sketch que Dominique et moi avions intitulé *Les Ballerines.*

Un soir durant le numéro, Dodo arrête subitement de danser, pliée en deux, victime d'une crise d'appendicite aiguë. On la transporte d'urgence à l'hôpital et on arrête le show.

Il faut se revirer de bord pour le lendemain soir et trouver un sketch qui dure au moins dix minutes. On aurait bien demandé à Jacques de sortir la chaudière, mais le patron, Gérard Thibault, tient absolument au numéro des ballerines. Jacques le connaît par cœur et il meurt d'envie de le faire. On observe souvent une petite rivalité entre les artistes qui font rire le public, et Jacques sent le besoin de nous prouver, à Donald et à moi, qu'il peut exécuter ce numéro aussi bien que Dominique.

Donc, le lendemain, le spectacle commence, et on fait la chanson d'ouverture à trois... On se partage les *quickies* (gags très courts). Desrosiers fait son monologue, Lautrec donne son tour de chant. Jusque-là, ça se tient et tout va pour le mieux... Puis arrive enfin le sketch des ballerines. Jacques a endossé le tutu de Dominique, qui ne ferme pas à la taille. Alors je renonce à monter la fermeture éclair et je réussis à tout fixer avec de grosses épingles à couche. On lui a trouvé des collants blancs et les plus grands chaussons de ballet de la ville de Québec. La couronne de pétales de rose sur la tête, il est fin prêt.

Nous entrons donc en scène. À la vue de Desrosiers déguisé en Pavlova, le public se tord de rire. J'attends qu'il sorte la première réplique. Pas un mot ! J'attends encore quelques secondes. Il reste immobile, le public continue de rire, croyant que ça fait partie du sketch. Je sais très bien que Jacques est mort de trac et que, tel que je le connais, il attend que je commence à parler. Normalement, ce sketch dure de huit à neuf minutes avec les répliques et les pas de danse. Mais ce soir-là, on en fait tout juste cinq !

Dès qu'il m'entend dire « Alors, madame Pavlova, sur quel air désirez-vous danser ce soir ? », il part au galop, sans répondre, sur la musique de Tchaïkovski. Il danse comme un fou sans s'arrêter et oublie d'enchaîner avec le texte. Je le regarde, ébahie. Comment tout ça va finir ? J'essaie d'en placer une, croyant qu'il va enfin s'arrêter de danser et enchaîner avec les gags, rien à faire. Dès que j'ouvre la bouche, il part à l'épouvante, descend dans la salle, danse autour des tables. Il se rend jusqu'au fond de la salle à manger et s'amuse à monter et à descendre un petit escalier devant le public en délire. Je pleure de rire, le rimmel me brûle les yeux. Il remonte sur scène, se pend aux rideaux de velours qui, sur le mur du fond, se décrochent un à un. Jusqu'où peut-il encore aller? Au même moment, je le vois danser vers une table au pied de la scène, où un couple mange un steak frites garni de petits pois. La dernière image de cette séquence: Jacques Desrosiers, les pointes dans l'assiette de la dame, les petits pois qui volent partout, et moi, gênée, mais pliée en deux, le visage barbouillé de mascara, je tente de nous excuser, sauf que les mots ne sortent pas. Je reste penchée sur la dame, Jacques quitte la scène sous les bravos du public qui continue de rire. Gérard Thibault fait irruption dans la loge, ravi de voir la salle en délire. Il veut qu'on répète la chose tous les soirs pendant que Dominique passe la semaine à l'hôpital. Hélas, ou heureusement, Desrosiers n'a jamais été capable de répéter un tel exploit. Sous l'effet de l'adrénaline, il ne se souvenait même pas de ce qu'il avait fait. Au deuxième show, il est resté bien sage sur scène, alors que je m'efforçais de meubler pour faire du temps. Quelle époque!

Pendant un été de ces années 1960, Jean-Louis Marquet m'obtient quelques contrats sur la Côte d'Azur. Je chanterai avec Jacques Brel à Nice, avec Dalida à Cannes, et je passerai en vedette américaine du récital de Charles Aznavour au palais des Festivals. Ce qui revient à dire que je chante avant l'entracte, alors qu'Aznavour comble toute la deuxième partie. Convaincue en ce temps-là de la supériorité des artistes français, je meurs de trac.

Éblouie par Gilles Vigneault, rencontré quelques mois auparavant alors qu'il débutait à la Page Blanche, j'ai ajouté *Jack Monoloy* à mon répertoire. La chanson de Vigneault connaît beaucoup de succès. Pour ma part, je ne me sens pas à la hauteur ce soir-là, trop envahie par le trac. Je dois m'en tirer pas mal, puisque Eddie Barclay, présent dans la salle, m'offre d'enregistrer un quarante-cinq tours sur étiquette Barclay, dans un format sur lequel on gravait quatre chansons. J'ai enregistré *Jack Monoloy, V'là l'bon vent* en version jazzée avec Les Double Six (groupe de jazz très populaire en France) et *Twist contre Twist*, le rythme à la mode. Je n'ai pas souvenir du quatrième titre et je regrette aujourd'hui de n'avoir conservé aucune copie de cet enregistrement.

Après le gala, un photographe nous prend, Aznavour et moi, sur le toit du palais des Festivals, et un des clichés est publié dans *Paris Match* (édition canadienne, bien entendu). M. Cobetto, gérant de la Casa Loma, épaté de voir ma photo dans ce magazine, croyait que cette édition avait été distribuée à travers l'Europe.

Sitôt que je rentre à Montréal, il me téléphone pour me proposer de chanter dans son club à un salaire défiant toute offre précédente. Je me garde bien de préciser que cette édition de *Paris Match* est réservée au Canada. Au cours de ce contrat à la Casa Loma, pendant un de mes spectacles, je me fais voler dans ma loge une chasuble de vison qu'un jeune styliste français fraîchement débarqué à Montréal m'a dessinée.

J'en ai fait mon deuil quand Joe Di Maulo, maître d'hôtel des lieux, vient me trouver, un peu mal à l'aise. Il connaît l'auteur du vol et moyennant une somme de 200 dollars, on me la rendra. Je paie et je retrouve la fourrure gentiment suspendue dans ma loge après le dernier show…

Johnny Hallyday

Je me suis enfin décidée à me séparer de mon mari, qui filera le parfait bonheur avec Arlette Sanders jusqu'à la fin de ses jours. Je suis donc libre, encore jeune, et je ne me prive pas de sortir à l'occasion. Avec les copines, nous aimons danser et flirter avec les beaux garçons. En entrant dans la discothèque, si la clientèle ne nous plaît pas, nous avons convenu d'un code. J'ai le mandat d'opérer. Quand nous arrivons, je dis au portier :

— On veut juste voir si notre amie Jeannine est là.

On va jeter un coup d'œil sur la salle et, si nous ne trouvons personne à notre goût, on ressort.

— Merci, Jeannine n'est pas venue ce soir.

Ces discothèques, toutes situées dans le même secteur, soit entre les rues Crescent et Mackay, on en faisait le tour rapidement.

Un soir, je balaie la salle du regard et m'exclame :

— Les filles, Jeannine est là !

Je vois Johnny Hallyday à une table, avec son entourage, dont la journaliste Éliane Catella qui est partie de sa Corse natale pour s'installer à Montréal. Heureusement, le *maître D* nous place à proximité de la table de Johnny. Au bout d'un moment, mes copines et moi constatons que le rocker ne me quitte pas des yeux. Et quelques minutes plus tard, Eliane vient me chercher pour me présenter à Johnny, qui me fait danser des *slows* jusque tard dans la nuit.

À l'hôtel, le matin au réveil, je me dirige vers la salle de bain et j'aperçois mes faux ongles de la veille qui flottent sur l'eau de la baignoire…

Je garde de Johnny le souvenir d'un très beau garçon, très doux, pas méchant pour deux sous. Il n'a pas connu une jeunesse très heureuse, ce qui explique sans doute son acharnement à vouloir la vivre intensément encore aujourd'hui à près de soixante-quinze ans.

À la même époque, je fais aussi un tour de chant en français et en anglais, accompagnée pour certains numéros de deux danseurs de ballet moderne. Ce qui me vaut d'être surnommée par Paul Berval la « Cyd Charrisse d'la rue Poupart » !

Sacré Paul, quel talent ! Hélas, il était malheureux comme les pierres de n'avoir pu réaliser son rêve de devenir chanteur d'opéra. S'il avait pu poursuivre des études en art lyrique, il y serait sûrement arrivé avec sa belle voix de ténor, mais le public y aurait perdu un très grand comique.

Au bout de presque dix ans de loyaux services, Mamie, notre gouvernante, m'annonce qu'elle nous quitte pour épouser un compatriote qu'elle a rencontré grâce au courrier du cœur. Ne pouvant me résoudre à la perdre, je lui propose qu'elle et son mari habitent chez moi.

Ça n'aura pas duré plus de deux ou trois ans avec le mari français chez moi, car il me tapait royalement sur les nerfs avec ses commentaires désobligeants sur le Québec.

Et j'ai fini par demander à Mamie de partir avec son « Français moyen », comme j'appelais son mari. Danièle en a eu du chagrin, car elle y était très attachée, mais Sophie s'est sentie soulagée de ne plus être astreinte à ce régime autoritaire.

La fille de Mamie m'a téléphoné, il y a quelques années, pour m'annoncer que sa mère venait de mourir d'un cancer. J'espère que durant sa maladie elle aura quand même accepté les soins d'un médecin pour alléger ses souffrances.

Pierre Elliott Trudeau

Au début des années 1960, je sors à l'occasion avec Jean Nadeau, frère de Pierre Nadeau, journaliste vedette de Radio-Canada. Un après-midi d'été, j'accompagne Jean lors d'un 5 à 7 organisé dans les jardins de la résidence de son frère, qui y reçoit le gratin de la colonie artistique et journalistique de Montréal.

Le party se poursuit à l'intérieur et mon regard se pose sur un homme aux allures d'aristocrate, en pleine discussion avec un groupe d'invités, Jean remarque mon intérêt.

— Tu ne connais pas Pierre Elliott Trudeau ? Millionnaire, ceinture marron de judo, avocat, professeur en droit constitutionnel à l'Université de Montréal. J'assiste à ses cours assidûment, je ne l'ai jamais vu avec le même complet. Toi qui t'intéresses à l'affaire Coffin, c'est un grand ami de Jacques Hébert qui connaît le dossier à fond. Viens que je te le présente.

Nous avons donc passé le reste de la soirée ensemble. En me quittant, il me dit qu'il sera à notre spectacle le week-end suivant, dans un cabaret à Lachine, et qu'il amènera Jacques Hébert, qui pourra me parler de l'affaire Coffin.

Le beau professeur commence à m'intéresser davantage que l'affaire judiciaire.

Avant la représentation, je dis à Dominique Michel :

— Il y a un gars qui vient voir notre show ce soir, je dois le rencontrer entre les deux spectacles, il me fascine. Je t'avertis, tu t'occupes de son copain Jacques Hébert pendant que, moi, je fais plus ample connaissance avec le prof.

Environ dix ans plus tard, je croise Jacques Hébert qui me confie :

— Vous souvenez-vous du soir où Pierre Trudeau et moi sommes allés vous voir au cabaret, à Lachine ? Il m'avait prévenu : « N'oublie pas, tu t'occupes de la copine, pendant que, moi, je fais mieux connaissance avec Denise. »

Pierre et moi nous sommes revus souvent, jusqu'au jour où j'ai rencontré Bénito, et lui, Margaret. À la fin des années 1970, nous avons repris contact et, dans les années 1980, je l'ai accompagné à Versailles à l'occasion d'une réception donnée pour le G7.

Arrivée de Bénito

Le premier jour de l'Expo 67 arrive Bénito, rencontré durant les trois derniers jours de mes vacances au Mexique. Il était gérant d'un superbe restaurant de la baie d'Acapulco, dont le plafond s'ouvrait et se refermait au gré de la température. Issu d'une famille bourgeoise, de mère mexicaine et de père espagnol, Bénito Guitian Proal de Lopez Vasquez était de la trempe des grands seigneurs : pas forcément riche, mais très fier. Diplômé de l'École hôtelière de Genève et de son restaurant Vieux Bois, il parlait un très beau français peaufiné à Paris, où il avait habité un an tout juste après ses études.

En transit vers l'Australie, il lui prend l'idée de s'arrêter quelques jours au Québec pour venir me voir.

Pour le retenir à Montréal quelque temps, je le présente au gérant du restaurant du Ritz-Carlton qui, devant tous ses diplômes, lui offre un emploi pour la durée de l'Expo 67. Il est resté à Montréal cinq ans.

Après le Ritz, avec Jacques Debert, un Français et collègue de travail de Bénito, nous achetons pour des *pinottes* un restaurant dans le Vieux-Montréal. On a fait un bon *deal* et je nous imagine déjà faire fortune. C'était sans compter la folie des grandeurs de Bénito et notre manque total, à tous les trois, de sens des affaires.

Ne reculant devant rien, nous allons chercher le chef saucier de Chez Bardet, restaurant le plus réputé de Montréal dans ces années-là. Un groupe de garçons et suiteurs du Ritz font le pari de quitter cette maison renommée pour se joindre à l'aventure et attirent ainsi nombre de clients du Ritz. Quant à moi, forte de la popularité de *Moi et l'autre,* mon nom devrait attirer la clientèle que je reçois presque tous les midis et soirs, en plus de faire les répétitions de mon émission.

Cette expérience m'aura appris une chose capitale : on ne s'improvise pas restauratrice !

Le restaurant La Seigneurie marche très bien la première année, mais notre chef cuisinier nous quitte pour ouvrir une pâtisserie, et l'achalandage commence à diminuer. Le chef remplaçant a peine à maintenir le standard. Bénito se met en tête que la discothèque au sous-sol nous nuit. Les deux établissements partagent les toilettes, et Bénito juge que notre clientèle sophistiquée n'aime pas croiser celle de la discothèque.

Comment résoudre ce problème ? En achetant la discothèque, propriété entre autres de l'avocat Antonio Lamer (futur juge) et dont on demande un bon prix.

André-Philippe Dagenais accepte le défi de transformer ce local quelconque en un disco-club moderne et sélect, baptisé Epoca. Jeune décorateur de talent, il innove avec des matériaux tels le *stainless* et le plexiglas, agencés au tapis noir dont il couvre le plancher et la surface des murs en créant un espace élégant. Les tons dominants de noir, argent et rouge, les tables et les chaises en plexiglas, la piste de danse en *stainless* accentuent l'aspect futuriste. C'était *hot*, comme on dit aujourd'hui.

Heureusement, j'arrête à temps Bénito, qui veut engager un quatuor à cordes. Il imagine les gens de la salle à manger descendre à la discothèque pour écouter du violoncelle !

Nous avions espéré attirer les clients du restaurant dans notre disco-club très sélect, mais ceux-ci ne fréquentent pas les discothèques et quittent la salle à manger sitôt le repas terminé.

L'endroit aurait dû plaire aux jeunes, mais il leur semblait trop chic, donc trop cher. Comment sortir de cette impasse ? Pour attirer du monde et réussir à payer une partie des rénovations, j'entreprends de monter un tour de chant, entrecoupé de monologues racontant mes années de cabaret.

Je puise mon répertoire parmi les succès de Sergio Mendes, Astrud Gilberto, Antonio Carlos Jobim. Je viens de découvrir cet univers musical à Acapulco. Bénito et moi étions assidus des shows de Roxanna, une superbe Brésilienne dont la voix suave charmait la gent masculine voyant en elle, et avec raison, la vraie fille d'Ipanema.

Un de nos employés, portugais d'origine, me traduit les paroles et m'aide pour la prononciation.

Ma discothèque est située dans la rue Notre-Dame, alors mon monologue débute par: « Vous savez que j'ai fait tous les trous, pardon, les clubs de la rue Notre-Dame. Du Mocambo au Coq d'or, du 42 au Pagoda en passant par le Hale Hakala, mais je ne pensais jamais finir ici, au chic Epoca. » Le public adorait ce numéro.

Fin des années 1970, Luc Plamondon s'est souvenu d'avoir vu ce show-là:

— Sais-tu que Shirley MacLaine fait le même genre de monologue sur sa vie artistique dans son show? Imagine, tu l'as fait dix ans avant elle!

Ça m'a rappelé une réplique de Gratien Gélinas: « C'est pas parce que t'es un p'tit notaire de campagne que t'as moins d'idées, pis que t'es moins intelligent que celui qui vient de la grande ville. »

Quelle leçon ! Ça me fend le cœur quand je vois aujourd'hui de jeunes artistes qui manquent de confiance en eux. Se croient-ils encore nés pour un p'tit pain?

Je ne parle pas du spectacle aux gens de la presse, sauf à la journaliste Ingrid Saumart. Comme c'est une assidue du restaurant et presque une amie, je la préviens de ne pas se vexer, mais qu'aucun journaliste n'est invité à la première. Pas de critiques dans la salle, je ne veux pas courir le risque de me faire ramasser. J'ai des dettes, le spectacle doit marcher à tout prix.

Le soir de la première, la discothèque Epoca est pleine à craquer. Je fais mon entrée, accompagnée d'un trio de musiciens, et je commence à chanter, tout sourire. À l'extrémité du bar, j'aperçois Ingrid Saumart, debout, qui me fixe droit dans les yeux, calepin et crayon à la main. Contrariée, je me ressaisis et continue comme si de rien n'était.

Le lendemain, je n'y échappe pas. *La Presse* titre en gros: « DENISE FILIATRAULT FAIT UN SPECTACLE DANS SA BOÎTE POUR SAUVER LES MEUBLES… LES SIENS. »

Ça me suffit amplement, inutile de lire le reste. Heureusement, ça n'empêche pas le spectacle de tenir l'affiche avec succès. Ça regarnit les coffres, mais pas assez pour éponger la dette des rénos.

Entre mon chum et moi, le climat s'assombrit. Si les clients lui demandent: « Où est la patronne? », l'orgueil blessé, il peste et revendique son titre de patron puisque nous avons investi tous les deux la même somme au départ. Ce que je comprends parfaitement, mais comme mon nom a pesé lourd dans la décision d'ouvrir ce commerce, mieux vaudrait en tirer profit. Ce n'est pas tout: il a de plus en plus de mal à supporter l'hiver et, après avoir passé cinq ans au Québec, il me répète tous les jours que c'est à mon tour d'aller m'installer avec lui au Mexique.

Pour moi, la question ne se pose pas: impossible de déménager mes enfants comme ça. Et comment pourrais-je gagner ma vie dans un pays dont je parle à peine la langue?

Et pendant ce temps-là, dans *Moi et l'autre*…

L'émission a toujours du succès, mais, avec les années, j'en ai plein mon casque de collaborer incognito pour créer des situations et *puncher* les dialogues d'expressions qu'on invente ou pige parmi notre entourage. Les « M'as toute t'arranger ça, ma noire, m'as toute t'arranger ça » viennent de ma cousine Bertine. André Desrosiers, le frère de Jacques, nous en fournit de fameuses comme « Y a pas de diguidi haha » et d'autres tout aussi originales.

Je finis par prendre mon courage à deux mains et réclame mon nom comme scripteure au générique. J'essuie un refus catégorique du réalisateur.

— Voyons, Denise, Gilles ne voudra jamais que quelqu'un d'autre signe avec lui, il a trop souffert de ne pas avoir son nom au générique des *Couche-tard*.

À Paris, les auteurs écrivant pour les humoristes demeuraient dans l'ombre, et cette pratique a été adoptée au Québec. Jacques Normand, la vedette des *Couche-tard*, tenait à suivre cette règle.

Quant à moi, outrée de cette injustice, je menace d'aller me plaindre à la direction. Aucun membre de l'émission ne m'appuie, encore moins ma partenaire. Alors je vais seule dans le bureau de Jacques Blouin, directeur des variétés, afin de défendre mon point de vue au milieu de gens dont je ne me souviens ni des titres ni des noms. Au bout d'une heure de discussion, tous demeurent sur leurs positions.

— Voyons, Denise, tu l'as, ton nom au générique, comme comédienne.

— C'est normal, je joue dans l'émission ! Mais le jour où je voudrai présenter mes propres projets, personne ne saura que j'ai de l'expérience, que je peux raconter une histoire. Les deux personnages de *Moi et l'autre* sont tirés de nos sketchs de cabaret dont j'ai créé les personnages pour le duo que nous formions. C'est à partir de ces personnages et de nos sketchs de cabaret que nous avons développé, Bissonnette, Richer, Dodo et moi, d'autres intrigues, contribuant ainsi au ton et au style de *Moi et l'autre*.

Pas moyen de les convaincre ! Une amère déception, que je vis d'autant plus mal que je n'ai senti aucun soutien. Quelque chose se rompt... Le cœur n'y est plus. Je *punche* en arrivant sur l'émission, fais ma job et *repunche* en partant. J'assiste encore aux *meetings*, je suis payée pour ce travail, mais, lors d'une de ces séances de *brainstorming*, au bout de deux heures, je jette l'éponge, je suis vidée.

Gilles me dit :

— Mais, Denise, on n'a pas terminé. On n'a pas trouvé le punch.

— Ben tu le trouveras, toi. Moi, j'en peux plus.

Jean Bissonnette, qui me connaît par cœur, me convainc de mettre de l'eau dans mon vin, et comme j'ai besoin de gagner ma vie… La dernière année, Richer achète quelques idées de « l'extérieur », ce qui est tout à fait normal, car écrire une demi-heure de *sitcom* par semaine, malgré la collaboration de Bissonnette, Dodo et moi-même, représente une tâche colossale.

Entre-temps, Gilles me demande de travailler seule avec lui, et j'accepte. Mon nom ne figure toujours pas au générique, mais j'empoche un cachet.

Il finit par quitter l'émission afin de développer d'autres projets, et c'est Roger Garand qui le remplace. Garand travaille bien, mais ce n'est pas Richer. Il faut dire à sa décharge qu'il lui manque l'expérience de ses trois années sur la série. Heureusement, tout le monde s'adapte, alors *Moi et l'autre* se poursuit…

L'arrivée des *Belles-Sœurs*

Sur un tournage de *Moi et l'autre*, la comédienne Denise Proulx, venue faire une apparition dans cette émission, ne tarit pas d'éloges sur Michel Tremblay, vingt-deux ans, auteur d'une pièce remarquable et d'André Brassard, vingt et un ans, metteur en scène de génie, avec lesquels elle a un projet de théâtre. L'œuvre qu'elle juge exceptionnelle n'arrive pas à trouver preneur dans un théâtre reconnu. Ils ont donc organisé une lecture publique au Théâtre d'Aujourd'hui, espérant que les directeurs de théâtre se déplaceront pour y assister. Toutefois, elle craint que l'entreprise échoue, car la distribution compte peu d'actrices connues du grand public. Les vedettes approchées ont refusé à cause du langage : le joual, que nous, le peuple, parlons entre nous, mais qui ne doit surtout pas s'exprimer sur une scène de théâtre. En quittant le plateau de *Moi et l'autre*, Denise me remet le texte. C'est une révélation ! Je ris et pleure comme une Madeleine à plusieurs répliques. Cette œuvre me bouleverse. Je me reconnais dans ce monde de Tremblay où j'ai grandi. Ces femmes, ce sont ma mère, ma tante Léda, mes cousines Albertine et Jeannot, Mme Alarie, la voisine, etc. Je participe donc à ce projet de lecture publique et, sachant qu'André Montmorency est lié aux directrices du Rideau Vert, je lui vante la pièce avec passion et l'invite à venir assister à la lecture afin qu'il puisse en parler à ces dames.

— Je vais faire mieux que ça, je vais enregistrer la pièce, comme ça elles pourront l'écouter.

Le reste fait partie de la petite histoire.

J'ai accepté de participer à la lecture, mais j'hésite à m'embarquer pour jouer au théâtre tous les soirs. Je travaille beaucoup trop : à la télé, au cabaret, au restaurant. Les directrices du Rideau Vert veulent bien monter la pièce, mais, comme personne ne connaît l'œuvre, il leur faut des vedettes à mettre sur l'affiche. Les actrices qui ont accepté de jouer dans cette pièce sont excellentes, mais peu connues du public à part la sublime Hélène Loiselle qui, lorsque nous avons joué ensemble, me jetait à terre tous les soirs.

Pour me convaincre, Mme Palomino, la directrice générale du théâtre, me dit alors :

— Si tou né viens pas, yé né la monte pas, cette pièce ! Trop dé risques à cause dou langage, trop d'actrices à payer et pas assez dé védettes pour attirer. En plous, si tou acceptes, yé té donne oun gros cachet de 45 dollars par soir.

Et j'accepte ! Sûrement pas à cause du gros cachet. J'aime tellement la pièce, et mon instinct me dit qu'elle marquera l'histoire du théâtre au Québec. Je peux même choisir le personnage, et je saute sur le rôle de Rose Ouimet, dont l'énergie m'évoque celle de ma mère.

Rose Ouimet, la boute-en-train, la grande gueule qui dit tout ce qu'elle pense, mais qui cache un profond désarroi et une rancœur qu'elle ne dévoilera que vers la fin.

Dans *Les Belles-Sœurs,* toutes les comédiennes ont un monologue à défendre, sauf Rose Ouimet. Une semaine avant la première, à ma demande, Michel Tremblay m'écrit un texte révolutionnaire pour la fin des années 1960, le monologue où Rose Ouimet crie de toute sa hargne : « Maudit cul ! » Dire combien j'ai de la difficulté à prononcer ces mots sur une scène montréalaise ! Si certains spectateurs sortent, choqués d'entendre un langage aussi cru, la plupart restent, profondément remués. Certains soirs, aux premiers rangs, je vois des spectatrices écraser une larme pendant que moi, sous le maquillage, je rougis jusqu'aux oreilles en criant : « Maudit cul ! »

Rose Ouimet est sans contredit le plus beau personnage que j'ai eu à interpréter au théâtre. Je remercie encore Michel Tremblay, avec toute sa sensibilité de jeune homme de vingt-six ans, de l'avoir créé.

André Brassard m'a beaucoup apporté. Son immense talent, son intelligence et son érudition nourrissent le travail des acteurs. Sa passion, son amour du théâtre en auront inspiré plus d'un.

Enfin, grâce à mon rôle de Rose Ouimet, Jean Basile, grand critique du quotidien *Le Devoir* de l'époque, me consacre la pleine page, avec photos, de la une du cahier culturel. Je sens une douce revanche pour la petite chanteuse de club dont personne ne voulait.

Lorsque, des années plus tard, Robert Lévesque, critique au même journal, me descendra à tort ou à raison plus bas que terre, je me consolerai et puiserai le courage d'aller de l'avant en repensant à ce papier du célèbre Jean Basile qui avait au moins le crédit de ne pas être un acteur frustré.

Toujours restauratrice avec La Seigneurie, je continue à faire du théâtre. Je suis de la première pièce qui a inauguré le Centre national des arts d'Ottawa, mise en scène par André Brassard, dans le rôle-titre de Lysistrata. Il m'a beaucoup appris, et peut-être lui ai-je appris quelque chose en retour, ne serait-ce que de penser sa mise en scène en fonction du public tous azimuts au lieu de la concentrer sur les spectateurs assis au centre.

Heureuse de jouer ce beau personnage, je demeure convaincue que le rôle conviendrait davantage au physique et au style de Monique Mercure. Et le critique américain du *Chicago Tribune* m'a donné raison en écrivant: « *She's beautiful, she reminds us of Rita Hayworth or Melina Mercouri, but Lysistrata she's not.* »

Toute la presse étrangère est invitée à assister à l'ouverture officielle du CNA d'Ottawa.

Lysistrata est un spectacle d'envergure. Faute d'espace, l'orchestre, sous la direction du grand Neil Chotem, doit s'installer dans une autre pièce, et nous suivons le chef sur un écran. Un soir, durant un de mes airs, survient un problème technique: plus de son ni d'image, donc plus de chef d'orchestre à l'écran. C'est là que mon expérience d'avoir chanté n'importe où et dans toutes les conditions possibles m'a servie. J'ai continué *a cappella* comme si de rien n'était et je m'en suis sortie.

Les répétitions de ce spectacle ont duré six mois, dont une grande partie concentrée sur le chœur grec composé d'une vingtaine d'actrices.

Les répétitions d'un chœur parlé sont fastidieuses et impliquent un travail d'ensemble et de précision auquel Brassard consacre de nombreuses heures, entrecoupées de longs discours sur sa passion : le théâtre et aussi un peu sur lui-même.

Au milieu de cette fameuse scène de chœur, je n'ai qu'une seule réplique à donner : « Je suis seule au logis et j'ai peur. » Et le chœur poursuit.

Pendant ce temps-là, je reste plantée des heures debout à attendre qu'André dirige le chœur à sa guise et, totalement absorbé par son travail, il en oublie ma présence. Au bout de deux mois de répétitions, j'ose demander une chaise !

On parle ici de ma période docile… Heureusement, j'aimais travailler avec André Brassard, un petit génie que Xavier Dolan m'évoque de nos jours, dans un autre média évidemment.

Et je suis toujours restauratrice

Nous éprouvons des difficultés et nous devons fermer La Seigneurie, rien ne va plus. En lieu et place du restaurant, on ouvre une autre discothèque sous le nom de Fuddle Duddle, onomatopée rendue célèbre par le premier ministre P. E. Trudeau, qui avait envoyé paître un reporter un peu trop cavalier. Pour suivre la tendance du moment, on se lance dans une décoration hétéroclite : une baignoire sur pattes sciée en deux convertie en minicauseuse qui pouvait asseoir un couple devant une cuvette de toilettes en porcelaine sculptée en guise de seau à champagne. Avec un budget serré, je cours les encans, les brocantes et parfois même les antiquaires pour dégoter des objets. Même si je m'épuise, j'adore ça. Hélas, cette discothèque ne marche pas mieux, faute de moyens pour en assurer la promotion.

Un restaurateur français, voisin du nôtre, nous suggère de reconvertir les lieux en restaurant mexicain. Bonne idée, puisque le Mexique est en vogue. Les Québécois ont récemment adopté Acapulco comme destination soleil. On fait venir un chef mexicain directement de Mexico.

Troisième changement de décor ! *Out* Fuddle Duddle ! *In* La Cucaracha !

Du temps de La Seigneurie, André-Philippe Dagenais avait fait installer un arbre dans un coin retiré près d'une table pour les clients en quête d'intimité, dont Charles Aznavour qui venait manger son bifteck frites quand il était de passage à Montréal. Donc, on enlève les feuilles séchées de l'arbre immense pour attacher aux branches de grosses fleurs mexicaines en papier de couleurs vives, très *in* dans les années 1970. Heureusement que nous avons de l'aide pour travailler, les coffres sont vides. Les bons amis, dont Benoît Marleau, viennent nous prêter main-forte pour passer les murs du blanc au rose soutenu (*Mexican pink*).

En échange de brochures sur nos tables, une agence de voyages du Vieux-Montréal nous obtient grâce à Aeronaves de México des denrées essentielles telles que jalapenos, fèves *frioles*, condiments, farine de maïs pour les tortillas et les tacos, etc. Le restaurant marche très bien, la clientèle apprécie l'ambiance et la cuisine authentique préparée par un chef mexicain avec des produits importés directement du pays.

Malgré tous ces efforts, un soir, une dame accompagnée de ses amies me fait venir à sa table. Elle prétend connaître le Mexique et déclare que notre cuisine n'a rien de la véritable cuisine de ce pays ! Je rêve de la remettre à sa place devant toutes ses amies, de lui dire qu'elle n'a dû fréquenter que des bouibouis de troisième ordre… Mais le client a toujours raison, alors je ravale et dis que le chef a sans doute commis une erreur.

En plein le genre de situation que je n'arrive plus à supporter en restauration. Ou bien on a le client ignorant, qui joue les Ti-Jos connaissants et nous emmerde pour épater la galerie, ou alors le client a vraiment raison et il nous renvoie le plat qu'on rapporte au chef qui, lui, fait une scène en cuisine. Soit son orgueil blessé refuse d'admettre qu'il s'est trompé, soit, au bord de l'épuisement, il manque de discernement. Se tenir aux fourneaux de si longues heures exige une endurance hors du commun. C'est un travail éreintant et plutôt ingrat, je le reconnais, mais je ne comprendrai jamais pourquoi, entre adultes, on n'arrive pas à se parler.

Au bout de six mois, notre chef mexicain nous annonce vouloir retourner dans son pays, il s'ennuie trop de sa famille. Qu'à cela ne tienne, en échange d'autres publicités pour l'agence de voyages, j'obtiens des billets d'avion pour faire venir femme et enfants au nombre de six, âgés de deux à huit ans.

Nous sommes en plein hiver, il va falloir les habiller en conséquence. Et allez donc ! Je téléphone à mes amies Christine Charbonneau, la femme de Roger Joubert, et à France Castel, qui ont toutes deux des enfants en bas âge et qui acceptent de me dépanner. Je pars en voiture pour ramasser tout ce butin pour les nouveaux arrivants et, au passage, je récupère également télévision, batterie de cuisine, matelas, etc. Tout ça bien sûr entre mes répétitions et mes émissions de *Moi et l'autre*...

Après que je les ai installés dans un logis très convenable, je ne suis pas au bout de mes peines... Dans l'urgence et la précipitation, je n'ai pas su qu'il fallait faire une demande de visas auprès des services de l'immigration ! Erreur fatale qui m'oblige toutes les semaines à aller chercher l'épouse et les enfants pour les faire parader devant les autorités canadiennes, auprès desquelles je dois me porter garante de tout le monde en signant des documents certifiant que les enfants respecteront les lois canadiennes et que les autorités n'auront en aucun cas à les renvoyer dans leur pays d'origine.

Ouf! Merci, mon Dieu, tout va bien… Le répit est de courte durée, la maman souffre vite du mal du pays et pleure parce qu'elle veut repartir. Me voilà donc à refaire la tournée des organismes de charité pour redistribuer tout ce que j'ai acheté ou reçu de mes amies pour la petite famille. Il me faut aussi mettre la main sur quelqu'un de responsable pour reprendre le bail de l'appartement. Au final, je vais reconduire tout le monde à l'aéroport, y compris le chef cuisinier qui a fini son *trip* canadien et qui repart avec les siens.

Nous embauchons un autre chef, très compétent, mais les garçons de table quittent le navire à leur tour. La clientèle du Ritz a foutu le camp depuis belle lurette, les nouveaux clients laissent de maigres pourboires et parfois même, pour certains, rien du tout. Dans le but de retenir notre personnel, nous décidons d'inscrire dorénavant au menu l'ajout de 10 % de pourboire à l'addition. Et là, ce sont les clients qui s'en prennent à nous. Entre mon chum et moi, le torchon brûle. Je croyais me rapprocher de lui en travaillant à ses côtés. Au contraire, le commerce nous éloigne l'un de l'autre…

Depuis quelques mois, nous habitons le Rockhill, sur Côte-des-Neiges, car j'ai fini par vendre la maison de Cartierville. À cause des événements d'octobre 1970, elle a stagné plus d'un an sur le marché, alors je l'ai bradée pour la somme dérisoire de 27 000 dollars ! Je l'avais payée 33 500 dollars auxquels on pouvait ajouter environ 25 000 dollars en frais de toutes sortes : jardin paysager, piscine avec chauffe-eau, électroménagers ultramodernes, meubles antiques, tapis, etc. On n'en pouvait plus de voyager tous les jours de Cartierville, plus précisément de la rue Beauséjour coin boulevard Gouin Ouest, au restaurant du Vieux-Montréal, et les filles voulaient quitter la banlieue.

Au restaurant, tout finit par rentrer dans l'ordre avec le personnel, mais les clients du midi, en majorité des gars de la Bourse, réclament d'autres plats sur le menu que de la cuisine mexicaine. Alors je m'improvise cuisinière (comme si j'avais du temps libre) et je prépare à la maison des spécialités québécoises, que j'apporte au restaurant tous les jours pour le lunch. Le chef les réchauffe pendant que je m'apprête à recevoir les clients.

Avec Bénito, on s'écorche en se blâmant réciproquement, et j'en arrive à lui demander de partir. Il ne se le fera pas dire deux fois. Notre partenaire Jacques Debert avait déjà quitté le restaurant. Me voilà donc seule aux commandes. Je ne connais rien à ce métier à part faire l'hôtesse, chanter aux tables pour souligner l'anniversaire de quelqu'un, danser la bamba au milieu de la place, sur demande ou pour une occasion spéciale.

En rappel ? Je continuais à jouer et à collaborer à l'écriture de la série *Moi et l'autre.*

Depuis un moment, Jean Bissonnette était devenu le coordonnateur de l'émission, et la réalisation avait été confiée à Roger Fournier, un garçon charmant et très cultivé, mais qui, à mon avis, ne possédait pas un grand sens de la comédie.

Disons aussi que l'atmosphère était un peu plombée, Denis Drouin m'ayant appris que mes camarades concoctaient depuis longtemps un projet pour Radio-Canada avec Dominique Michel, Olivier Guimond et lui-même. Personne ne m'en avait parlé, ni ne m'avait proposé d'y prendre part. On me trouvait sans doute trop chiante avec mes revendications. Malheureusement, le projet a été refusé, car la direction voulait que « l'autre » aussi en fasse partie. À ce moment-là, j'étais déjà rendue ailleurs.

Denise devant La Cucaracha.

En haut : avec Willie Lamothe dans *La Mort d'un bûcheron* (1973). Elle détestait sa perruque rousse !

En bas : avec Carole Laure dans *La Mort d'un bûcheron*.

En haut : dans *Chez Denise* avec son très cher Paul Berval.

Au centre : avec Claude Lelouch et Évelyne Bouix.

En bas : avec Normand Brathwaite, qui débutait dans *Chez Denise.*

En haut, à gauche : avec Denis Drouin.
En haut, à droite : avec Bernard Blier.
Au centre : avec Michel Galabru.
En bas : avec Jacques Godin dans le téléthéâtre *Trois petits tours* de Michel Tremblay.
La photo montre la scène de « Johnny Mangano and his astonishing dogs ».

En haut : avec René Simard dans *Un show qui me tente avec du monde que j'aime.*

Au centre : répétition avec les danseurs d'*Un show qui me tente avec du monde que j'aime.*

En bas : en tournage avec les danseurs d'*Un show qui me tente avec du monde que j'aime.*

En haut : avec Michel Tremblay et André Brassard sur la Croisette au Festival de Cannes, en 1974, pour *Il était une fois dans l'Est.*

En bas, à gauche : avec Claude Sautet et Jean-Paul Moulinot, en France, lors du tournage de *Mado.*

En bas, à droite : sur le tapis rouge à Cannes, soirée de première.

En haut: avec Jacques Dutronc.
En bas: avec Yvon Deschamps, tournage de *Chez Denise*, en 1972.

En haut : *Chez Denise*. De gauche à droite : Denise, Rose Ouellette dite La Poune, Louisette Dussault et Benoît Marleau.
En bas : *Chez Denise*, avec Guy Lafleur.

Si je me sens un peu soulagée que cette émission de « filles » qui a marqué la télévision des années 1960 se termine, je suis aussi navrée de dire adieu à mon salaire.

En révisant la chronologie de mon parcours professionnel sur Internet, je constate avoir omis de mentionner mes prix Citron de 1967 et 1969, attribués à l'artiste la plus désagréable avec les journalistes. Je ne me souviens pas de l'avoir été au point de mériter un prix. En revanche, je reconnais avoir perdu patience avec certains chroniqueurs sans scrupule qui ne se gênaient pas pour dévoiler la vie privée des artistes dans les journaux à potins. Avec deux filles en bas âge, je ne tenais pas à y voir mes histoires de cœur étalées. Certains soirs de première, quand j'acceptais de me laisser photographier avec un homme, c'est parce qu'il s'agissait d'une relation sérieuse.

D'ailleurs, ces soirs de première me sortent quelques heures de mon rôle de restauratrice. Moi qui ne connais rien à ce métier, je continue à m'occuper du commerce et à cuisiner les « spéciaux » du midi que j'apporte au restaurant tous les jours.

Un matin, je descends de l'appartement du Rockhill chargée comme un mulet, avec en plus un plat de fèves au lard dont les habitués raffolent. Quand j'ouvre la porte du garage, le plat en céramique me glisse des mains et atterrit en mille morceaux sur le plancher, sous les yeux des locataires qui vont à leurs voitures en essayant d'éviter de marcher dans mes fèves au lard mijotées toute la nuit. Découragée, j'en arriverais presque à ramasser mes maudites *beans* pour les remettre dans un autre plat.

Je recouvre mes esprits et pleure de rage et de désespoir en nettoyant le dégât. Au restaurant, je fais rigoler bien des clients avec mon histoire de fèves au lard répandues au milieu du garage.

Pour moi, c'est la goutte qui fait déborder le vase, c'est le cas de le dire. Je me sens près de capituler.

Mon comptable scrute les finances : il est trop tard pour remonter un commerce qui croule sous les dettes. Il voudrait bien me ménager, mais il doit se résigner à m'apprendre que la moitié du personnel me vole, tandis que l'autre se fout carrément de ma gueule.

Environ deux mois plus tard, après avoir tenté par tous les moyens de maintenir le navire à flot, je baisse les bras et, sur les conseils du comptable, me résous à déclarer faillite.

Une traversée du désert

Je rentre chez moi pour n'en plus sortir et, dans les semaines qui suivent, lorsque le téléphone sonne, épuisée moralement et physiquement, j'ai peine à tendre la main pour décrocher. Je n'ai jamais vraiment parlé de cette période avec mes filles qui en ont été témoins avant même d'avoir atteint l'âge adulte. Je me suis débrouillée pour qu'elles ne manquent de rien et de leur côté, elles ont eu la discrétion de garder leur opinion pour elles.

Presque au même moment, le film *La Mort d'un bûcheron*, que j'ai tourné durant ma dernière année en restauration, sort sur nos écrans, mais je ne me sens pas le courage d'assister à la première. Au lieu de ça, je prends 1000 dollars sur les 1200 qu'il me reste en banque et j'achète un billet pour le Mexique.

Je n'ai qu'une seule envie… changer d'air au moins pendant quinze jours. Je ne veux même pas retrouver Bénito, j'aspire simplement à changer d'air toute seule, au soleil, sur une plage.

Le film obtient une véritable reconnaissance, et Gilles Carle est déçu de mon absence le soir de la première. Mais je n'ai plus envie de rien.

L'année précédente, Gilles m'a proposé de tourner dans *La Mort d'un bûcheron*, comme si c'était un service à lui rendre. À l'origine, il avait écrit le rôle pour Dyne Mousso, à la demande de sa fille Katerine, qui considérait avec raison que sa mère ne travaillait pas assez au cinéma. Comédienne remarquable, au talent exceptionnel, elle a refusé ce rôle à cause du joual.

L'avènement du joual soulève la controverse. Nombre d'actrices de la nouvelle génération sont heureuses de jouer dans la langue de Tremblay. Elles se reconnaissent dans l'expression de ce langage du peuple, et plusieurs y voient même un acte révolutionnaire. Cependant, d'autres comédiennes plus établies y demeurent réfractaires et insistent pour n'interpréter que du répertoire en français de France, comme on dit alors. Sans doute quelque relent de notre esprit de colonisés envers la mère patrie. C'est un peu comme si Meryl Streep avait refusé de jouer en *slang* une mère de famille de Brooklyn ou du New Jersey, s'entêtant à interpréter le personnage avec un accent *british* sous prétexte qu'au théâtre il faut « bien perler ».

La majorité de ces actrices ont fini par jouer avec l'accent québécois et ont aussi compris que le joual ne se limitait pas à une mode, pas plus que l'argot en France, le cockney en Angleterre ou le *slang* aux États-Unis.

On a du mal à se représenter le battage médiatique suscité par le joual de Tremblay. Pas une semaine sans qu'il aille se défendre dans toutes les tribunes de la radio ou de la télé et revendiquer son droit d'écrire du théâtre dans le langage du peuple. Ses défenseurs y perçoivent l'âme du peuple. Après le triomphe des *Belles-Sœurs,* quelques jeunes auteurs, croyant la tâche facile, se mettent à écrire un joual pauvre truffé de pitreries et de grossièretés. Ces années-là, on m'a trop souvent proposé ce genre de pièce à la dramaturgie déficiente. J'ai évidemment passé outre.

Cannes

La vie continue et, en revenant du Mexique, je recommence à travailler, car il faut bien manger et nourrir les enfants. À ma plus grande joie, *La Mort d'un bûcheron* est sélectionné pour représenter le Canada à Cannes. Je suis donc invitée à cet important festival. Pour toutes ces soirées de première et ces réceptions, François Barbeau me dessine des robes sublimes, comme lui seul en avait le talent. Le grand soir arrive, je porte une des plus belles créations de François : une robe en crêpe de soie beige qui moule le corps du buste aux genoux pour s'évaser légèrement dans le bas de la jupe et qui me donne l'allure d'une diva des années 1930. J'ai peine à marcher, mais je suis si élégante ! La manche est longue et ajustée avec, en partant du poignet, quinze petits boutons du même tissu, qu'il faut attacher à une ganse. La robe ferme au dos grâce à une rangée de petits boutons allant du bas de la nuque à la taille. Pourquoi ne pas avoir plutôt cousu une fermeture éclair et s'être contenté de boutons décoratifs ? Oser la question, c'est méconnaître ce personnage unique qui n'aurait jamais commis une telle hérésie. Toutes ses confections sont dignes des ateliers d'une grande maison de haute couture. La robe est sublime, mais comment vais-je la boutonner toute seule ? Logée dans un deux-pièces d'un immeuble sur la Croisette, je sonne le soir aux portes des appartements voisins à la recherche d'une âme charitable pour s'attaquer aux quarante petits boutons au dos de la robe. Je m'y reprends à deux ou trois fois, je tombe sur des bonshommes pleins de bonne volonté qui s'empêtrent dans leurs gros doigts. Une situation quelque peu embarrassante. Mais je ne peux pas renoncer à porter cette robe. Ne me demandez pas comment je suis arrivée à l'enlever avant de me coucher, je ne m'en souviens plus.

Carole Laure aussi était très élégante et divinement belle.

J'en oublie mes déboires de restauratrice et je crois rêver en me retrouvant en file entre Marcello Mastroianni et Michel Piccoli dans les studios de radio et de télévision où chacun attend son tour pour les entrevues de promotion. Piccoli et Mastroianni y sont pour *La Grande Bouffe*, qui passe au Festival à 19 heures, et moi pour *La Mort d'un bûcheron*, qu'on projette le soir même à 22 heures. Ça me fait tout drôle de voir ces deux acteurs patienter sagement debout, en rang comme tout le monde.

Arrive enfin la première de *La Mort d'un bûcheron*. Le film est présenté dans l'ancien palais des Festivals, alors situé au bord de la mer, juste à côté du Carlton où logent la majorité des grandes vedettes qui n'ont donc que quelques pas à franchir pour se rendre à la salle. *La Grande Bouffe* obtient un succès monstre tout en faisant l'objet d'un énorme scandale. À Cannes, le public composé de producteurs, de cinéastes et de personnalités connues mondialement ne se gêne pas pour descendre le film d'un concurrent en hurlant son mépris. Ceux qui ont vu *La Grande Bouffe* s'entendront pour dire que l'œuvre avait de quoi alimenter la controverse. Si bien qu'à la fin de la projection, au son des flashes et du cliquetis des appareils photo, les journalistes quémandent des interviews en poursuivant les vedettes du film jusqu'à leur hôtel. Les uns félicitent les interprètes, les autres les invectivent. On aurait dit une manifestation ! Hélas, tandis que toute cette bande se rue au Carlton, l'équipe de *La Mort d'un bûcheron* en sort pour se rendre au palais des Festivals. Personne à nos trousses et, hormis les résidents et commerçants de Cannes de chaque côté de l'escalier qui attendent fidèlement les vedettes du monde entier, la traditionnelle montée des marches se déroule presque incognito. On assiste donc à la projection de notre film dans une salle à moitié pleine.

Après *La Grande Bouffe*, les gens n'ont pas la tête à voir un autre film, le Tout-Cannes ne parle que de ça.

Heureusement, en général, *La Mort d'un bûcheron* récolte de bons papiers, et je garde un souvenir unique de ma première participation à cette grande fête du cinéma. On avait moins d'échos au Québec de l'importance du Festival de Cannes dans ces années-là.

Durant ce Festival, qui dure quinze jours, j'ai réalisé que les grandes stars ne sont pas si inaccessibles. Dans la plupart des cas, l'entourage proche de la vedette se prend pour la star et tient les autres à l'écart.

Je revois Claude Jutra, lui aussi de passage au festival, faisant des pieds et des mains pour rencontrer Bibi Andersson, une des égéries du grand Ingmar Bergman. Claude plaide sa cause auprès de l'attaché de presse du film de son idole, puis auprès du premier assistant. Ensuite, il tente de convaincre le directeur photo, sa secrétaire, son habilleuse. Peine perdue, tout ce beau monde l'envoie promener. À l'heure de l'apéritif sur une terrasse de la Croisette, il aperçoit son idole ! Elle boit un verre avec des amis et mâche son chewing-gum à pleines dents. Il ne fait ni une ni deux et se présente. Elle l'invite à se joindre au groupe. Ils prennent un coup ensemble, s'entendent à merveille… Au petit matin, Claude dépose Bibi Andersson à son hôtel et rentre se coucher, tout heureux de sa soirée qu'il me raconte le lendemain.

J'ouvre ici une parenthèse, car, comme je ne conserve à peu près rien, j'ai repéré sur Internet l'année de la sortie du film *Le p'tit vient vite*, réalisé par Louis-Georges Carrier où j'avais comme partenaire Yvon Deschamps, auteur du scénario basé sur une pièce de Georges Feydeau, *Léonie est en vacances*.

Ce film réalisé en 1972, à peu de frais, s'est avéré épouvantablement mauvais en raison de problèmes techniques.

Le producteur Michael Custom tenait absolument à expérimenter une nouvelle technique d'étalonnage de la couleur prétendument révolutionnaire. Et pour cause, la pellicule coûtait beaucoup moins cher que celle en résolution technicolor. La grande révolution de cette pellicule à bas prix, c'est qu'à l'écran la couleur variait graduellement, ce qui donnait un résultat catastrophique. Dans une séquence extérieure, tournée en plan large, on voit les personnages discuter dehors, sur une pelouse. L'herbe est d'un beau vert, puis vire au vert pomme pour tourner au jaune et finalement au beige, jusqu'à disparaître.

Le punch de cette anecdote? Comme tous les midis durant ce séjour à Cannes, je me retrouve avec Carole, Gilles et Willie au restaurant de la Plage situé en face du palais des Festivals de l'époque. Attablés avec quelques journalistes, on discute cinéma.

Le repas à peine entamé, le journaliste assis à ma droite entreprend de me faire la conversation.

— Vous savez, vous ne faites pas que de bons films au Canada. J'ai visionné récemment *Le p'tit vient vite*, c'est une vraie merde ! Vous l'avez vu ?

Je veux mourir, faut surtout pas qu'il me reconnaisse. Je reste donc de profil et, du bout des lèvres, je réponds un non à peine audible.

La conversation se poursuit sur le cinéma canadien, et *Le p'tit vient vite* revient sur le tapis. Toujours de profil, chaque fois que je réponds, « non » devient à peine « on ». Si c'est oui, on m'entend murmurer « i », c'est selon… Inutile de dire que ce dîner me semble interminable et, tout le temps que j'écoute discourir ce journaliste, je peste contre le producteur qui a eu le culot d'envoyer ce film en France.

La fête est finie

Quelques mois après Cannes, à Montréal, je fais face à la faillite de mon restaurant. J'assiste, quasi impassible, à une vente à l'encan au cours de laquelle je vois partir tous mes biens. Tant d'objets que j'avais cherchés durant des semaines et payés de peine et de misère.

Pour que je puisse subvenir à nos besoins, mon comptable m'a obtenu un montant à la banque, de quoi nous faire vivre toutes les trois correctement pendant quelque temps.

Malgré *La Mort d'un bûcheron* qui est un véritable succès, le téléphone ne sonne pas. Les jours passent, les semaines, les mois. Je gagne un peu d'argent en faisant des quiz, des shows de chaises, de petits galas ici et là. Je tente d'apprivoiser ma vie de célibataire avec deux enfants.

Un matin, Bénito me téléphone du Mexique. Ému, presque au bord des larmes, il dit penser beaucoup à moi et regretter son départ. Je lui répète qu'un jour on se retrouvera, qu'il faut laisser le temps passer. C'est vrai que je l'ai poussé à partir, je ne supportais plus les appels mélos de sa mère en larmes, qui le suppliait de rentrer au Mexique. Elle usait de tous les arguments, prétendant même que sa grand-mère était gravement malade, ou qu'elle avait perdu un gros montant à la Bourse, ou que sa petite amie d'enfance se mourait de le revoir.

Après vérification, à part la petite amie d'enfance, rien d'avéré, mais le mal était fait.

Huit mois après le départ de Bénito, un chroniqueur de journaux à potins m'annonce le mariage de mon ex-chum avec sa petite amie d'enfance. Il tient à me prévenir que le mardi suivant, dans *Nouvelles illustrées,* il publiera la photo du couple, tirée d'un journal mexicain. Je suis sous le choc ! En remontant le fil du temps, je réalise que Bénito m'a téléphoné le jour de son mariage. Sa mère avait fini par gagner, mais pas complètement puisqu'il a divorcé sept mois plus tard…

Lise Watier le connaissait bien, il avait servi de témoin à son mariage avec Guillermo Andrade, son premier mari. Elle aimait beaucoup Bénito qui, à chacune de leurs rencontres au Mexique, lui parlait de moi avec beaucoup de tendresse, demandant toujours de mes nouvelles.

Pour ma part, chaque fois que je rencontrais des amis mexicains de passage dans la métropole, ils me rapportaient que Bénito n'avait jamais été aussi heureux qu'ici à Montréal, loin de sa famille que pourtant il adorait.

Et pour clore le chapitre de cette histoire d'amour malheureux… En 2015, je suis invitée à un party chez Lise Watier à sa maison de Sainte-Anne-des-Lacs. J'apprends à travers les branches que Lise, pour me faire une surprise, doit faire venir Bénito. Je suis tellement contente à l'idée de le revoir, mais en même temps très nerveuse. Dès mon arrivée au party, sachant que j'ai été mise au courant de la surprise, Lise me prend à part pour me dire qu'en faisant les démarches pour le retrouver elle a appris son décès.

J'ai eu de la peine, car, malgré notre expérience douloureuse en affaires, nous nous sommes aimés tendrement.

Revenons à cette année 1973. La vie continue avec ses hauts et ses bas, mes enfants grandissent, je vois mes amis, beaucoup de gais qui, à part quelques exceptions, m'ont été très fidèles. Je vis quelques flirts sans lendemain… Je travaille un peu à la télé, je participe à des talk-shows, des variétés et autres, j'arrive à payer mon loyer, à voir aux besoins de mes filles. Je trouve même 1000 dollars à mettre sur un manteau de vison ! Grâce à Solange Robert, une amie qui travaille dans le domaine de la fourrure, je le paie au prix du gros, comme on dit. Ça me confère une allure de riche et j'arbore ce vison avec un jeans, ce qui aujourd'hui ne soulèverait aucune remarque, mais, dans les années 1970, les dames portent encore le vison chapeautées et gantées.

Quelques années plus tard, ce manteau a terminé sa vie en coussins sur le lit de ma maison de campagne.

Au printemps, Brassard et Tremblay me parlent d'un film qu'ils prévoient tourner l'été. J'aime le scénario et le personnage qu'on m'offre. J'attends avec impatience le début du tournage de *Il était une fois dans l'Est*. Enfin, je retrouve mon vrai métier, les créateurs, les concepteurs, l'équipe technique, ma gang, quoi, plus l'ambiance d'un plateau de tournage, et surtout Denis Drouin, que j'aime comme un frère et avec qui je partage une grande complicité. Quel acteur, quel être exquis et généreux, auquel Olivier Guimond jr doit une bonne partie de son passage du vaudeville à la télévision.

Quel merveilleux souvenir que ce tournage ! Un soir, après une longue journée sur le plateau, je suis au restaurant avec quelques copains de l'équipe technique et boum ! Juste à la table en face de moi, un bel homme élégant, aux gestes raffinés. Je ne le quitte pas des yeux. Enfin, il jette un regard vers notre table et salue une fille de l'équipe.

— Tu le connais ?

— Bien sûr, il s'appelle Pierre et travaille dans une agence de publicité.

— Marié ?

— Oui, mais bientôt séparé.

— Des enfants ?

— Un fils.

— Tu me le présentes ?

Et au bout de quelques instants, il se joint à nous, s'installe en face de moi, on se dévore des yeux. J'ai les pieds gelés d'avoir tourné tard le soir, sans chaussures sous la pluie. Et à sa demande, sous la table, je pose les pieds sur ses genoux. Il me masse doucement, puis cale mes pieds entre ses cuisses pour les réchauffer. Je sens le coup de foudre réciproque. À une heure avancée de la nuit, le restaurant s'est vidé et le garçon va nous mettre à la porte. On n'arrive toujours pas à se quitter et on finit sur la montagne, enlacés, jusqu'à ce qu'on ne puisse plus supporter de se faire bouffer par les maringouins.

Pierre me ramène à la maison, rentre chez lui, me téléphone, et je réalise qu'il habite à deux pas de chez moi. Quand on raccroche, il ne me reste plus grand temps pour dormir avant d'être au maquillage et à la coiffure à 7 heures, et prête sur le plateau à 9 heures pour tourner une scène extérieure dans l'escalier d'une maison de l'est de la ville.

À l'heure dite, je monte les marches de l'escalier et m'arrête, comme indiqué. Mon regard se pose sur une des marches. Qu'est-ce que je découvre ? Un joli bouquet de fleurs des champs, accompagné d'une carte sur laquelle je lis : *Bon tournage, je t'aime, Pierre.* Je crois rêver, quel geste délicat ! Enfin, je l'ai rencontré, mon prince charmant, beau, cultivé, raffiné, attentionné, qui me fait porter des fleurs à cette heure matinale. Où a-t-il donc pu les trouver ?

On ne se quitte plus. Je ne marche plus, je lévite. Je travaille de mon mieux, évidemment, mais j'ai la tête dans les nuages. Le film terminé, après quelques jours de congé, je pars pour la France tourner dans les Cévennes, sous la direction de Marc Simenon, le fils de Georges Simenon, dont j'ai été une fervente lectrice. J'en discute beaucoup avec Marc, qui est très étonné que je connaisse à peu près toute l'œuvre de son père, même ses livres de début de carrière, publiés sous le pseudonyme de Georges Sim. Comme tout le monde, j'aimais sa série des Maigret, mais je préférais ses romans et son analyse de la société française, du grand bourgeois au petit provincial et au paysan.

Marc avait épousé la belle et excellente actrice Mylène Demongeot, et je garde un très bon souvenir de ce couple que j'ai revu au fil des ans.

Au moment du départ pour ce tournage en France, j'ai peine à me séparer de Pierre et j'embarque dans l'avion le cœur gros. Quand il me téléphone pour m'annoncer son arrivée prochaine, je suis folle de joie. Sa femme a rencontré quelqu'un de son côté, plus d'obstacle à notre bonheur, il sera là dans une semaine. Chaque jour en montagne auprès de lui se déroule comme un rêve. Pourtant, je déteste la montagne, ça m'oppresse ! Mais je suis si amoureuse…

À la fin du tournage, on quitte les Cévennes à bord d'une voiture que Pierre a louée. Avant que nous roulions vers Paris, il désire s'arrêter à Montpellier et passer deux jours dans cette ville universitaire qu'il a connue étudiant.

Arrivés à Montpellier tard le soir, on est crevés du voyage, on tombe de sommeil. Le matin au réveil, il déclare qu'il ne m'aime plus !

Je ne comprends plus rien. Pourquoi ce changement radical ? Qu'est-ce que j'ai bien pu faire entre les Cévennes et Montpellier pour provoquer ça ? Je suis sidérée, moi qui croyais avoir enfin trouvé l'homme de ma vie. Son amour aura duré exactement trois semaines. J'exige quand même des explications. Il me raconte que Montpellier lui rappelle trop sa femme qui y avait étudié avec lui. Il l'a quittée trop vite et réalise qu'il ne m'aime plus. Je sors de la chambre, je vis un cauchemar. En ville, j'erre au hasard des rues en ruminant sur ce que j'ai bien pu faire pour mériter un tel rejet. Je m'assois à une terrasse, et la mise en garde de ma jeune fille Danièle, juste avant mon départ, me revient…

— Méfie-toi, maman. Des amies m'ont dit que ce gars-là est connu pour courtiser les femmes et les laisser tomber au bout de quinze jours.

Je n'ai rien voulu entendre, ça valait pour les autres, mais, moi, il m'aimait vraiment, voyons !

Eh bien, me voilà rejetée comme les autres.

Il nous reste encore deux jours à passer à Montpellier. Heureusement, nous avons une chambre à deux lits. Aussitôt réveillée, je sors promener mon chagrin en ville. Je l'aperçois sur le trottoir d'en face, il n'en mène pas large non plus.

Puis, le lendemain, on se farcit la route en voiture jusqu'à Paris. Sonia, la scripte du film, nous avait invités à loger dans la somptueuse maison qu'elle habite seule depuis que son mari l'a quittée pour une actrice québécoise dont il est tombé follement amoureux.

Je rentre à Montréal le cœur en miettes, désillusionnée encore une fois, mais incapable d'oublier Pierre, d'autant plus qu'il recommence à me téléphoner. Et comme il vit tout près, il passe me voir en sortant du bureau.

Sa femme refuse de le reprendre. De toutes ses aventures, la nôtre met le point final à leur mariage.

Je le revois assez régulièrement, toujours en copains. Si j'aspire à ce que notre relation redevienne comme avant, je n'en laisse rien paraître, mais ça me rend malheureuse.

Par bonheur, l'automne arrive et je vais jouer *Les Belles-Sœurs* à Paris. L'année précédente, l'homme de théâtre Jean-Louis Barrault avait invité Tremblay à présenter son œuvre au Théâtre du Rond-Point, tout près des Champs-Élysées. Toutefois, la ministre de la Culture du Québec, Mme Claire Kirkland-Casgrain, ayant pourtant beaucoup accompli pour les femmes d'ici, avait refusé d'octroyer la subvention à la réalisation du projet à cause de la langue des *Belles-Sœurs*.

Un an après, l'agent de Michel, le merveilleux John Goodwin, se tourne vers le gouvernement fédéral, et la pièce sera présentée à L'Espace Cardin, le théâtre du grand couturier.

La perspective d'aller jouer *Les Belles-Sœurs* en France me réjouit et, dans la foulée, je demande à Brassard de changer de rôle, j'ai envie de jouer Pierrette Guérin, et Monique Mercure hérite du personnage de Rose Ouimet. J'ai regretté ce coup de tête, le personnage de Rose Ouimet me comblait davantage.

Novembre 1973, départ pour Paris avec Danièle qui tient un rôle dans la pièce. Sophie est aussi du voyage. La pièce remporte beaucoup de succès, et notre joyeuse gang sort dans les restaurants après les représentations.

Cardin assiste souvent au spectacle et, comme je n'entre en scène que quelques minutes avant l'entracte, j'en regarde une partie à ses côtés dans une loge. J'apprécie la compagnie de cet homme affable, distingué et doté d'un bon sens de l'humour, ce qui ne gâte rien, et nous devenons copains.

En même temps que je joue dans *Les Belles-Sœurs*, je tourne le jour dans un film à sketchs.

Le Plumard en folie ne demeurera sûrement pas dans les annales, mais quel bonheur pour moi de jouer avec le grand Michel Galabru, un partenaire merveilleux ! J'étais obnubilée par son jeu. Quelle authenticité !

Un soir, je l'invite à une représentation des *Belles-Sœurs*. Il en sort époustouflé et me demande si Tremblay écrit aussi pour les hommes. D'abord touché par la pièce et la mise en scène de Brassard, il ne tarit pas d'éloges sur le jeu et la discipline des actrices qui se lèvent pour interpréter leur monologue et se rassoient aussitôt, bien droite sur leur chaise, sans bouger d'un poil.

« Ben dis donc, elles écrasent tes copines, hein, elles écrasent », ce qui signifiait qu'aucune ne cabotinait. Et d'après lui, sauf rares exceptions, c'était loin d'être le cas sur les scènes parisiennes.

Je l'ai compris quand j'y ai vu nombre de pièces où, mis à part les premiers rôles, le reste de la distribution laissait à désirer. Avec la nouvelle génération, aujourd'hui, tout ça a bien changé.

Une semaine après notre arrivée à Paris, Sophie m'avoue que Pierre lui a donné de quoi m'acheter des fleurs pour la première et qu'elle a oublié de faire la commission.

Évidemment, je recommence à penser à lui...

Du front tout le tour de la tête...

J'apprends que Claude Sautet, en pleine préproduction de *Vincent, François, Paul et les autres...*, est à la recherche d'une actrice italienne. Je me dis que je ferais mieux de m'occuper de ma carrière au lieu de brailler pour un gars qui ignore ce qu'il veut.

Comment trouver le numéro de téléphone privé de Claude Sautet?

Je sais pertinemment que rien ne sert d'utiliser les réseaux habituels ni de tenter de joindre tous les assistants afin de me mettre en contact avec lui. Je ne parviendrai jamais au but.

Après plusieurs tours de passe-passe, je suis sur les Champs-Élysées, dans une cabine téléphonique, avec Sautet au bout du fil! Tellement nerveuse, je ne sais plus par quel bout commencer pour vendre ma salade.

— Bonjour, monsieur, je suis canadienne, je suis comédienne, je m'appelle Denise Filiatrault et j'aimerais beaucoup...

— Denise Filiatrault, mais je ne connais que vous! Je vous ai vue dans *La Mort d'un bûcheron* et je vous ai trouvée très bien, d'ailleurs. De toute façon, je vois tous les films de Gilles Carle, j'adore ce cinéaste. Que puis-je faire pour vous?

Un peu rassurée, je fonce :

— On me dit que vous cherchez une actrice italienne pour votre prochain film, et je suis itali…

— Bravo ! Vous avez un passeport ?

Silence…

— Hélas, non, je… En fait, je suis canad… mais je peux prendre l'accent italien et…

— Dommage, mais il faut absolument la citoyenneté italienne à cause de la coproduction, vous comprenez ?

— Bien sûr. Mais j'aimerais beaucoup vous rencontrer, monsieur Sautet.

— Écoutez, je suis en repérage, mais je vais passer vous voir quelques minutes.

Et le voilà qui se pointe à l'heure du déjeuner dans le *lobby* de l'hôtel où je loge avec d'autres actrices de la pièce. Après quelques minutes pendant lesquelles nous échangeons des banalités, il me dit qu'un jour viendra sûrement où nous travaillerons ensemble…

Et ce jour arrive bien vite puisqu'en 1974, un an plus tard, ma fille Sophie me réveille.

— Maman, maman, lève-toi. Claude Sautet te demande au téléphone !

Mado de Claude Sautet

J'ai le souvenir d'un tournage fort agréable qui se déroule tantôt en région, tantôt à Paris, avec entre autres Michel Piccoli et Jacques Dutronc. Si Piccoli me fait une cour discrète, Dutronc, reconnu pour courtiser toutes les femmes, ne cache pas son jeu. Je ne suis pas insensible à leur charme, mais mon cœur bat pour un gars de chez nous. Le dernier jour de tournage, nous éprouvons des difficultés techniques et commençons à prendre du retard. À la fin de cette journée, je dois rentrer à Paris pour monter le lendemain matin dans l'avion pour Montréal. Voyant que je change d'air à l'idée de rater mon vol pour Montréal où mon chum m'attendait, Sautet me dit :

— Comme c'est une scène muette, si tu veux, je te remplace par la maquilleuse ? On lui met ton imper, on la filme de dos, et le tour est joué.

— Oh oui, s'il te plaît, et merci.

Je ne peux pas croire ! Fallait-il que je sois épaisse en amour pour me permettre de refuser la dernière scène d'un film, fût-elle muette, de Claude Sautet, un des réalisateurs les plus respectés du cinéma français, lui qui m'a donné la chance inouïe de faire ce film. Mes amis au courant de cette inconvenance m'ont traitée de *saprée* folle !

Même si je tenais un rôle secondaire, Sautet m'avait conseillé de demeurer en France au moins six mois pour tenter d'intéresser d'autres cinéastes. Mais j'ai préféré rentrer au plus vite retrouver mon amoureux. J'ai fini par prendre conscience de la confusion de mes sentiments. Comme la plupart des jeunes femmes de ma génération, je rêvais du prince charmant à chaque rencontre, j'étais en amour avec l'amour, mais je l'ai compris bien tard...

J'ouvre une parenthèse sur « *saprée* folle », une expression que j'ai souvent utilisée au fil des ans. Je reviens ici sur un incident qui s'est passé plus récemment, en 2013, au cours d'une entrevue téléphonique à Paul Arcand au 98,5.

Tout d'abord, je n'avais pas été prévenue de cette entrevue, j'étais en Floride et je n'avais pas laissé mes coordonnées à quiconque de l'équipe de Paul Arcand. Comment les ont-ils obtenues ? J'ai reçu un appel très tôt le matin, alors que j'étais très énervée à cause d'un dégât d'eau dans l'appartement. Le plus sage aurait été de décliner cette invitation à m'exprimer sans m'être préparée et de remettre cette entrevue improvisée à plus tard. Au lieu de ça, je réponds quand même. Mal m'en a pris.

Paul Arcand m'interrogeait sur le port du voile. Moi pis ma grande boîte ! On ne me refera pas… Oui, je sais, j'ai traité les femmes qui le portent de *saprées* folles ! J'ai parlé trop vite et insulté des femmes de confession musulmane. Je leur présente mes excuses. Je ne suis pas un parangon de diplomatie, j'en conviens et, dans l'énervement, je n'ai pas su m'expliquer. Je suis issue d'une génération qui a été opprimée par la religion et j'ai du mal à comprendre qu'une femme se couvre pour disparaître et nier ce qu'elle est. Si certaines se disent heureuses et libres de porter le voile, je ne peux m'empêcher de penser à toutes celles qui y sont contraintes et qui, dans certains pays, encourent des châtiments ou risquent leur vie si elles l'enlèvent.

En parlant à Paul Arcand, je pensais aussi à cette jeune Québécoise retenue en Arabie Saoudite et dont la mère multipliait les démarches auprès de tous les ordres de gouvernements pour la faire revenir au pays. (Cette dame parlait souvent à l'émission d'Arcand.) Le mari de sa fille avait pris les enfants et caché son passeport. Elle ne pouvait plus rien et n'avait plus aucun droit, complètement sous le joug de cet homme qu'elle avait suivi par amour. Je me revoyais jeune, naïve et amoureuse. Tout au long de cette conversation, avec la détresse de cette maman à l'esprit, je me suis emportée en ayant ces mots malheureux.

J'ai quand même du mal à ne pas voir dans le port du voile intégral la soumission de la femme et la négation du corps féminin.

Sans doute une question de génération… J'ai tellement eu soif d'autonomie et de liberté même si, plus jeune, j'ai agi comme une *saprée* folle par amour… J'espère que cette jeune femme s'en est sortie.

Après cet incident au micro de Paul Arcand, on m'a rapporté que Lysiane Gagnon de *La Presse* m'avait écorchée durant deux jours dans le journal, en écrivant des choses horribles à mon sujet que n'ai pas cru bon de lire. Pourquoi m'imposer cette peine?

Quelques semaines plus tard, j'avoue avoir éprouvé un petit plaisir à lire dans ce même journal une chronique de Louise Latraverse qui rappelait à Lysiane Gagnon ses accointances avec le RIN durant sa jeunesse... Ça n'a pas dû lui plaire qu'on lui mette son passé de «vilaine» indépendantiste sous le nez. Fin de cette parenthèse.

En 1974, *Il était une fois dans l'Est* est sélectionné pour représenter le Canada au Festival de Cannes. Et j'y retourne avec bonheur, surtout avec Michel Tremblay et André Brassard. Je retrouve le même petit appartement sur la Croisette. Mon coiffeur Pierre David et un ami costumier veulent absolument assister au Festival. Comme les hôtels sont hors de prix, ils logent avec moi, et on installe des matelas pneumatiques par terre. Ils s'en accommodent fort bien, les nuits à faire la fête sont courtes.

De mon côté, je suis de tous les dîners et de toutes les fêtes du Festival, le champagne coule à flots et j'y retrouve mon copain Daniel Duval, jeune acteur et réalisateur français que j'avais rencontré lors d'un de ses passages à Montréal pour la promo d'un film.

Il m'arrive souvent de penser à ce moment particulier où un soir, alors que nous sortons de mon appartement, j'aperçois une toute jeune fille rousse derrière nous. Nous marchons vers le cinéma, et visiblement elle nous suit. Je demande à Daniel s'il la connaît. Il se retourne :

— Encore elle ! Ne m'en parle pas, c'est une débutante qui ne me lâche pas d'une semelle, vite pressons le pas !

Chaque fois que je revois cette débutante au cinéma, maintenant devenue une actrice sublime et une des plus grandes stars du monde, je ne peux m'empêcher de penser à cette petite rousse chétive, genre petite fille aux allumettes, qui s'appelle Isabelle Huppert !

Quelques années plus tard, Daniel m'a dirigée dans un de ses films, *Effraction*. Je me vois encore courir après le producteur dans la campagne française au milieu des champs, je ne me souviens plus de laquelle, pour me faire payer. Heureusement, après que j'ai mis Daniel au courant, il a rapidement réglé la question. Je l'aimais beaucoup, mais je n'étais pas amoureuse de ce garçon superbe, gentil et sans malice, hélas, un écorché vif que les ravages de la drogue auront sûrement fauché. J'ai appris qu'il est mort d'un cancer.

À mon retour du Festival de Cannes, le quotidien reprend son cours, mais je travaille beaucoup et gagne très bien ma vie. Un jour, mon ami Jean Bissonnette me téléphone et m'explique son projet de faire un gros show pour la télévision avec moi, un « spécial » comme on disait à l'époque.

— Tu fais ce qui te tente, tu es populaire en ce moment, on parle beaucoup de toi.

— D'accord, mais je fais ce show seulement avec du monde que j'aime.

Ce qui a donné *Un show qui me tente avec du monde que j'aime*. Je pense à Luc Plamondon pour m'écrire une chanson d'ouverture.

— Alors on parle de toi comme actrice ou comme chanteuse ?

— Tu sais, je crois que je ne suis vraiment ni l'une ni l'autre. Au fond, je suis une *entertainer*, je fais du show business.

Cette conversation est à l'origine de la chanson *On fait tous du show business* que Diane Dufresne a reprise et popularisée.

J'ai envie de travailler avec le p'tit Simard tellement doué, j'adore cet enfant. Aujourd'hui, malgré les années qui nous séparent, cette affection demeure, et nous sommes restés amis.

France Castel et Louise Forestier, jeunes chanteuses de grand talent qui se sont taillé une place enviable depuis, participent à un numéro dans le style des Pointer Sisters, trois chanteuses américaines populaires ces années-là.

Le travail est exigeant, j'ai la voix fatiguée par les répétitions et j'ai peine à atteindre la note finale de *La Complainte de Lola Lee*, sublime chanson de François Dompierre et Michel Tremblay, que je dois chanter dans l'émission. Au tournage, France Castel, de sa voix puissante, pousse la note finale à ma place. Le public n'y a vu que du feu... Quelle générosité !

J'invite aussi la jeune troupe de théâtre Le Grand Cirque ordinaire, des débutants tous devenus des vedettes, dont Suzanne Garceau, Paule Baillargeon, Gilbert Sicotte, Pierre Curzi et Raymond Cloutier.

Cependant, j'ignore encore pourquoi les directeurs de la rediffusion ont coupé le dernier numéro auquel je tenais tant pour la finale. J'avais demandé à Jean d'installer trois pistes de cirque. Sur celle du milieu, je sautais sur un trampoline en faisant des pirouettes apprises et répétées durant six mois avec André Simard, entraîneur au Centre Immaculée-Conception. Durant ces pirouettes dans les airs, sur les deux autres pistes, si je me rappelle bien, Jean Bissonnette passait tout le déroulement de l'émission en parallèle. C'était spectaculaire. Enfin, pour ces années-là.

Après la toute première diffusion de l'émission à Radio-Canada, un député fédéral (je n'ai jamais su lequel), scandalisé de mon imitation de la reine d'Angleterre dans un court sketch en ouverture, a fait visionner ce numéro en Chambre à Ottawa. À la suite de cet incident, il a été impossible d'obtenir une cassette de ce show dont j'étais si fière. On l'avait « égarée ».

Jean Bissonnette a réussi à mettre la main dessus des années après et m'en a donné une copie, amputée du numéro d'ouverture parodiant la reine. Pourtant, on a souvent fait pire à certains *Bye Bye.*

Cette émission spéciale a été rediffusée plusieurs fois ces dernières années à ARTV.

En 1976, je signe mon premier scénario de film avec Dominique Michel et Claude Fournier. L'histoire se base sur un prétendu fait vécu par le père d'un ami du joueur de hockey Camille Henry durant la Seconde Guerre mondiale, soit en août 1943, quand a eu lieu au Château Frontenac la conférence de Québec réunissant William Lyon Mackenzie King, Franklin D. Roosevelt et Winston Churchill.

Selon l'anecdote, l'un des trois illustres participants aurait oublié un porte-documents sur place, contenant des informations classées top secret, dont la date du débarquement des Alliés en Normandie. Le père de l'ami en question se trouvait sur les lieux de la rencontre en sa qualité d'aide de camp et, voyant le porte-documents abandonné, croyant bien faire, il le rapporte chez lui. À la lecture, il en saisit toute l'importance et rend les papiers à son supérieur, qui les remet immédiatement aux bonnes personnes.

Pour sa peine, le pauvre homme est incarcéré jusqu'à la fin de la guerre afin d'éviter tout risque de divulgation de la date du débarquement. Il paraît que cette histoire est authentique. Si ce n'est pas le cas, avouons qu'elle fournit un bon sujet de scénario.

Le Pichet, *Chez Denise*: se réinventer

Vers 1976, j'investis un petit montant dans un autre restaurant, Le Pichet. Cette fois, j'ai récupéré ma mise à la revente de mes parts. Je traverse une période creuse, je ne travaille pas beaucoup à la télé ni au théâtre. Je ne participe qu'à un quiz pour TVA, dont on enregistre les cinq émissions de la semaine le dimanche après-midi. Cela me rapporte suffisamment pour payer quelques dépenses et le loyer de mon appartement de l'avenue des Pins, dans un immeuble voisin de la superbe maison Art déco que j'envie, réalisée par l'architecte Ernest Cormier et que Pierre Elliott Trudeau a habitée jusqu'à son décès. Les fins de semaine, je pars à ma maison de campagne à Mooers, en bordure de la frontière américaine. Je l'ai payée 37 000 dollars en 1976 et j'y ai investi près de 200 000 dollars. Avec un ouvrier, j'y travaille pendant presque deux ans. Lui abat des cloisons et tout ce qui va avec, tandis que je passe la brique à l'acide muriatique et décape les boiseries tout en courant les encans pour meubler cette maison du XIXe siècle. Je l'ai gardée une dizaine d'années et je me suis tannée de traverser la frontière toutes les fins de semaine, sous le regard suspicieux des douaniers qui, ayant fini par me connaître, continuaient de me faire sentir comme une criminelle. Donc, je l'ai mise en vente pour finir, écœurée, par la brader presque au prix auquel je l'avais achetée ! Moi et mon gros sens des affaires. Il faut dire qu'elle se situait au bout d'un rang avec deux maisons de ferme en piteux état comme voisines. J'aurais obtenu davantage d'une demeure dans une destination plus touristique.

Pendant ce temps, je continuais de travailler au Pichet, ce tout petit resto accueillant, très agréable, fréquenté par une clientèle assidue et où on mangeait bien. Jusqu'à aujourd'hui, je suis demeurée amie avec certains de mes anciens clients.

Un soir, en revenant du cinéma, j'entre dans la cuisine du restaurant et je tombe sur deux agents de la douane en train de passer les menottes au plongeur ! J'apprends qu'il a été dénoncé aux autorités comme étant un « Noir sans papiers ». Je suis outrée de voir les agents emmener cet homme qui, dans un anglais approximatif, tente de nous faire comprendre qu'il risque la mort dans son pays, où on menace de le déporter dès le lendemain. Donc, je me porte garante de ce pauvre homme qui, par ailleurs, fait très bien son travail. Pourquoi le renvoyer dans son pays où il risque d'être exécuté ?

— Comme vous voulez, madame, mais vous devrez aller défendre votre cause en cour demain matin à la première heure.

Le lendemain, je me pointe au palais de justice et, dans un couloir, je rencontre par hasard un des clients du restaurant, maître Michel Massicotte.

— Denise ? Qu'est-ce que tu fais ici ?

— Je viens défendre le plongeur du restaurant, un pauvre gars sans papiers.

— Ben voyons, comment tu vas t'y prendre ?

— C'est simple, je vais parler avec mon cœur…

— Euh… J'ai bien peur que ça ne soit pas suffisant. Écoute, laisse tomber, je m'en occupe. Mais pense à ton affaire. Si tu veux le garder au pays, tu t'en rends responsable.

— Bien sûr, je le sais.

Et comme convenu, je n'ai eu qu'à signer en tant que responsable, et mon employé a aussitôt repris son travail au restaurant.

De retour du palais de justice, je reçois au restaurant l'appel d'une femme en pleurs qui se présente comme l'épouse du plongeur. Elle me remercie du fond du cœur de ce que j'ai fait pour son mari. J'en suis évidemment très touchée. Dix minutes plus tard, un second appel, une autre éplorée qui se présente comme sa maîtresse, infiniment reconnaissante de ce que j'ai fait pour son amant. Eh bien, j'aurai au moins fait le bonheur de trois personnes dans ma journée !

Lorsque j'ai revendu mes parts dans le restaurant, le bonhomme y travaillait toujours et, un an plus tard, un client m'a dit avoir cru le reconnaître dans une rue de New York. Si c'était bien lui, il avait dû quitter le pays en douce.

Au Pichet, j'accueille les clients comme hôtesse. Je ne sers pas aux tables. Nerveuse comme je le suis, j'aurais renversé les plats. Je me contente de ramasser la vaisselle sale et de vider les cendriers. Horst, mon chum et associé, y travaille comme barman. Un autre beau grand garçon d'origine hollandaise, pas un mauvais diable, mais un coureur de jupons invétéré. Ma parole, je les cherchais !

Donald Lautrec, mon fidèle ami, vient souvent souper, toujours à la même table dans un coin retiré près du bar. J'adore discuter avec lui, si intelligent, renseigné et de bon conseil. Un soir après le service, il s'étonne :

— Je ne comprends pas qu'après tout ce que tu as fait dans le métier, neuf ans des *Belles Histoires*, cinq ans de *Moi et l'autre*, sans compter toutes les émissions de variétés où tu as chanté, dansé, écrit des sketchs et joué au théâtre, tu te ramasses à faire l'hôtesse et le *busboy* dans ce restaurant ! Je ne comprends vraiment pas. T'as encore plein de choses à dire.

— Ben non, et puis je ne me sens pas malheureuse, j'estime que je suis allée au bout de ce que je sais faire. Je n'ai plus tellement envie de jouer.

— Alors recommence à écrire ! Tu l'as fait pour *Moi et l'autre* et pour toutes nos revues au cabaret. Toutes les filles du métier et les autres empruntaient tes expressions. Refais un show de variétés ou une *sitcom*.

— Je ne sais écrire que sur ce que je connais.

— T'as juste à écrire une émission sur la restauration !

J'ai jonglé avec ça durant quelques jours. Avec toutes les aventures cocasses vécues au Pichet, j'aurais du *stock* à raconter au moins pour un an.

Entre-temps, ma partenaire de *Moi et l'autre* me dit n'avoir aucun projet devant elle. Je lui propose alors de jouer dans ma série. Nous serions deux veuves propriétaires d'un petit restaurant et qui y vivent toutes sortes d'aventures. Elle accepte et, moi, j'écris trois émissions en développant des intrigues pour deux rôles-titres. Au bout de quelques semaines, je lis dans un journal qu'en même temps que mon projet elle a reçu une offre de Télé-Métropole pour le téléroman *Chère Isabelle* et qu'elle a accepté. Elle a dû oublier de me téléphoner pour me prévenir qu'elle avait changé d'idée quant à ma proposition et qu'elle préférait se consacrer à l'autre projet.

Je réécris donc mes trois premières émissions et les présente à Radio-Canada, réaménagées avec une seule propriétaire du restaurant, ayant en tête que, sans l'autre, j'essuierais un refus.

Heureusement, la direction accepte quand même le projet et me propose Pierre Gauvreau comme réalisateur. Un homme bon, fort intelligent, un intellectuel. Je doute que le style de l'émission lui plaise. Ce n'est pas vraiment son genre, mais il reconnaît la qualité de l'écriture du style de *sitcoms* américaines et il veut s'associer au projet. Seulement, il y a un os, et de taille ! Toutes ces aventures cocasses dans un restaurant coûtent trop cher à produire parce qu'il y a trop de comédiens, trop de figurants, et je n'entrevois pas d'autre solution que de renoncer. Pierre Gauvreau vient à la rescousse en me suggérant de développer les personnages qui forment le personnel et de construire la plupart des intrigues autour d'eux.

Pour m'inspirer, je me pointe au Pichet en matinée, à l'heure où, tout de suite après la mise en place pour le lunch, le personnel profite d'un moment d'accalmie autour d'un café. Le chef cuisinier, l'assistant, et le plongeur refont le monde en décortiquant le *Journal de Montréal* et *La Presse*, et, mine de rien, je les écoute et m'imprègne de leurs histoires. Comme presque tous les chefs cuisiniers que j'ai côtoyés étaient français, je distribue le rôle du chef à Roger Joubert que le public a connu dans *Moi et l'autre*, un tendre ami, très bon comédien. Le public québécois aime bien son accent du Midi qu'il reconnaît grâce aux films et aux pièces de Pagnol. Dommage qu'aujourd'hui la jeunesse de ce coin de France travaille à gommer cet accent méridional qui suscite encore la raillerie des Parisiens. On l'entend chez les aînés, mais dans quelques années, hélas, il disparaîtra sans doute avec eux. Le rôle de l'aide-cuisinier ira à Paul Berval. Au Pichet, des Latinos ou des Italiens ont occupé cet emploi, et Paul prend facilement n'importe quel accent. Je ne connais pas de comédiens de nationalité italienne à ce moment-là et je considère Berval comme l'un des plus grands acteurs comiques de sa génération. Dans son genre, il n'a jamais été remplacé. Il me reste à distribuer le plongeur-*busboy*. Dans les années 1970 à Montréal, des comédiens noirs et francophones, il n'en pleut pas. J'ai besoin d'un acteur fantaisiste et je tiens aussi à ce qu'il puisse prendre l'accent qu'on entend souvent chez les Haïtiens arrivant au Québec à cette époque-là. J'ai un penchant pour les accents, il me semble que ça ajoute de l'authenticité aux personnages. Normand Brathwaite, frais émoulu de l'école de théâtre de Sainte-Thérèse, hérite donc du rôle et est célèbre du jour au lendemain avec une expression que j'avais attribuée au personnage en escamotant le *r* de « tabarnouche », devenu « tabanouche ». Benoît Marleau, mon copain de toujours, tient le rôle du barman.

Au bout de trois semaines de diffusion, un nouveau personnage fait son entrée. Avant le début de la série, André Montmorency m'avait confié son intérêt pour jouer un rôle, mais, sur le moment, je n'avais pas de personnage pour cet excellent comédien. Jusqu'à ce qu'un midi Michel Girouard fasse irruption au Pichet en demandant une table pour le lunch. Sans même attendre de réponse, il se met à discourir tel un moulin à paroles en délirant sur les qualités du jeune homme qui l'accompagne. J'essaie de lui glisser qu'on n'a plus une table libre, mais pas moyen de placer un mot. Michel est un conteur absolument tordant. Haut en couleur, cheveux blond doré, teint basané, toujours tiré à quatre épingles, bref, il ne passe jamais inaperçu.

Hypnotisée par ce flot de paroles, de la fenêtre, je vois passer la coiffeuse du salon adjacent au restaurant. J'ai un flash ! La coiffeuse d'à côté deviendra le coiffeur voisin du restaurant Chez Denise, aussi extraverti et flamboyant que Girouard ! André Montmorency a tout le talent et la fantaisie pour le rôle. Durant près de quatre ans, l'émission *Chez Denise* cartonne, avec une cote d'écoute hebdomadaire de deux millions et quelques spectateurs. Ça semble énorme, mais on était loin de l'offre télévisuelle actuelle en termes d'émissions et de chaînes disponibles... Je me rappelle Jean Pelletier, alors maire de Québec, me disant que, le dimanche soir à 19 heures, les rues de la capitale se vidaient. Les gens rentraient écouter *Chez Denise.*

Je suis consciente que le personnage de Christian Lalancette ne passerait plus dans les années 2000.

Si la plupart des homosexuels reconnaissaient l'existence de ce genre de personnage efféminé et coloré dans le milieu gai, d'autres l'ont renié carrément. Aujourd'hui, je recevrais sûrement les plaintes de la communauté LGBT et me ferais taxer d'homophobe. Pourtant, j'ai prouvé tout au long de ma carrière et de ma vie personnelle mon affection envers les gens de la communauté.

Chez Denise remonte au temps où Radio-Canada commandait trente-neuf émissions par année, que j'ai écrites toute seule sur ma machine à écrire Remington pendant trois ans et huit mois !

J'en ai revu quelques-unes sur le Web. Avec le recul, je vois les intrigues simplettes et les scènes trop longues.

Certains épisodes ont mieux résisté au passage du temps, et le mérite revient aussi aux très bons acteurs de la distribution. Que l'intrigue soit bonne ou mauvaise, je devais en trouver une nouvelle avec un fil conducteur, des rebondissements et un dénouement chaque semaine, et ce, pendant trente-neuf semaines.

Au bout de trois ans et demi, j'étais épuisée d'écrire, d'interpréter, de diriger. Parce qu'en plus, avant d'entrer en salle de répétition avec les acteurs, j'allais jouer tous les rôles de chaque épisode dans le bureau du réalisateur pour donner le ton à sa direction d'acteurs. En général, les jeunes réalisateurs détenaient une très bonne formation technique, mais manquaient plutôt d'expérience dans la direction d'acteurs et le sens du *timing* qu'exige la comédie. Ils maîtrisent davantage la réalisation des téléromans.

Ainsi, au bout d'un certain temps j'ai commencé à diriger moi-même les acteurs sur le plateau.

L'INTERMÈDE PARISIEN

Après l'aventure de *Chez Denise*, suivant les recommandations d'amis parisiens qui me l'ont tant conseillé, je m'installe en France pour quelque temps, histoire de tâter le terrain. Comme je viens d'avoir cinquante ans et que les producteurs s'intéressent aux actrices dans la vingtaine, cet épisode de ma vie artistique ne révolutionne pas ma carrière. En revanche, je fais de belles rencontres, dont Dominique Besnehard, directeur de *casting*, puis agent des plus grandes actrices de France, et enfin producteur de films à succès pour le cinéma et la télévision.

Le jour où je réussis à joindre ce jeune directeur de *casting* au téléphone, au moment où je m'apprête à lui faire un résumé de l'historique de ma carrière, j'ai la surprise de l'entendre m'énumérer tous les films que j'ai tournés au Québec, les pièces que j'ai jouées au théâtre, incluant *Les Belles-Sœurs* à l'Espace Cardin à Paris, etc. Il connaît mon parcours par cœur et m'organise une rencontre avec l'acteur Pierre Mondy, qui doit prendre part à la distribution du *Roi Victor*, une pièce de Louis

Calaferte, récipiendaire du Grand Prix national des lettres en 1992.

Jean-Pierre Miquel, alors directeur du Conservatoire national supérieur d'art dramatique de Paris, assure la mise en scène et demande à me voir en audition pour le rôle de la femme de Mondy. Malgré un trac fou, je décroche le rôle.

Toutefois, comme les représentations commencent juste après les fêtes, je passe Noël et le jour de l'An à Paris, et je souffre de l'absence de mes vieux parents auxquels je manque aussi terriblement en cette période de l'année. Quant à mes filles, elles ont atteint l'âge de célébrer avec leurs amis. Heureux hasard, Michel Tremblay et Michel Poirier viennent passer les fêtes dans la Ville lumière. La veille du jour de l'An, nous réveillonnons ensemble dans un trois-pièces charmant que j'ai loué d'un ami parisien, rue de Chaillot dans le 16e.

Bien que j'aie adopté le quartier et que je fréquente les commerces du coin, je sens que je ne corresponds pas vraiment au style des résidents de ce chic arrondissement. L'après-midi du 31 décembre, chez la poissonnière où je commande trois langoustes pour le réveillon, celle-ci me prévient:

— C'est très cher, vous savez…

Timidement, je lui réponds:

— Oui, mais une fois par année, quand même.

Au moment de partir, elle me donne trois citrons.

— Tenez! Ça vous fera ça de moins à acheter!

Quelques jours plus tard, avec Tremblay, dans un restaurant parisien réputé pour les fruits de mer, je commande du homard. Au tour du serveur de me mettre en garde:

— Je vous préviens, madame, c'est très cher…

Et du tac au tac, je lui réponds:

— Parfait, j'en prendrai deux!

Il fallait voir la tête du garçon. Michel Tremblay s'en souvient encore.

Durant ce séjour, je fais quelques émissions de télévision et un ou deux films dont j'oublie les titres. Même si j'y tiens des rôles secondaires, je préfère le cinéma. Avec peu de jours de tournage, je peux rentrer plus vite au Québec et soigner mon mal du pays. Après *Le Roi Victor*, Mondy, également metteur en scène, m'offre un très bon rôle avec Anny Duperey dans *La Fille sur la banquette arrière*, une pièce de Bernard Slade, qu'il monte au Palais-Royal, un des plus beaux théâtres de Paris. Ça représente un contrat de plusieurs mois que j'ai dû refuser, car il m'aurait éloignée des miens trop longtemps et je ne me sens pas le courage de laisser mes vieux parents durant une telle période. Mon aventure parisienne tire alors à sa fin.

Ces années-là, dans le milieu du cinéma, j'ai été étonnée par le manque de discipline de certains concepteurs et techniciens, et de l'attitude immature de plusieurs acteurs. Même dans l'équipe de Sautet, on aurait dit une bande de gamins à les voir s'amuser à se lancer des bouts de pain à la tête aussitôt la pause annoncée. Je n'ai pas vu ça au théâtre dans la pièce de Calaferte, jouée dans un théâtre subventionné, donc considéré comme plus sérieux.

Pourtant, lors d'une représentation de *La Vie parisienne* à la très respectable maison de la Comédie-Française, j'ai vu dans une scène Daniel Mesguich se lever de son fauteuil, prendre une petite lampe, la placer devant son sexe comme s'il cherchait à dissimuler une érection et se mettre à danser au milieu de la scène devant les autres acteurs écroulés de rire. Je n'en suis pas revenue de voir cet acteur et metteur en scène réputé se livrer à ces pitreries grotesques. Jean-Pierre Miquel, le metteur en scène du *Roi Victor*, était devenu directeur de la Comédie-Française, mais je me suis retenue de lui téléphoner pour lui exprimer ma déception.

Je me serais attendue à ce genre de blague dans un cabaret où j'en ai vu de toutes les couleurs. Moi-même, je m'étais presque endormie sur la scène du Mocambo, une espèce de trou, rue Notre-Dame Est, où Benoît Marleau me poussait du coude pour me réveiller… Le fou rire nous a pris. Disons à notre décharge qu'il était 3 heures du matin et que c'était notre troisième show devant des clients en majorité complètement soûls ou aussi endormis que moi.

Qu'importe, ça n'est pas une excuse pour rire sur scène.

Plusieurs fois, dans des pièces de boulevard (le style de théâtre qui marche le plus là-bas, comparable au genre de théâtre d'été qu'on présentait ici il y a quelques années), j'ai vu les acteurs avoir des fous rires placés pour amuser le public.

Comme disait la mère de mon mari: « Dieu que les Parisiens sont bon enfant. » Et que dire des acteurs qui en font des tonnes, comme Jean-Claude Brialy dans *Désiré* de Sacha Guitry, dont aucune des œuvres ne mérite qu'on en fasse un guignol.

J'ai aussi découvert de bons metteurs en scène et d'excellents acteurs inconnus au Québec, faute de les voir au cinéma.

Faisant partie de l'écurie d'Artmedia, la plus grande agence artistique de Paris, j'aurais pu tourner bien davantage si j'avais été moins naïve. Par deux fois, lors de dîners avec mon agente pour discuter d'un projet de film, je l'ai entendue me dire:

— Évidemment, vous devrez apporter une petite participation à la production, vous comprenez?

J'opinais, tout en ne saisissant pas de quoi il retournait. Je n'osais pas poser de question. Dans ma grande candeur, je me croyais choisie uniquement pour mon « grand » talent… *¡Pobrecita!*, comme disent les Mexicains.

De bonnes actrices françaises de mon âge, il en pleuvait, mais j'aurais sans doute décroché davantage de rôles si j'avais « allumé » ! La petite participation, ça voulait bien sûr dire une contribution financière du Canada étant donné la présence d'une Canadienne à l'écran. Cette pratique avait cours depuis des années en Europe. De nos jours, plus le film coûte cher à produire, plus on a recours à la coproduction.

En rentrant à Montréal, je raconte mes déboires à Gilles Carle :

— Pourtant, Gilles, rappelle-toi, quand on est allés en France pour la sortie du film *Les Plouffe*, tout le monde me disait de revenir à Paris, qu'il y avait soi-disant une place à prendre.

— Eh oui, ils nous disent tous ça, mais sitôt qu'ils te voient débarquer, ils ont hâte que tu repartes.

Heureusement, ça a changé. Autres temps, autres mœurs.

Mon séjour en France au début des années 1980 m'aura permis de me reconnaître une certaine valeur tout en me confortant sur la compétence de mes compatriotes acteurs, auteurs, metteurs en scène, concepteurs, etc. En plus de leur talent, à force de jouer à peu près tout le répertoire au théâtre, nos artistes ont acquis une excellente expertise. Les artistes québécois travaillent avec rigueur, discipline, honnêteté vis-à-vis des employeurs et surtout avec respect pour le public qui paie et se déplace.

Dans le Montréal des années 1940, seuls le Conservatoire Lassalle et peut-être le cours de diction de Madame Jean-Louis Audet étaient considérés comme des écoles de théâtre.

Aujourd'hui, en ce qui concerne la formation générale, le Québec compte de très bonnes écoles de théâtre, avec des professeurs compétents. Force est d'admettre que les jeunes évoluent dans un métier aux conditions difficiles et se disputent un marché aux capacités de développement restreintes. À la fin des années 1980, j'avais prédit qu'un jour pas si lointain plusieurs de nos artistes seraient reconnus à l'étranger. Je ne croyais pas que ça arriverait si vite. Je pense aux Robert Lepage, Xavier Dolan, Yannick Nézet-Séguin, Jean-Marc Vallée, Denis Villeneuve, Marie Chouinard, Denis Marleau, qui s'ajoutent aux Céline Dion, Guy Laliberté, Robert Charlebois et Diane Dufresne comme merveilleux ambassadeurs du Québec.

ADIEU AU PRINCE CHARMANT

À peu près à la même époque, arrivée à la cinquantaine, j'ai mis un terme à ma vie amoureuse, ma dernière expérience s'étant soldée par un échec. Je sens que minuit a sonné à mon horloge sentimentale. L'heure enfuie, le prince charmant ne risque plus de descendre de son blanc destrier, alors passons à un autre appel.

En 1984, pour ma gang habituelle et quelques nouveaux venus, je signe une comédie romantique pour la télévision. Le *101, Ouest, avenue des Pins.* Le bide total ! Loin d'être une de mes fans, Louise Cousineau, critique télé du journal *La Presse,* ainsi que Guy Fournier, dont je ne me souviens pas qu'il ait œuvré comme tel dans aucun média, s'emploient à dire tout le mal qu'ils pensent de cette série. Les retombées ne tardent pas : la direction de Radio-Canada retire l'émission de la grille horaire. Après coup, plusieurs des artistes qui y avaient participé évitaient mon regard ou faisaient mine de ne pas me voir dans la rue. Une réaction que je comprenais très bien, malgré ma peine.

L'antipathie de Louise Cousineau à mon endroit remontait selon moi au moment où, influencée par mon chum de l'époque ainsi que par quelques amis, je lui avais téléphoné, après le passage à la télévision du film *Je suis loin de toi mignonne.* Sa critique dans *La Presse* titrait : « DENISE FILIATRAULT FAIT L'AMOUR À LA TÉLÉ. C'est terrible pour nos enfants. » Ou quelque chose du genre.

Le titre faisait référence à une scène d'amour où Gilles Renaud et moi, tous deux assis sur un banc de parc et habillés de la tête aux pieds, étions filmés en gros plan. À l'écran, on nous voyait des épaules à la tête, et nous bougions dans un mouvement de va-et-vient bien plus comique que sensuel. J'avais beau répéter à mon chum que moi, Denise Filiatrault, je n'avais jamais fait l'amour à la télévision, pour toute réponse, j'avais droit à : « C'est marqué dans le journal, ça doit être vrai ! »

Au cours des années 1980, j'ai perdu mes parents. D'abord ma mère en janvier 1985, suivie de mon père en août 1986. J'ai vécu une immense peine. Je me suis sentie tellement coupable lorsque j'ai dû me résigner à les reloger dans une résidence pour aînés de Deux-Montagnes, où ils habitaient depuis notre départ de Montréal à la fin des années 1940. Maman aurait préféré une autre résidence, située au village, pour se rapprocher de Bella, son amie de longue date. Mon père, lui, aimait le bord du lac au Manoir Grand-Moulin.

J'ai donc cédé à papa, croyant à un caprice de maman et convaincue que ce bel endroit au bord de l'eau lui ferait oublier l'idée d'aller vivre ailleurs. Mais plus le temps passait, plus je voyais que ma mère, ce boute-en-train qui semait la joie de vivre partout où elle passait, ne sortait presque plus de son appartement et demeurait prostrée devant sa télévision. Y aurait-il eu encore une place vacante, là où elle aurait voulu aller ? Je dois avouer que je n'ai pas eu le courage de déplacer mon père du Manoir, où il se plaisait tant.

Une fois par mois, j'allais les chercher pour les conduire tous les deux à l'hôpital du Sacré-Cœur, où on leur administrait les traitements contre le cancer.

Je me vois encore à l'hôpital, poussant les deux fauteuils roulants dans l'ascenseur jusqu'au département d'oncologie. Heureusement, mes parents supportaient bien ces séances de chimio. D'ailleurs, ce n'est pas le cancer qui a emporté ma mère, partie la première. J'ai eu un profond chagrin à sa mort et je croyais ne jamais me remettre de celle de papa, mais la Providence m'a aidée.

Le 4 septembre 1986, un mois après le décès de mon père, mon petit-fils Mathieu vient au monde. Il arrive à un moment de ma vie où je ne l'espérais plus. D'après les médecins, l'endométriose empêcherait ma fille Sophie d'avoir des enfants.

Pour ce petit bébé, je fais cuire des légumes frais, que je passe en purée et congèle dans des bacs à glaçons. Je prends le train pour aller les lui porter dans la Ville reine où Sophie, rentrée au pays après des études à Londres, s'est installée pour trouver du travail. En montant dans le train, je recommande au chef du wagon de mettre les cubes dans le petit congélateur afin qu'ils restent bien frais jusqu'à mon arrivée à Toronto et je vais, tout au long du voyage, vérifier de temps en temps s'il a bien suivi ma recommandation.

Un an plus tard, Sophie étant de retour à Montréal, j'ai le bonheur de garder mon petit-fils très souvent. Un soir, en rentrant de tournée, elle vient le chercher, alors que je ne l'attendais que le lendemain matin. Je me fais pincer à 23 heures à jouer au baseball au milieu du salon avec le petit de trois ans, qui ne parvenait pas à s'endormir.

Je suis bel et bien la grand-maman gâteau dont tous ont sûrement entendu parler.

Mathieu est aujourd'hui devenu un homme, mais nous sommes toujours très près l'un de l'autre, tout en nous tapant sur les nerfs de temps en temps, tel un vieux couple. Ça se manifeste surtout quand nous sommes en voiture et que je suis au volant.

En 1986, je dois à Michelle Rossignol, venue me voir au théâtre à Paris dans la pièce de Calaferte, de m'avoir offert l'occasion de travailler avec la classe de finissants de l'École nationale. Une classe de grand talent, voire exceptionnelle, qui compte dans ses rangs Roy Dupuis, Sylvie Drapeau, Patrice Coquereau, Isabelle Vincent, Marie Charlebois, etc. Avec eux, je monte *Les Fridolinades* de Gratien Gélinas. Cette expérience arrive à point nommé pour me sortir d'une période plutôt morose, après le décès de mes parents et le fiasco du *101, Ouest, avenue des Pins.*

J'aime me rendre à l'école tous les jours de la semaine en n'ayant d'autre préoccupation que celle de travailler avec mes élèves et de rentrer le soir à la maison, relire mes notes, revoir ma préparation de cours du lendemain. Après ces dernières années plus rock'n'roll, le téléphone sonne rarement. Encore une fois, j'ai besoin de changement et je n'aspire à rien d'autre qu'à ce quotidien auprès de mes étudiants, auxquels je me sens très attachée. À vrai dire, je leur envie cette chance d'avoir accès à une formation de quatre ans qui leur permettra d'acquérir les outils nécessaires à la pratique de ce métier et à en éviter certains écueils.

André Brassard, alors directeur du théâtre français du Centre national des arts à Ottawa, vient voir le spectacle et me propose de le monter à Ottawa, avec des acteurs professionnels. Je choisis donc Denis Bouchard pour le rôle de Fridolin, interprété à sa création par Gratien Gélinas, Rémy Girard pour jouer tous les rôles que tenait Fred Barry, tandis que Pierrette Robitaille, Suzanne Champagne et quelques autres, tous doués pour la comédie, complètent la distribution. C'est un véritable succès. À la première, Gratien Gélinas, reconnu pour n'avoir jamais permis à quiconque de toucher à son œuvre, semble satisfait. Forte de ce succès, Mme Mercedes Palomino, cofondatrice et directrice du Théâtre du Rideau Vert, veut mettre *Les Fridolinades* au programme de sa saison. Des années plus tard, devenue directrice artistique de ce théâtre, l'idée m'est venue d'y présenter une revue humoristique durant la période des fêtes, comme le faisait M. Gélinas dans les années 1940. Ce sont ces revues mêmes qui ont inspiré Jean Bissonnette pour réaliser les premiers *Bye Bye* au début des années 1960.

Au Rideau Vert, à l'époque des *Belles-Sœurs* et plus tard durant celle des *Fridolinades*, je développe avec Mme Palomino une relation de respect et d'amitié qui a duré jusqu'à sa mort. J'avais débuté comme actrice au Rideau Vert en 1958 avec Yvette Brind'Amour et Mercedes Palomino à L'Anjou avant que le théâtre emménage au Stella en 1960.

Après le décès de Mme Brind'Amour, cofondatrice et directrice artistique, Mercedes Palomino, Mecha pour les intimes, a confié ce poste à son fidèle ami Guillermo de Andréa. Même si elle m'avait laissée entendre qu'elle avait hésité un moment entre nous deux pour reprendre le flambeau, il revenait de droit à Guillermo, et je ne me serais pas vue assumer cette fonction à cette étape-là de ma carrière.

Michelle Rossignol me redemande de travailler avec la classe de finissants de quatrième année, encore une fois des jeunes talentueux.

Je l'ai souvent dit: au Québec, ce ne sont pas les bons acteurs qui manquent, mais les spectateurs pour les applaudir. Autrefois, on considérait les artistes comme des rêveurs impénitents, auxquels on conseillait de s'investir dans une carrière ou un emploi stable. On consacrait sa vie professionnelle au service d'une même entreprise jusqu'à la retraite… Depuis l'effondrement de la sécurité d'emploi, nombre de jeunes choisissent de vivre leur passion, ce qui provoque une croissance de l'offre de véritables talents sur le marché, malgré une demande plutôt stagnante.

Le festival Juste pour rire et les années 1990

En 1991 commence ma relation avec le festival Juste pour rire, qui va s'étendre sur plus de vingt ans. Je suis reconnaissante à Gilbert Rozon de m'avoir toujours laissé carte blanche quant au choix des pièces ou des comédies musicales que j'avais envie de monter. Certains de ces spectacles ont remporté beaucoup de succès, et si d'autres en ont connu moins, je n'ai jamais eu de reproches de la part du *boss*.

En fait, j'ai été choyée par Gilbert, qui m'a fait confiance et s'est toujours montré généreux envers moi. J'ai aussi une belle complicité avec ses sœurs, les jumelles Luce et Lucie, que je revois toujours avec plaisir. C'est à regret que, rendue à quatre-vingt-quatre ans, je me suis résignée à dire à Gilbert que je céderais ma place. Je me sentais moins la force de continuer.

Cette collaboration avec le Festival débute lorsque François Flamand, producteur chez eux, me demande de lire une pièce que plusieurs directeurs de théâtre d'été lui avaient refusée : *Les Palmes de monsieur Schutz*. Je découvre aussitôt dans l'œuvre de Jean-Noël Fenwick un divertissement intelligent, instructif et plein d'humour que je me meurs de monter. *Les Palmes* sont présentées au Théâtre du Nouveau Monde à l'été 1991, dans le cadre du festival

Juste pour rire. Dans la distribution parisienne, Marie Curie parlait avec l'accent parisien. Ici, j'ai demandé à la merveilleuse Sylvie Drapeau de prendre l'accent polonais pour rendre justice aux origines de Marie Curie, née Sklodowska. Quelle n'a pas été ma surprise, quelques années plus tard, de voir Isabelle Huppert au cinéma jouer Marie Curie avec l'accent polonais. Jean-Noël Fenwick, très impressionné par le jeu de Sylvie Drapeau, avait exigé du réalisateur que Mme Huppert joue Marie Curie avec son accent d'origine.

Quelle merveilleuse comédienne que notre Sylvie Drapeau, et quel être attachant ! Je m'explique mal son absence sur nos écrans de télévision. Les réalisateurs craignent-ils qu'une si grande actrice soit capricieuse ou difficile à diriger ? Rassurez-vous, Sylvie est une soie qui accorde sa pleine confiance aux gens avec lesquels elle travaille. Au Rideau Vert, je l'ai vue ouverte et disponible, sous la direction de metteurs en scène aux approches diverses et aux univers opposés, avec lesquels elle entre en parfaite symbiose.

L'année suivante, la direction du Festival me commande une autre pièce. Quoi offrir au public après le succès précédent ? Depuis un bon moment, je pense à un Molière, et mon choix se porte sur *Les Fourberies de Scapin*, dont je transpose le lieu et l'action au sein d'une fête foraine où les personnages sont des artistes de cirque.

En guise de préambule, j'ai en tête un numéro de trampoline où le spectateur ne distinguerait que des acrobates vêtus de blanc et voltigeant dans une lumière diffuse, bleu nuit.

Martin Dignard, père de mon petit-fils Mathieu et directeur de production pour le spectacle, se montre sceptique.

— C'est bien beau, tout ça, mais vous voulez un trampoline de 20 pieds. Je regrette, mais ça n'existe pas. Il faudrait le faire construire et on n'a pas de budget. De toute façon, ça n'entrerait pas sur cette scène. La longueur du trampoline ne doit pas dépasser 14 pieds. Rien à faire, ça ne passera pas.

— Ben, moi, je te dis que ça va rentrer.

— Non, Denise, ça ne fonctionnera pas. Regardez, je vais mesurer l'espace devant vous.

Têtue comme une mule, je lui réponds :

— Laisse, je le ferai moi-même !

Le lendemain matin, trop orgueilleuse pour demander un ruban à mesurer, je suis à quatre pattes en train de mesurer la scène armée de ma petite règle en bois de 12 pouces sous le regard éberlué des techniciens. Bien sûr, l'histoire a circulé dans tout le théâtre et, avec raison, tous se sont un peu foutus de ma gueule.

Mais… hélas, ou heureusement, quand j'ai une idée en tête, rien n'est impossible, tout est réalisable et surtout quand je le veux vraiment… Eh bien, j'ai appris à mes dépens cette fois-là que la volonté ferme et les gros efforts ne sont pas toujours synonymes de réussite. Résultat, il a fallu faire venir le trampoline de 14 pieds de Vancouver, aucun magasin de Montréal n'en avait de cette dimension en stock. Au lieu de quatre acrobates, nous n'en avons eu que deux, ce qui ça n'a pas empêché *Les Fourberies* de connaître un immense succès, grâce au travail de toute une équipe de concepteurs, de techniciens et d'acteurs, Yves Jacques en tête.

Quel acteur, notre Yves Jacques ! Une bête de scène, dont la polyvalence n'a d'égale que le talent. Jerry Lewis, le comédien américain, disait qu'à cause de leur grande sensibilité les acteurs, Marlon Brando en particulier, ont en général la mentalité d'un enfant de sept ans. En ce qui concerne Yves, lorsque je l'ai dirigé pour la première fois, je dirais qu'il avait celle d'un enfant de cinq ans tant je sentais devoir le materner.

Jean Besré, également de la distribution, a offert avec son Géronte une des plus belles performances qu'un acteur puisse donner du personnage. Luc Guérin a également aussi livré un jeu exceptionnel, ainsi que tous les autres acteurs. Malheureusement, je suis plus portée à m'exprimer quand ça ne va pas, et je ne le leur ai pas assez dit quand ça allait bien. J'ai failli envers plusieurs à cet égard, peut-être par pudeur. C'est pourquoi je tente de corriger le tir aujourd'hui.

J'ouvre ici une parenthèse. L'automne de la même année, je monte *Mademoiselle Julie*, de Strindberg, au Rideau Vert, avec Sylvie Drapeau et Luc Picard. La critique de Robert Lévesque m'écorche au passage. Si le critique du *Devoir* était connu et reconnu comme une sommité en la matière, il l'était aussi pour son fiel et sa mauvaise foi notoire en plusieurs occasions. Sur certains points, je lui donne crédit.

Cependant, dans la scène de la nuit de la Saint-Jean, il me reprochait l'ajout de danseurs personnifiant les domestiques qui faisaient la fête dans la cuisine du château de Mademoiselle Julie en exécutant des quadrilles.

Quelques années plus tard, Liv Ullmann signe une mise en scène de *Mademoiselle Julie* et elle aussi a recours à des danseurs pour la scène de la nuit de la Saint-Jean, allant même jusqu'à faire danser Mademoiselle Julie avec ses domestiques ! Aucun critique ne l'a attaquée sur sa conception de cette scène comme M. Lévesque à mon endroit en m'accusant de me croire à Broadway…

Revenons au Festival… La troisième saison apporte encore le problème du choix de la pièce à présenter. Comme disent les Américains : « *Molière is a very tough act to follow.* »

En me cassant la tête pour trouver la pièce me revient à l'esprit une scène familiale à laquelle j'ai assisté en 1956 chez les parents de Roger Joubert à Avignon. Leur fils Roger, installé à Montréal depuis deux ans, passait ses vacances en France en même temps que nous et nous avait invités, mon mari et moi, à souper chez ses parents.

À table, la discussion tourne autour du Petit, alias Roger Joubert, qui aux yeux de ses parents reste le Petit, même s'il frôle la trentaine… Le père en a contre une jeune enseignante d'Avignon, qu'il appelle *avé* l'accent « l'institutrice », sur un ton qui ne ment pas sur ses sentiments à l'endroit de la jeune femme. Le crime dont l'institutrice se rend coupable, c'est que le Petit lui consacre beaucoup plus de temps qu'à ses parents. Et le père Joubert de se demander ce que son fils peut bien trouver de plus à cette institutrice qu'à sa famille et si le *pôvre* enfant n'est pas devenu complètement *fada* depuis qu'il habite au Canada, où le froid lui aura gelé le cerveau ! Elvire, sa maman, laisse discourir son mari, hochant la tête et en ajoutant ici et là des : « Et voué avé mon mari, on se languit du Petit depuis qu'il est parti à l'estranger. »

Jacques et moi nous amusons de cette scène pourtant très touchante, mais si drôle. Roger nous fait signe de ne pas y accorder d'importance, car les récriminations de son papa semblent monnaie courante. On aurait dit qu'à cette heure de la journée il fallait que ça sorte. Jacques me souffle alors à l'oreille :

— On dirait du Pagnol.

Trente-sept ans plus tard, à l'été 1993, je décide de monter *Marius et Fanny*, de Marcel Pagnol, dont l'œuvre connue de par le monde dépeint sa Provence natale, avec ses petites gens fidèles aux traditions et dont l'âme s'exprime dans une langue à l'accent qui chante et témoigne de tout l'amour qu'il leur porte. Il me semble que les Québécois se reconnaissent dans ces personnages simples et nobles de cœur. En 1993, Roger Joubert, l'enfant du pays, a pris de l'âge et est devenu le portrait craché de son père Gaby, qui m'avait tant évoqué César. Ce rôle lui revenait.

Marius et Fanny ont ravi le public cet été-là. Le critique du journal *La Presse* n'a pas pu s'empêcher d'écrire que « Roger Joubert n'avait pas encore bien saisi son personnage ». *Peuchère*, qu'est-ce qu'il ne faut pas lire…

Dans les années 1930, à la sortie des films *Marius* et *Fanny*, l'histoire d'amour entre les jeunes gens faisait pleurer dans les chaumières, alors que dans les années 1990, au théâtre, la relation entre le père, César, et son fils, Marius, touchait davantage le public, en particulier les hommes. Était-ce dû au phénomène des pères manquants étant donné les séparations et les divorces de plus en plus fréquents ? De voir un père témoigner de l'amour à son fils et le prendre dans ses bras remuait ce public d'hommes, issus d'une génération où l'éducation et la pudeur refrénaient les effusions sentimentales.

Petite anecdote lors du Pagnol. Dans une scène, César, au tempérament bouillonnant et théâtral, se dispute avec son vieil ami Panisse au sujet de son projet de mariage avec Fanny. Aux yeux de César, Fanny est promise à Marius, qui, parti en mer, l'épousera à son retour. Pas question que Marius cède sa place à ce « vieillard ». Et les voilà au milieu d'une engueulade où, dans le feu de l'action, César sort un vieux fusil et menace Panisse. On entend le coup partir accidentellement et rater sa cible, au grand soulagement des deux compères qui se rabibochent.

Martin Dignard, le directeur de production, et Lyne Dufresne, la directrice du théâtre St-Denis, m'ont raconté que, lors d'une représentation, César, joué par Roger Joubert, prend l'arme pour tirer. Aucun son ne sort du fusil, dont Martin avait truqué le mécanisme. Le lendemain, durant l'entracte, Martin va dans la cour arrière, entre le St-Denis 1 et le St-Denis 2, pour vérifier le mécanisme du faux *gun*. Après quelques manipulations, il tire en l'air à répétition pour s'assurer que l'accessoire fonctionne bien. Puis il retourne dans la salle pour la seconde partie de la pièce, quand deux agents de police, informés de sa présence dans le théâtre, se ruent sur lui et, sans ménagement, le sortent devant tout le monde. Ils l'emmènent dans la voiture de police, et le voilà soumis à un interrogatoire en règle. À force d'explications, il parvient à leur faire comprendre l'origine et la raison des faux coups de feu. Les policiers avaient cru à un échange de tirs entre gangs de rue à l'arrière du théâtre. Martin se rappelle que, pour ajouter à cette humiliation, la chaleur extrême de cette journée l'avait contraint à emprunter dans un stock de costumes un bermuda deux fois trop grand qui lui donnait l'allure d'oncle Georges. Sa crédibilité en tant que directeur de production en a pris un coup auprès des policiers.

Pour l'hiver 1993-1994, Louise Duceppe, directrice générale de la Compagnie Jean Duceppe, me propose de monter *Les Belles-Sœurs.*

J'avais de beaux souvenirs d'avoir travaillé comme comédienne du temps où son père Jean dirigeait le théâtre. Il prenait grand soin de ses acteurs et, chez Duceppe, je me suis toujours sentie chez moi. Je suis donc d'autant plus heureuse d'y revenir comme metteure en scène, parce que Michel Dumont, directeur artistique, ainsi que Louise et Monique, les filles de Jean, ont hérité de ce respect et de cet amour des acteurs dont tous les artisans du métier témoignent.

Quant à la générosité légendaire de Jean… En 1978, pendant que nous étions en répétitions pour *Les Après-midi d'Émilie*, avec Gaétan Labrèche, le père de Marc, à la mise en scène, Jean nous offre un voyage de trois jours à New York et nous prend des places pour la comédie musicale *Chicago*! Je suis tombée amoureuse sur-le-champ de Bob Fosse, que j'ai admiré comme chorégraphe, metteur en scène et cinéaste jusqu'à sa mort en 1987. *Chicago* mettait en vedette la célèbre danseuse Gwen Verdon, sa femme, qui a terminé sa carrière à Broadway avec cette production. Dans les années 1990, en hommage à Fosse, Ann Reinking, sa maîtresse, a remonté *Chicago* en version concert, c'est-à-dire sans livret, seulement avec les chansons et les chorégraphies du maître. Cette production a tenu l'affiche pendant des années.

À l'été 1994, je propose à François Rozon, le frère de Gilbert, qui dirige cette année-là le volet théâtre, de monter le célèbre *Bourgeois gentilhomme.* François, qui est d'accord, me met toutefois en garde.

— Le spectacle va coûter très cher à produire, il nous faut un gros nom pour jouer le bourgeois si on veut que la production soit rentable. As-tu quelqu'un en tête ?

— Bien sûr, j'ai Benoît Brière, un peu jeune pour le rôle, mais il a beaucoup de maturité.

— Bravo, le public l'adore ! On a un autre problème... Tu as vingt-quatre acteurs, danseurs et acrobates, et les loges du St-Denis 2 n'en contiennent que dix. Où vas-tu tous les mettre ? Tu ne peux quand même pas les faire camper dehors dans les champs comme à l'époque de Molière !

Eh bien, oui, ils ont campé ! Encore une fois, la résolution du problème revient à Martin Dignard, le directeur de production. Nous distribuons les loges du théâtre aux acteurs (ils sont moins nombreux) et installons les actrices et les danseuses dans une grande roulotte non pas plantée dans un champ, comme au temps de Molière, mais au beau milieu du stationnement extérieur à l'arrière du théâtre ! La roulotte trône parmi les unités mobiles son et télé du St-Denis 1, les stands, le bar et les moniteurs pour retransmettre la pièce.

Les actrices ont un fun noir dans cette roulotte, même si ce n'est pas évident de courir du stationnement vers l'entrée des artistes, d'aller jouer leur scène et de revenir à la roulotte pour attendre leur prochaine intervention. Impossible de demeurer en coulisse, la place est comptée au centimètre. Les actrices se font souvent apostropher au passage par les clients anglophones des galas Just for laughs du grand St-Denis 1. Ça paie de voir ces messieurs au bar, parfois un peu éméchés, qui *cruisent* les actrices qui, elles, courent comme des poules sans tête d'un bout à l'autre de la ruelle en costumes d'époque.

Circulent aussi les livreurs de bouquets de fleurs, en plus des parents, des amis et des fans qui font la queue pour féliciter les actrices après le spectacle. En cet été beau et chaud de 1994, nous avons la température de notre bord, ce qui donne à tout ça des airs de fête foraine où, tous les soirs après la représentation, le party est pogné !

Hélas, les étés se suivent, mais ne laissent pas tous la même empreinte. Pour la saison 1995, toujours dans le cadre du Festival, on met à l'affiche *Le Dîner de cons*, de Francis Veber.

Je lui avais écrit quelques années auparavant pour lui faire part de mon admiration pour son travail et de mon désir d'échanger avec lui sur les différents aspects de la comédie lors de mon prochain séjour à Paris. Il m'avait répondu aussitôt : « Vous avez bien fait de jeter cette bouteille à la mer et j'aimerais également vous connaître. »

La rencontre s'était produite dès mon arrivée à Paris et, après avoir échangé sur ce qui déclenche le rire, il m'avait invitée à aller le rejoindre aux Sables-d'Olonne, où il passait des vacances en famille, pour que nous puissions travailler ensemble à un sujet de film. Malheureusement, ce projet ne s'est pas concrétisé. Los Angeles, où il a vécu plusieurs années, le réclamait et, moi, j'ai dû rentrer à Montréal, ma mère étant souffrante.

Quant à ce *Dîner de cons*, il faisait un triomphe sur scène à Paris avec Jacques Villeret et Claude Brasseur.

J'ai beau retenir pour l'été 1995 de merveilleux acteurs comme Guy Nadon et Luc Guérin, la mayonnaise ne prend pas, comme on dit. Honnêtement, les acteurs n'y étaient pour rien, le public n'a pas suivi. À la première lecture du texte, d'instinct, je sentais que les Québécois auraient du mal à s'identifier à cette histoire très parisienne où l'hôte et ses comparses se moquent d'un pauvre bougre un peu bébête. Le public ne se reconnaissait pas dans ces personnages de Parisiens bourgeois, snobs et arrogants du 16e arrondissement. Et le film qui devra son immense succès au grand Jacques Villeret n'existait pas encore.

En 2004, quand *Le Dîner de cons* a été présenté au théâtre d'été dans les Laurentides, ça a marché, le public avait dorénavant le film comme référence. Mieux, quelqu'un a eu l'idée de transposer l'intrigue et les personnages au Québec, et la pièce a eu du succès.

L'hiver 1995-1996, je monte *Demain matin, Montréal m'attend* au théâtre St-Denis, comédie musicale de Michel Tremblay et de François Dompierre. Une production beaucoup plus imposante que celle à laquelle j'avais participé au début des années 1970.

J'avais joué le rôle de Lola Lee à la création. Un personnage de fille de club qui me faisait revivre une époque difficile où je ramais pour me tailler une place. Les quatre semaines qu'avaient duré les répétitions, quand venait pour moi le moment de chanter *La Complainte de Lola Lee*, les paroles de Tremblay et la musique de Dompierre me remuaient tellement que je finissais toujours la chanson en braillant.

Quelques camarades de la distribution disaient :

— Elle pleure parce que ces paroles-là racontent sa vie.

En partie seulement, parce que, quand Tremblay fait dire à Lola Lee qu'il « faut écraser les autres pour y arriver », ça ne me ressemble pas du tout. Ce n'était pas dans mon tempérament d'écraser quiconque pour réussir et, à cette époque, il n'y avait personne à écraser. Personnellement, j'avais plus d'ambition que le personnage de Lola Lee, je rêvais de sortir de ce milieu des clubs de nuit que je détestais, alors que Lola Lee aspire à demeurer reine de la *Main.*

Pourtant, en répétition, je recommençais malgré moi à pleurer en revivant ces moments de peine, de misère, d'humiliation vécus avant de devenir dix ans plus tard la Lola Lee de Michel Tremblay dans *Demain matin, Montréal m'attend.*

1996, à l'affiche du festival Juste pour rire, *Les Leçons de Maria Callas,* avec en vedette Patricia Nolin que certains dans le milieu avaient rebaptisée Capricia Nolin. Elle passait pour une actrice au tempérament difficile et je ne la trouvais pas très souple à diriger. Avec ma réputation de metteure en scène exigeante et pas commode, le milieu artistique a dû en jaser un coup sur notre association. Notre travail a été ponctué de bonnes prises de bec et de fortes discussions autour du personnage de Maria Callas. Cependant, je n'ai jamais remis en cause le grand talent de Patricia. Je sentais son insécurité. Je la comprenais d'autant plus que j'en étais moi-même affligée. On a beaucoup exagéré le malentendu entre nous deux.

Je me suis vue attribuer l'étiquette « pas facile de travailler avec elle », et cette réputation a été alimentée de ragots colportés à droite et à gauche, et de beaucoup d'histoires amplifiées ou carrément inventées.

J'avoue que, sur la défensive, j'élevais la voix souvent alors qu'on ne m'attaquait pas. Je pense que mon attitude prenait sa source dans les coups durs et les humiliations vécues, et se nourrissait de la crainte de l'échec.

On m'a fait comprendre que je faisais peur aux comédiens. Mais personne ne se doutait que j'avais plus peur qu'eux ! Heureusement, mes proches m'ont aidée à tempérer mes ardeurs. Je crois arriver à maîtriser davantage mes émotions et mes angoisses. Mes équipes savent que je les apprécie et surtout que je les aime. Cette affection pour plusieurs d'entre elles dure depuis des années. Je suis loyale.

Patricia Nolin a fait un triomphe avec *Les Leçons de Maria Callas*. Terrence McNally, l'auteur, a assisté à quelques répétitions et à une des représentations. Le soir où il a vu la pièce à Montréal, j'étais à Cannes. Il m'a téléphoné pour me dire que c'était la meilleure Callas et la meilleure production qu'il ait vues depuis New York.

Quelques années plus tard, j'ai remonté cette pièce au Rideau Vert avec Louise Marleau, qui y était aussi excellente.

Quand je dis que ce ne sont pas les bonnes actrices qui manquent au Québec !

En 2002, toujours dans le cadre du Festival, *Irma la douce* prend l'affiche avec Karine Vanasse et Serge Postigo. Serge sait jouer, chanter et danser, c'est un artiste complet dont j'ai apprécié le talent dans plusieurs productions.

Karine Vanasse passe une très bonne audition, mais je ne veux pas la prendre. Même convaincue de son talent, je la trouve beaucoup trop jeune à dix-sept ans pour jouer Irma, une femme qui a du vécu. Marc Poulin, le producteur, tient mordicus à Karine et, après de nombreuses discussions, je cède. Karine a dû en arracher au début des répétitions, car je ne la lâchais pas d'une semelle, mais c'est une travailleuse et, devant une telle volonté d'y arriver, je me suis inclinée. Reste qu'elle n'a que dix-sept ans, il lui manque la maturité et le vécu que requiert le personnage. J'ai assisté à la création d'*Irma la douce* à Paris, en 1956, avec Colette Renard dans le rôle d'Irma et, fascinée, j'avais insisté pour visiter tous les recoins de la place Pigalle avec mon mari. Donc, cinquante ans plus tard me vient l'idée d'emmener Karine à Paris, de lui faire connaître les lieux et les personnages qui ont inspiré les auteurs Alexandre Breffort et Marguerite Monnot.

Je demande à Gilbert Rozon de payer le transport. Où loger ? Je téléphone à Clément Duhaime, délégué du Québec à Paris, et demande si on peut nous héberger. Clément, qui a tant accompli pour la culture et les artistes québécois de passage ou encore à demeure dans la Ville lumière, accepte avec plaisir. Cet homme exceptionnel demeure un ami. J'aimerais en profiter pour rendre également hommage à Yves Michaud, lui aussi un amoureux des arts et de la culture, qui m'a souvent reçue à la délégation du Québec dans les années 1980 alors qu'il était en poste. Un homme d'une grande érudition, affable et généreux.

Le lendemain de notre arrivée à Charles-de-Gaulle, nous voilà, Karine et moi, place Pigalle, à la recherche de ces dames. Depuis les années 1950, le tableau a complètement changé, les travailleuses du sexe viennent pour la majorité d'Europe de l'Est et on croise nombre de Russes, de Polonaises, de Roumaines.

Où sont les Françaises ? Ironie du sort, elles attendent le client confortablement assises au volant de leurs grosses Mercedes stationnées juste au pied de l'immeuble où nous logeons, avenue Foch, une des plus belles de Paris. Ces dames ne travaillent plus pour un mac, mais à leur propre compte. Rien à voir avec le Pigalle d'*Irma la douce.*

Heureusement, en poursuivant nos recherches auprès des commerçants du faubourg Saint-Denis, on aboutit dans une petite rue où travaillent encore quelques Françaises. Elles ne sont plus toutes jeunes. Tant mieux, je cherche celles qui ont sûrement connu quelques consœurs d'Irma dans leur jeunesse, car on ne devient pas péripatéticienne à cinquante ans.

Je m'adresse à l'une d'elles, lui explique notre projet, et elle nous conduit dans un petit bar où elle et quelques copines vont fumer une cigarette ou boire un verre de blanc entre deux clients. Je leur pose plusieurs questions sur les réalités du métier au temps d'Irma, Karine en pose des tonnes également, et ces femmes tout heureuses de voir qu'on s'intéresse à leur passé et à leur métier sont ravies de nous renseigner. Intriguées par le fait que cette ingénue personnifie une des leurs sur une scène québécoise, elles sont d'une générosité qui a permis à Karine de nourrir son personnage.

Steve Martin

J'ai connu France Lauzière au festival Juste pour rire, comme assistante de François Flamand à la production des *Palmes de monsieur Schutz*, que nous avions reprises au St-Denis 2. En plus de son travail, France s'intéressait à tous les aspects du métier, elle aidait les artistes pour l'habillage et, tous les soirs, le rideau tombé, on la retrouvait en train de repasser les costumes de Marie et Pierre Curie. C'était une travailleuse acharnée, et on sentait qu'elle réussirait, car elle en voulait, comme on dit dans le métier. En 1997, elle est devenue l'assistante d'Andy Nulman, producteur de la pièce de Steve Martin, *Picasso au Lapin agile*. Nous allons toutes les deux à San Francisco voir ladite pièce. France tombe aussitôt amoureuse de l'œuvre. Moi, j'ai quelques réserves.

La pièce me plaît beaucoup, mais je m'interroge. Cette rencontre fictive entre Picasso qui planche sur son célèbre tableau *Les Demoiselles d'Avignon* et Einstein qui élabore sa théorie de la relativité saura-t-elle captiver l'auditoire d'un spectacle en été? France y tient absolument, et le succès remporté par la production lui a donné raison.

D'assistante au contenu à productrice et, aujourd'hui, vice-présidente programmation, Groupe TVA, et vice-présidente principale, Québecor Contenu, France Lauzière a un parcours exceptionnel.

Pour en finir avec *Picasso au Lapin agile*, la direction du Festival m'a offert de rencontrer l'auteur de la pièce, Steve Martin. À Los Angeles, je fais la connaissance d'un homme très séduisant, timide et réservé comme les femmes les aiment. Un intellectuel passionné de peinture et de Picasso dont il possède une des œuvres selon la rumeur. Nous parlons travail tout l'après-midi, nos regards témoignent du courant qui passe entre nous. Vers la fin de cet entretien, il jette un œil à sa montre et me demande ce que je fais pour… Il n'a pas le temps de finir sa phrase qu'Andy Nulman, le producteur qui me pilote en Californie, l'interrompt.

— Denise, *don't forget we're having dinner at seven…*

J'aurais voulu le taper! Je suis certaine que le beau Steve se préparait à m'inviter à dîner. Peut-être est-ce le fruit de mon imagination? Je ne le saurai jamais.

En plein tournage, il n'a pas pu assister à la première montréalaise. Toutefois, j'ai reçu un très beau bouquet de fleurs de la part de ce gentleman. Vers la fin des représentations, à ma grande surprise, il m'a téléphoné à Cape May, où je passais quelques jours de vacances. Il se trouvait à Cannes et cherchait le moyen de faire escale à Montréal entre Nice et Los Angeles pour voir la dernière représentation. Hélas, ça n'a pas fonctionné et je n'ai pas eu l'occasion de revoir ce grand de six pieds deux et aux yeux bleus qui gratte le ukulélé en souriant.

En haut: patinage au lac aux Castors.
En bas: avec Rita Lafontaine dans *Le soleil se lève en retard*, film d'André Brassard (1977).

En haut : au Festival de Cannes pour *Fantastica*, de Gilles Carle, avec Lewis Furey, Serge Reggiani et Carole Laure.
En bas : à Québec, avec le premier ministre canadien Pierre Elliott Trudeau, à la première du film *Les Plouffe*.

Les Plouffe de Gilles Carle. De gauche à droite : Juliette Huot, Gabriel Arcand, Denise Filiatrault, Serge Dupire et Pierre Curzi. Au centre : Émile Genest.

En haut, à gauche : avec Bénito, en 1968.
En haut, à droite : en vedette d'une publicité de Diet Pepsi.
En bas : au Festival de Cannes, avec le comédien et réalisateur Daniel Duval.

En haut, à gauche : avec Jean Duceppe.
En haut, à droite : avec Jean Duceppe.
En bas : avec Linda Roy, dans *La Ménagerie de verre* de Tennessee Williams, à la NCT.

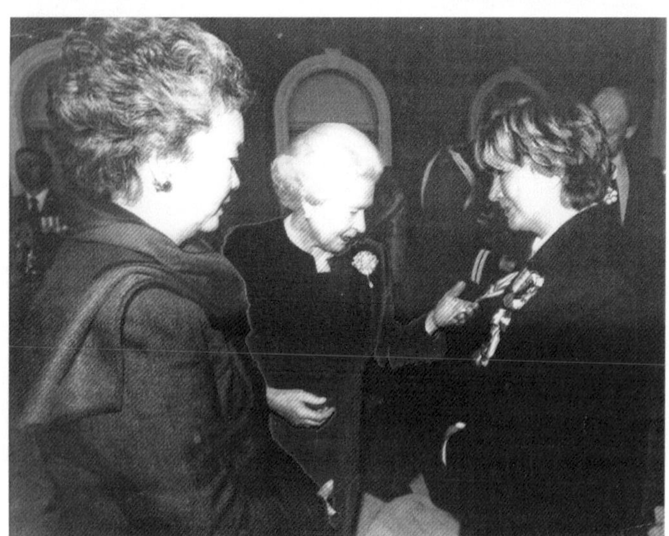

En haut : avec Gérald Godin et Claude Charron, 1976.
Au centre : avec Lise Payette.
En bas : avec Sa Majesté la reine Élisabeth II et Son Excellence la très honorable Adrienne Clarkson, 2002.

En haut, à gauche : avec Pierrette Robitaille.

En haut, à droite : avec les comédiennes de la série télévisée *C't'à ton tour, Laura Cadieux.*

Au centre à gauche : à l'occasion de ses 80 ans, avec Danièle, Sophie et Jean-François Pichette.

Au centre à droite : avec Mercedes Palomino, surnommée « Mecha », cofondatrice du Théâtre du Rideau Vert.

En bas : *Les Belles-Sœurs* au Théâtre Jean-Duceppe, 1993. De gauche à droite, 1er rang : Sylvie Dubé, Monique Joly, Danielle Lecourtois. 2e rang : Denyse Chartier, Renée Cossette, Adèle Reinhardt, Francine Ruel, Michel Tremblay, Béatrice Picard. 3e rang : Denise Filiatrault, Jasmine Dubé, Sophie Lorain, Pauline Martin, Nicole Leblanc, Danièle Lorain, Sonia Vachon et Pierrette Robitaille.

En haut, à gauche : avec Danièle et Sophie.
En haut, à droite : Mathieu Lorain Dignard.
Au centre, à gauche : Danièle, Isabelle Péladeau et Sophie.
Au centre, à droite : Sophie.
En bas : Denise et Danièle.

Le cinéma, prise 2

Avant d'aborder mes débuts comme cinéaste, il m'est revenu un épisode particulier auquel j'ai repensé en allant à l'ouverture du Festival des films du monde, cuvée 2016. Je voyais son directeur, Serge Losique, se démener comme un diable dans l'eau bénite pour réaliser la quarantième édition de cet événement. Je dois dire que j'admire le courage, le *guts* et peut-être même l'inconscience de cet homme qui, à quatre-vingt-cinq ans, envers et contre tous, refuse de lâcher le morceau.

Je pensais à un des tout premiers festivals des années 1960, où le Tout-Montréal accourait au cinéma Loews. J'avais assisté au film présenté en ouverture, rien de moins que le chef-d'œuvre de Fellini *La Dolce Vita.*

Dans une scène mythique, le merveilleux Marcello Mastroianni et la sculpturale Anita Ekberg sont devant la fontaine de Trevi. Anita Ekberg, sanglée dans un fourreau de velours noir décolleté, sa chevelure blonde en cascade sur ses épaules nues, ondule telle une sirène debout dans le bassin de la fontaine pour séduire Marcello. Cette scène reste gravée dans la mémoire de tous les cinéphiles comme l'une des plus belles du cinéma italien. Trente ans plus tard, à Paris, ma copine et attachée de presse Nicole Liss me demande de l'accompagner pour aller chercher Anita Ekberg à son hôtel et la conduire à une exposition organisée par les photographes de cinéma dont elle est l'invitée d'honneur.

Comme Mme Ekberg ne parle pas français et que Nicole ne parle pas anglais, je rendrais bien service à mon amie en l'accompagnant.

Me voilà donc dans une petite Citroën mieux connue sous le nom de deux-chevaux, en route vers l'hôtel de Mme Ekberg. La rumeur voulait qu'elle ait été entretenue pendant des années par Giovanni Agnelli, le magnat de

Fiat. J'imagine donc qu'on se dirige vers le Crillon ou le George V, mais quand Nicole s'arrête dans une rue sombre d'un quartier populaire de Paris, devant un petit hôtel modeste, je me dis qu'elle se trompe. Au moment de descendre de voiture, je demande :

— Tu es certaine que c'est ici ?

— Bien sûr.

— Mais voyons, Nicole, on parle d'Anita Ekberg, la vedette de *La Dolce Vita*.

— Oui, Denise, mais c'était il y a trente ans…

Puis elle entre dans l'hôtel, pour en ressortir au bout de quelques minutes avec la star que je trouve encore belle malgré quelques kilos en plus, le visage un peu bouffi probablement par l'alcool. Selon une expression des Français que je n'aime pas beaucoup, elle a de beaux restes.

Nicole me la présente, et Mme Ekberg me prend pour l'assistante de cette dernière. Je lui cède ma place à l'avant, elle me regarde à peine. Vêtue d'une grande cape noire à capuchon, elle s'installe. Dans cet habitacle exigu, elle se sent coincée à cause de sa taille et de la cape qui occupe beaucoup d'espace. Sur un ton qui ne souffre pas de réplique, elle me demande en anglais de l'aider à passer la cape par-dessus le dossier du siège et de la tenir. Je ne suis pas certaine de bien comprendre l'anglais avec un accent suédois, alors je la fais répéter, ce qui l'exaspère, et Nicole également.

— Pourtant, tu m'as bien dit que tu parlais anglais.

— Oui, mais pas celui-là !

Et je tiens la cape à bout de bras pour éviter qu'elle se froisse.

La vedette demande qu'on arrête la voiture sur-le-champ. De peine et de misère, elle finit par s'extirper du véhicule, puis elle soulève sa cape et envoie le pan de tissu vers l'arrière en se rassoyant sur le siège avant. Elle m'ordonne presque de lui tendre le capuchon, qu'elle noue à son cou tandis que je reste les deux mains en l'air, tenant la cape telle la traîne d'une souveraine. Mais comme elle a reculé son siège afin d'avoir de l'espace pour ses longues jambes, moi, derrière, j'ai les miennes sous le menton. Je fais mon grand possible, la cape à bout de bras, pour ne pas étrangler la star en tirant sur le tissu chaque fois que Nicole tourne les coins de rue sur les chapeaux de roues. Je bascule d'un côté et de l'autre, la vedette m'engueule et semble dire que je ne connais pas mon métier. Quand nous arrivons enfin, elle descend de voiture tant bien que mal. Je la suis en soulevant la traîne de Sa Majesté. Madame se dirige avec Nicole vers l'exposition, pendant que moi, encore secouée par la route, je me retiens pour ne pas vomir. Je décide de rentrer à pied pour me remettre de mes émotions. Cet épisode à la fois drôle et d'une grande tristesse m'a perturbée un bon moment. La dolce vita d'une étoile qui n'a que sa beauté à offrir est éphémère et triste à mourir. Combien d'hommes ont rêvé d'Anita Ekberg dans la fontaine de Trevi ? Les outrages du temps achevaient de noyer la beauté suédoise dans la fontaine de l'anonymat.

Cette scène me renvoie à une réplique de Tremblay dans *Demain matin Montréal m'attend*: « La côte que tu montes à pied, t'as redescends en bécyc', ma p'tite fille. »

Sa Majesté, la vraie

Au début des années 2000, lors d'un voyage de la reine Élisabeth II au Canada, je reçois une invitation de la gouverneure générale Adrienne Clarkson pour un brunch à Ottawa, en l'honneur de Sa Majesté. J'y suis invitée en tant que membre de l'Ordre du Canada. Je préviens tout de suite les lecteurs que je ne mange pas à tous les râteliers. J'ai de très chers amis dans les deux camps, que j'ai connus et fréquentés au cours de ma vie, et chacun sait à quelle enseigne je loge. Et même si je suis souverainiste, je ne signerai jamais de chèque en blanc à aucun chef, à moins que M. Lévesque me fasse un signe de l'au-delà.

Disons que la petite fille de la rue Cartier est curieuse d'assister à cet événement mondain organisé par Mme Clarkson, que je connaissais déjà comme journaliste. Sitôt que mon petit-fils, alors âgé de seize ans, et moi arrivons, debout en rang d'oignons et au garde-à-vous, nous attendons d'être présentés à Sa Majesté. Rendue à ma hauteur, la reine se penche vers moi et soulève le ruban duquel pend la médaille du gouverneur à mon cou, l'examine et s'enquiert auprès de Mme Clarkson de la signification de cette décoration. (Je portais aussi mes décorations du Québec.)

Pendant que celle-ci le lui explique, un souvenir me revient qui me ramène en 1951. J'ai vingt ans et je rêve de princes charmants, de reines et de princesses. Par un après-midi frisquet d'automne, avec ma cousine Rita, je vais me geler les pieds au bord du trottoir de la rue Dorchester à attendre la jeune reine Élisabeth, qui défile en décapotable, accompagné du prince Philippe qu'elle a épousé quatre ans plus tôt. Rita et moi avions convenu qu'elle était plus belle en personne qu'en photo et qu'elle avait un teint de pêche. Mon esprit revient aussitôt dans la salle de réception où la reine va maintenant arriver devant mon petit-fils qui lui tend la main, et moi, entre les dents : « J't'ai pourtant dit d'attendre que le geste vienne d'elle-mê... » Trop tard, elle lui serre la main tendue, le gratifie d'un sourire et poursuit vers les autres invités.

Assise à une table voisine de Sa Majesté, je partage le repas avec les gens de sa suite. Un moment fort agréable en compagnie de ces *British* pas snobs pour deux sous, à l'humour fin et de bon goût, riant de bon cœur à nos blagues. Vers la fin du repas, ils m'invitent tous à leur rendre visite dans leurs familles si jamais je m'arrête à Londres, si bien que j'ai vraiment l'impression d'avoir dîné avec les *mononcles* de ma jeunesse. Quand je m'apprête à leur laisser mes coordonnées qu'ils me réclament, je jette un coup d'œil à la table de la reine. Soudain, Sa Majesté se lève et, sans prévenir, elle traverse la grande salle à manger d'un pas assuré et se dirige vers le jardin. En un éclair, je vois toute sa suite, les uns la fourchette prête à piquer dans l'assiette, les autres à moitié debout, qui s'empressent d'avaler leur dernière bouchée et déposent leur serviette de table dans l'assiette à pain, car ils ne lâchent pas la reine des yeux, pressés qu'ils sont de la rattraper. Presque tous les invités suivent Sa Majesté en courant. Les *mononcles* de ma table prennent quand même le temps de me faire des bye-bye en courant vers elle comme des poules la tête coupée, alors que, moi, je reste assise et mange mon dessert. Je trouve cette journée d'automne trop froide pour aller prendre des photos. Louis Garneau a un cliché qui a fait le tour du monde alors qu'il passe son bras sur les épaules de Sa Majesté. Une entorse au protocole, soit. Encore une fois, Sa Majesté semble sourire de bon cœur.

Je réalise mon premier film

1999. Denise Robert a beaucoup compté dans ma vie, elle m'a donné ma première chance comme réalisatrice au cinéma. Un jour, Maurice Attias, distributeur du film *Les Plouffe* à Paris, au fait de mon amitié avec Michel Tremblay, me téléphone pour avoir des renseignements au sujet de son roman *La grosse femme d'à côté est enceinte*. Il a comme projet de le produire à l'écran. Je sais que les droits sont déjà retenus et lui suggère *C't'à ton tour, Laura Cadieux*, un succès en librairie et au théâtre. Je lui parle dans les grandes lignes de l'œuvre et de son personnage central. M. Attias s'y intéresse et voudrait la coproduire avec Denise Robert et, du même souffle, me propose d'en écrire le scénario.

— Ça m'intéresse, mais qui va réaliser le film ?

— Vous, évidemment !

Je suis sans voix.

— Mais, monsieur Attias, je sais jouer, chanter, mettre en scène au théâtre et à la télévision, et faire des claquettes à l'occasion, mais je n'ai jamais réalisé de film de ma vie !

— Et alors ? Il y a toujours une première fois.

Il me présente Denise Robert, dont la réputation de productrice est établie depuis ses films avec Léa Pool. De son côté, Denise ne tient à travailler qu'avec Daniel Louis, son associé de longue date. J'apprends que malheureusement Maurice Attias, à titre de distributeur, ne peut produire de film sans s'associer à un producteur reconnu. Il se retire donc du projet, et Denise Robert demande à lire le roman pendant ses vacances de Noël en Inde. J'attends son retour avec impatience. Le roman lui plaît, et elle veut m'entendre sur le scénario que j'ai en tête. Comme elle est franco-ontarienne, je présume que le monde de Tremblay ne touche pas les mêmes cordes en elle. Et comme je le faisais au temps de mes séries à la télévision, pour convaincre ma future productrice, debout au milieu de la pièce, je joue tous les personnages de mon scénario en me disant : « Tu ne crois pas que tu as passé l'âge de faire un show pour vendre ta salade ? »

J'ai dû donner un bon show, elle a accepté de produire le film. Denise relate cet épisode en me décrivant montée sur une chaise, jouant tous les personnages du film. Je ne me souviens pas de m'être rendue jusque-là, mais si elle le dit… Et puis, j'étais si énervée…

Nous devons choisir notre Laura Cadieux et faire passer des auditions. Denise Robert a déjà Ginette Reno en tête pour le rôle de Laura. J'hésite. Ginette passe une excellente audition. C'est mon premier film, je ne me sens pas si sûre de moi, je n'ai besoin de personne pour me mettre sur les nerfs, je sais très bien le faire toute seule. Je connais Ginette par cœur et la trouve attachante, j'admire la grande chanteuse et la très bonne actrice. Mais sur un plateau, *she's the life of the party*, un personnage qui requiert beaucoup d'attention. Ginette possède un répertoire inépuisable d'histoires salées dont elle abreuve l'équipe technique et les comédiens qui ne demandent pas mieux, alors bonjour la concentration !

Ginette Reno sera Laura Cadieux et, il faut lui rendre justice, dès que la caméra s'allume, elle reprend son personnage et travaille très bien. Marc Larose, le premier assistant, saura comment maintenir l'ordre sur le plateau. Incontestablement, Ginette a habité le personnage et s'est montrée généreuse avec toutes les actrices de la distribution. Je l'ai vue médusée devant le génie comique de Pierrette Robitaille, lors d'une scène de la fin du tournage où tout le monde sur le plateau se retenait d'éclater de rire. Ginette aussi peinait pour garder son sérieux. Difficile de résister à Pierrette. Elle se donne corps et âme au personnage. D'une profonde humilité, talentueuse et si généreuse, Pierrette Robitaille ne peut que susciter l'admiration et l'amour du public.

J'ai un côté tit *boss* de bécosse, le plus souvent déclenché par la peur, alors, comme un petit chien nerveux, je jappe fort pour tromper ma frayeur.

Denise Robert aussi affiche un côté *boss*, on comprend que ça relève du rôle d'une productrice de prendre des décisions sur un plateau, mais n'est-ce pas également le cas pour la réalisatrice ? Le problème consiste à reconnaître les limites de chacune. Heureusement, à force de discuter, on finit toujours par s'entendre. Je m'intéresse peu au volet coûts de production et je n'y connais pas grand-chose. Quoi qu'on me dise, je suis bien forcée de faire avec, c'est mon premier film. Quant à Denise Robert, elle a la production dans le sang et ne ménage pas ses efforts pour assurer le succès d'un film. Comme on dit chez nos voisins du Sud : « *She doesn't take no for an answer.* »

Si elle croit en votre projet, elle ira jusqu'au Vatican pour convaincre le pape qu'il faut tourner dans ses appartements. Et si le Saint-Père pouvait se délester de quelque costume d'apparat pour servir à la production…

Malgré les quelques divergences que nous avons eues, j'ai le plus grand respect pour Denise, qui est une femme généreuse et une productrice compétente.

Laura Cadieux fait l'objet d'un second film dont l'action se déroule sur un bateau de croisière. Ce *spin-off* a bien marché et, personnellement, je l'ai préféré au premier. Forte de l'expérience du premier film, je me sentais beaucoup plus à l'aise sur le plan technique. Ginette se montrait très disciplinée. Les actrices, comme toujours, ont offert le meilleur d'elles-mêmes. Ma Pierrette Robitaille que j'aime comme ma troisième fille, ma Sonia Vachon si fragile, ma petite Adèle Reinhardt, actrice sublime qu'on ne voit pas assez à la télévision, tout comme Mireille Thibault et Denise Dubois, actrice tout en nuances. Pour le premier film, Denise était venue de Québec en autobus pour auditionner. Je la voulais à tout prix, mais les producteurs et distributeurs lui préféraient un nom plus connu. Je m'étais résignée et, quand le « nom » a décidé de ne plus faire le film, j'ai joint Denise Dubois qui n'espérait plus. Je profite de ces pages pour remercier Guy Gagnon, anciennement d'Alliance Vivafilm, le distributeur de *Laura Cadieux*. J'appréciais beaucoup Guy. Il aimait le cinéma québécois, croyait au projet et mettait tout en œuvre pour que *Laura Cadieux… la suite* obtienne du succès.

Laura Cadieux a aussi connu des heures de gloire à la télévision sous la forme d'une série hebdomadaire.

Le projet aurait pu demeurer lettre morte, car Ginette exigeait un cachet que les producteurs ne pouvaient pas lui offrir même si les diffuseurs voulaient voir son nom au générique. Ça s'annonçait mal pour tous ceux qui tenaient au projet. Les rôles sont rares pour des comédiennes qui n'ont plus vingt ans, sans compter que la série assurait un gagne-pain à toute une équipe. Heureusement, juste avant de tirer la *plogue,* comme on dit, j'ai un flash : « Ils veulent une tête d'affiche ? OK, quelle vedette féminine obtient une cote d'amour du public comparable à celle de Ginette au Québec ? Mais Lise Dion, voyons ! Elle a le nom, le talent et le physique pour le personnage. » J'en parle autour de moi, l'idée séduit, mais on croit qu'elle va refuser. « Elle gagne tellement d'argent comme humoriste. » Elle est sur scène au St-Denis tous les soirs, et on annonce une tournée. Elle n'a sûrement pas le temps de s'embarquer dans une série télé. Le temps, elle l'a pris et elle a sauvé cette série. Je profite aujourd'hui de ces pages pour l'en remercier en mon nom et celui de toute la production.

Au début des années 2000, j'ai réalisé mon troisième film, *L'Odyssée d'Alice Tremblay.* Je tiens également à remercier Sylvie Lussier et Pierre Poirier, auteurs d'un très joli scénario, mais avec qui je n'ai malheureusement pas toujours été gentille. Dieu sait qu'ils ne méritaient pas mon attitude. C'était encore l'époque où mes insécurités et ma peur de ne pas être à la hauteur me rendaient agressive et sur la défensive alors que personne ne m'attaquait. J'en profite pour saluer ces deux auteurs de *L'Auberge du chien noir,* qui a cartonné pendant quinze ans à la télévision et qui a tiré sa révérence en 2017.

Arrive le moment où je vais enfin réaliser mon film sur Alys Robi, *Ma vie en cinémascope*.

Dans les années 1990, j'avais écrit une série pour la télévision sur le même sujet. Malgré le talent des artistes et du réalisateur, qui pourtant avait déjà fait ses preuves, j'ai été déçue. Malheureusement, on n'avait pas saisi le tempérament du personnage d'Alys que je connaissais par cœur.

En 2004, j'ai la chance de prendre ma revanche en réalisant le film. À l'annonce du choix de Pascale Bussières comme interprète d'Alys au cinéma, les gens du milieu comprenaient mal que cette actrice introvertie ait pu décrocher ce rôle. Selon moi, elle possédait toute la sensibilité et le talent pour la complexité de ce personnage extraverti que j'allais voir chanter dans les années 1940 à la salle Saint-Stanislas, lors d'émissions de radio diffusées en public.

Le soir de la cérémonie des Jutra, ma fierté de voir Pascale monter sur scène recevoir son prix de la meilleure actrice n'a pas atténué mon immense déception de devoir renoncer à celui que tous me prédisaient comme réalisatrice. J'y tenais vraiment. Pour une fois, je n'y étais pas pour montrer ma belle robe. J'ai dû ravaler ma peine, clouée à mon siège toute la soirée.

Si, la plupart du temps, je porte ma tenue de travail, le jeans et le t-shirt, jeune, j'adorais les tenues de soirée et je prenais plaisir à dénicher des robes originales pour les galas.

Je me souviens d'un gala Miss Radio-Télévision 1967, où tout le monde me prédisait le titre. Pierre Péladeau père, directeur du journal qui organisait cet événement où le vote public couronnait la Miss, en a décidé autrement.

Trois jours avant le gala, un de ses employés qui venait de claquer la porte s'en va écrire dans un hebdo concurrent qu'il ne fallait pas se fier au vote du public, laissant entendre que le concours était arrangé et que je remporterais le prix. Toutes ces accusations de magouillage étaient fausses. La vedette comique de *Moi et l'autre* avait obtenu le prix l'année précédente, et l'émission se classait encore au top des cotes d'écoute. Aux yeux du public, *l'autre* allait remporter logiquement le prix. Pour éviter le scandale, la direction a choisi de décerner cet honneur à Michèle Richard, jeune chanteuse à la mode.

Mes amis étaient tristes pour moi, mais tous savaient que ma plus grande déception tenait au fait de n'avoir pas pu parader dans ma belle robe Paco Rabanne devant tout le Québec, faute de ne pas être montée sur scène. J'étais une des seules, avec Brigitte Bardot et Françoise Hardy, à porter cette création du grand couturier. Très originale, certes, mais d'un inconfort total. La robe se composait de lanières de plastique assemblées sur des chaînes qui, une fois que j'étais assise, me rentraient dans les fesses. Pénible à supporter pendant toute la durée du gala, et je devais l'enlever complètement pour aller au petit coin. Les languettes de plastique rigide compliquaient tout mouvement et je n'arrivais pas à la passer par-dessus la tête sans devoir la défaire tout le long du dos. Restait à espérer qu'au cours de la soirée une des dames de l'assistance sentirait le besoin d'aller au petit coin en même temps que moi pour m'aider à me libérer de cette armure. Une folie, achetée dans une boutique de la rue Sherbrooke Ouest au prix de 350 dollars, une fortune à l'époque. À bien y penser, les deux vedettes françaises n'avaient probablement pas acheté cette création de Paco Rabanne. Au contraire, on avait dû les payer pour qu'elles posent dans les magazines européens. J'imagine mal ces dames, lors d'une soirée, avoir recours à l'aide d'une inconnue pour arriver à enlever la robe pour aller faire pipi.

Cette anecdote au sujet de cette robe m'est revenue en regardant le tapis rouge de la soirée des Gémeaux cuvée

2016. Les actrices, pour la plupart très élégantes, portaient de belles tenues, et les mémères qui comme moi aiment bien voir de belles robes à la télé en ont eu plein la vue.

En revanche, je comprends mal, et je ne suis pas la seule, pourquoi on décerne les prix des rôles de soutien hors d'ondes, en même temps que ceux des concepteurs et des techniciens. Ces derniers ont fait le choix d'un métier derrière la caméra, les comédiens des seconds rôles travaillent devant et seraient en droit de recevoir leur prix durant le gala télévisé. L'actuelle façon de faire laisse entendre que de jouer un rôle de soutien exige moins que d'en jouer un principal. C'est complètement faux et d'autant plus choquant pour le public qui suit ses artistes préférés chaque semaine à la télévision. Ce public, qui les aime, souhaiterait les voir monter sur scène dans leurs plus beaux atours. Et le comble, c'est que, lorsque enfin le grand jour arrive, on les *crisse* un dimanche après-midi sur le Web ! Pour ce qui est de l'ordinateur, j'ignore comment s'en sortent les autres grand-mères. En ce qui me concerne, mes connaissances en technologie se limitent au traitement de texte, à l'usage du courrier électronique et à la recherche sur Google. Pour réussir à obtenir le lien pour le Web, il faut que je fasse quelques téléphones. Quand j'ouvre le fameux lien et que j'ai enfin l'image, je n'ai pas le son ! Je m'énerve, je ne sais plus où le trouver, j'appuie sur toutes les touches de mon ordinateur. L'émission va commencer, je cherche toujours le bouton pour le son, j'appelle ma fille Danièle et, malgré ses explications et tous mes essais en bas, en haut, en diagonale sur l'écran, aucun son ne sort. Finalement, j'active le putain de son à l'écran ! Je peux enfin écouter le gala sur le Web assise à mon bureau, n'ayant pas ce réflexe de m'installer confortablement sur le sofa avec mon portable, comme les jeunes. Au bout de deux heures, à force de rester assise penchée sur ma table de travail, les yeux fixés sur la retransmission, je finis par somnoler jusqu'à ce que le téléphone me réveille.

— Pis, maman, as-tu été capable de peser sur le bon piton ?

Entre toutes ces années, *Star Académie*

Star Académie, un concept européen qui a révolutionné les variétés à la télévision, arrive chez nous. Une expérience enrichissante qui, pour moi, a duré deux ans, comme prof et comme directrice. Si j'aimais ce contact avec les jeunes, je trouvais difficile de devoir éliminer des concurrents qui se voyaient déjà en haut de l'affiche quand on sait que, le plus souvent, ça tient du miracle.

Heureusement, ces jeunes avaient l'air comblés par leur occasion de participer à l'aventure. *Star Académie* a aidé à faire connaître les Marie-Mai, Marie-Élaine Thibert, Véronique Claveau, Émily Bégin, Annie Villeneuve, Brigitte Boisjoli et plusieurs autres qui mènent des carrières florissantes. Julie Snyder s'avère une grande productrice qui a la réputation de n'être pas toujours facile à suivre. Elle sait ce qu'elle veut et elle a l'art de bien s'entourer. Son bras droit, Stéphane Laporte, *workaholic* comme elle, possède un talent et un imaginaire qui le conduisent là où il veut aller. Tous les deux ont encore atteint des sommets avec *La Voix*, cette émission qui nous rend fiers de tout ce talent de chez nous. J'ai de la peine en regardant ces jeunes, à la pensée que tous ne pourront vivre de leur talent dans ce Québec trop petit en population. Difficile pour ceux qui aspirent à une longue carrière en y travaillant avec force et courage. Je crains bien que plusieurs ne soient contraints à s'exiler.

Un conseil à donner aux jeunes ?

Je n'en ai pas, ou alors la liste serait trop longue. Je sais que je n'étais pas dotée d'un très grand talent, mais j'ai travaillé fort pour le développer, avec une volonté de fer pour compenser, tout en écoutant les conseils de mes pairs. Pour autant que je me souvienne, je rêvais de faire ce métier depuis l'âge de trois ans. À quinze ans, j'ai eu l'occasion de me sortir de la routine du 9 à 5 que je vivais depuis ma sortie du Business College, et j'ai sauté dessus comme la misère sur le pauvre monde. À mes débuts, ignorante des entraves du métier, j'affichais une grande confiance en moi. Évidemment, les miens n'avaient de cesse de m'encourager en me répétant que « je l'avais tellement », mais la vie m'a enseigné très vite que « je ne l'avais pas du tout », et qu'au contraire j'avais tout à apprendre de ce métier. Je me souviens du jour où, gonflée de l'assurance que ma famille m'avait insufflée, j'ai dit à Brian Macdonald des Grands Ballets canadiens, chorégraphe de plusieurs émissions de variétés de Radio-Canada auxquelles je participais :

— *I am a very good dancer, don't you think, Brian ?*

Et Brian avec un sourire bienveillant :

— *No, Denise, you're not that good as a dancer, but you're a goddam good seller !*

Sur le coup, j'ai eu de la peine, mais je m'en suis remise en le prenant comme un compliment. S'il dit que je vends bien ce que je fais, c'est qu'on y croit, donc je dois être une bonne actrice, et si je passe pour une bonne actrice, c'est que je crois en ce que je fais.

Voilà pourquoi je vous exhorte à croire en vous-même si vous voulez convaincre les autres, tout en demeurant quand même lucide.

Le talent finit presque toujours par triompher, mais le plus souvent au bout d'un parcours laborieux.

La gloire instantanée relève davantage de la légende, donc il vaut mieux vous organiser pour qu'on vous découvre plutôt que d'attendre que ça se produise comme par enchantement.

Sans compter que, par rapport à mon époque, nous évoluons dans un autre monde. Vous êtes beaucoup plus nombreux à vous lancer dans l'aventure et tellement mieux préparés, il ne faut pas renoncer pour autant à lutter pour faire votre place, quitte à créer votre propre emploi. Vous devrez y investir temps, volonté et courage.

Vous devrez apprendre à frapper aux portes et à quémander tantôt pour obtenir une job ou de l'aide des institutions, tantôt pour recevoir de l'argent de commanditaires. Je le dis toujours : on fait un métier de quêteux ! Un métier d'humilité mais hélas souvent un métier d'humiliations… Vous en essuierez quelques-unes.

Si votre désir de faire le métier se limite à devenir une star, le réveil risque d'être brutal. La gloire est éphémère, et même les plus grosses vedettes finissent par être supplantées par la nouveauté. Songez par exemple aux danseurs ou aux artistes acrobates que vous admirez au Cirque du Soleil. Vous seriez bien incapable de les reconnaître dans la rue, et pourtant ce sont des artistes dont le travail acharné témoigne de la passion et de l'amour qu'ils vouent à leur art.

Il vaut mieux réfléchir avant d'investir temps et argent dans une profession qui ne vous mènera pas loin si vous votre seul but est d'avoir votre photo dans un magazine à potins…

Même si elles réussissent très bien, j'avoue avoir vécu beaucoup d'anxiété de voir mes deux filles entreprendre ce métier. Le fait d'être les « filles de » ne leur a pas facilité la vie, au contraire. Je sais qu'à certains moments de leur carrière on leur a fait payer des rancœurs qu'on avait envers moi.

Chacune fait son chemin et se défend comme elle peut dans notre paysage culturel en constante transformation. Je suis très fière d'elles et de mon petit-fils Mathieu, qui lui aussi a entrepris ce parcours du combattant. Après des études au New York Conservatory for Dramatic Arts et à Montréal à l'École nationale de l'humour, il fait son chemin comme comédien et *stand up*. Cet été, il a joué au festival Fringe la première pièce qu'il a écrite : *Comment le cancer de mon grand-père m'a fait découvrir le disco.* Une pièce autobiographique pleine d'humour et de tendresse que Stéphane Allard a mise en scène. Le spectacle a obtenu beaucoup de succès et je souhaite de tout cœur qu'il atteigne un plus vaste public. La route n'est pas facile pour lui non plus, mais je suis certaine qu'elle finira par se paver de succès.

Pour en finir avec les comédies musicales

Je comprends que tout le monde n'apprécie pas les comédies musicales.

Chacun ses goûts, ça ne se discute pas. Cependant, lorsque certains semblent se faire un point d'honneur de détester le genre, ça m'irrite, car j'y vois du snobisme et une méconnaissance crasse de cette forme de spectacle.

L'écriture d'une comédie musicale procède d'une convention parfois difficile à accepter, selon laquelle le texte des chansons illustre les dialogues précédents. Cette convention qui insupporte les détracteurs fait le bonheur des amateurs que le volet musical enchante.

J'aime les comédies musicales, encore faut-il que le livret se tienne, car le récit importe autant que la musique. Il en va des comédies musicales comme du théâtre. On y croise des œuvres majeures, d'autres de moindre envergure ou n'ayant d'autres prétentions que de divertir. Bref, on en compte d'excellentes et d'autres carrément quétaines, et toutes trouvent leur public assidu à Paris, Londres, New York, etc.

J'aime ce théâtre chanté et dansé que j'ai découvert à Broadway en 1957, avec *West Side Story*, inspiré de *Roméo et Juliette*, mis en scène et chorégraphié par Jerome Robbins, sur une musique de Leonard Bernstein. Deux génies mondialement reconnus qui ont tout révolutionné sur Broadway avec ce *musical*. Des chorégraphies extraordinaires qui exigeaient des danseurs une telle force athlétique qu'il fallait une équipe de danseurs pour alterner toutes les trois semaines. Que dire de cette partition musicale dont les airs sont connus partout sur la planète. Je n'avais jamais vu des artistes jouer, chanter et danser avec autant de talent, sans en plus sembler manquer de souffle. René Simard, qui a fréquenté les écoles de théâtre américaines durant quelques années, possède à fond cette technique et devrait l'enseigner ici, dans les écoles de théâtre du Québec.

On doit également à Jerome Robbins les chorégraphies d'*Un violon sur le toit*. La plus célèbre met en scène une tradition juive durant la noce, où les danseurs exécutent un ballet avec une bouteille de vin sur la tête avec une telle maîtrise et tant de grâce que, de toutes les chorégraphies des spectacles que j'ai vus ou mis en scène, elle demeure ma préférée.

Je crois sincèrement qu'avec des livrets solides, en plus des musiques de grands compositeurs, on ne peut pas rester indifférent à une comédie musicale.

Je pense à *Cabaret* du compositeur John Kander, dont la musique s'inspire de celle de Kurt Weill, compositeur allemand en pleine ascension qui a dû quitter l'Allemagne nazie et se réfugier aux États-Unis en 1935. Il faut dire que je me passionne pour tout ce qui concerne la guerre de 1939-1945, et *Cabaret* procure un bon divertissement en donnant une leçon d'histoire. Les chorégraphies sont signées par le sublime Bob Fosse, qui vers la fin du vaudeville, à peine sorti de l'adolescence, a fait ses classes comme danseur dans les clubs de nuit de troisième ordre (voir le film autobiographique *All That Jazz*). Avec le temps et grâce à son immense talent, il a imposé son propre style empreint de finesse, d'élégance et de sensualité. Quand j'ai monté *Cabaret* à Montréal, quelqu'un du métier a dit :

— Elle a copié sa mise en scène sur New York, c'est le même décor !

Eh bien, non ! La scène sur deux niveaux et le décor de salle avec les bougies sur les tables sont des éléments suggérés par l'auteur.

Croyez-moi, ce décor nous a donné du fil à retordre au Rideau Vert. Toutefois, compte tenu de la petite scène, ça m'arrangeait de pouvoir installer les musiciens en hauteur. Et en enlevant deux rangées de sièges que nous avons remplacés par des tables avec des bougies, nous pouvions y asseoir les spectateurs sans perdre de places, tout en obtenant une véritable ambiance de cabaret.

J'ai adoré monter *My Fair Lady*, dont le livret tiré de la pièce *Pygmalion* de George Bernard Shaw est extraordinaire, tout comme la musique de Frederick Loewe qu'on ne se lasse pas d'entendre. Durant les semaines de répétitions, je ne pouvais arriver à dormir tellement j'avais en tête les mélodies que nous avions répétées dans la journée.

J'aurais rêvé de monter *Billy Elliot*, un des plus beaux spectacles qu'il m'ait été donné de voir à Broadway. Un livret solide, des chorégraphies et une interprétation magistrales. Une histoire touchante et une production sans faille, hélas, difficiles à monter au Québec, à cause des coûts de production et des droits. J'ai dû en faire mon deuil.

Je garde un merveilleux souvenir à Londres de *Matilda* produit par la Royal Shakespeare Company. J'y allais presque à reculons, fatiguée en raison du décalage horaire, mais j'ai été séduite par la production.

Une scénographie à tomber par terre ! Des costumes formidables, et tout, du livret aux chansons en passant par les chorégraphies, m'a emballée. D'excellents comédiens, dont Bertie Carvel qui, dans le rôle de Miss Trunchbull, la méchante maîtresse d'école, livre une performance exceptionnelle. Bizarre que ce rôle de femme soit joué par un homme ? Dans le contexte, cela s'avère pertinent, et admettons que la Royal Shakespeare Company si classique ne manque pas d'audace.

Je pourrais en énumérer tant d'autres, mais je n'ai pas pour but de convertir ceux qui y sont réfractaires. Il y a plus important dans la vie.

En ce qui concerne l'opéra, les grands airs me font brailler devant tant de beauté, mais les récitatifs ne me touchent pas et j'en attends la fin avec impatience.

J'ai toujours rêvé de monter *Carmen* en situant l'histoire dans un cabaret de Montréal au cours des années 1940. Le chœur serait composé des clients, le barman Don José serait rendu dans l'armée. Escamillo deviendrait le *bouncer*, et Carmen, la *cigarette girl*. Quand cette idée m'est venue il y a quelques années, j'avais pensé à Céline Dion pour le rôle… J'aurais voulu le monter au Rideau Vert. Malheureusement, le théâtre est beaucoup trop petit pour accueillir Céline Dion et une telle production.

Si le métier a toujours occupé une grande place dans ma vie, je n'en ai jamais fait mon unique priorité, sans doute par instinct de survie et grâce au bonheur d'avoir des enfants. Aussitôt les lumières du studio de télévision éteintes ou le rideau de scène tombé, je passais immédiatement à autre chose. Je ne ressentais pas le besoin de continuer à jouer un personnage dans la vie.

Au théâtre, quand les amis venaient me saluer dans ma loge après la représentation, souvent je l'avais déjà quittée, sauf les soirs de première.

Je me souviens qu'après une représentation du *Sea Horse*, une pièce à deux personnages que je jouais avec Jacques Godin chez Duceppe, je me suis retrouvée juste derrière les spectateurs, montant les marches vers la sortie de la salle. Le public n'aurait pu imaginer que j'avais eu le temps de me changer et que je les suivais en écoutant tous leurs commentaires sur le spectacle.

C'est dans le travail de création autour du personnage pendant les répétitions que je trouvais le plus de satisfaction comme actrice. Je me lassais vite de jouer tous les soirs et je détestais le rituel : maquillage, coiffure, perruques, costumes et les changements durant le spectacle. Je rêvais de pouvoir jouer pieds nus, en jeans et t-shirt. Quel bonheur !

Il y a quelques années, lors d'une production à laquelle prenait part Louise Latraverse, toujours si élégante, celle-ci n'en revenait pas que je sois tous les jours en jeans et en t-shirt sur les plateaux de télé. Elle désespérait de me voir habillée autrement. On en riait, toutes les deux.

Il n'y a rien à faire, j'ai trop de souvenirs de mes années de revue, à courir en coulisse pour changer de costume en quelques secondes pour arriver sur scène à bout de souffle. *Idem* pour la télé, à l'époque des émissions en direct. Voilà pourquoi je préfère travailler derrière la caméra plutôt que devant. Sauf pour la chance d'être pieds nus, je peux faire le travail de recherche et de création que j'aime et respecte en jeans et en t-shirt, ma tenue de prédilection.

POINT D'ORGUE

Les années vécues dans ce métier que j'ai commencé au début des années 1950 ont passé vite... Trop vite. Et je pense souvent au temps que j'ai perdu tout au long de ma vie, à toutes les conneries que j'ai faites et à cause desquelles je suis volontairement passée à côté de plusieurs occasions. Des occasions ratées, prétendument par amour, qui m'auraient menée plus loin dans ma carrière. Même si j'y croyais fermement au moment où je le vivais. Heureusement que, lorsqu'on vieillit, le gros bon sens prend le dessus chez les êtres humains. Nos priorités changent. En tout cas, pour moi, ça a été le cas. Ce prince charmant qui n'existait que dans les films de mes seize ans est mort et enterré dans ma tête et dans mon cœur depuis belle lurette.

Cela ne m'a jamais empêchée d'apprécier un beau garçon quand j'en rencontre un. Gad Elmaleh est de ceux-là. Cet ami de longue date que j'aurais dû mettre en scène à Paris dans *Les Fourberies de Scapin* si le cinéma n'était pas venu le chercher au même moment sous la direction de Francis Veber, ce qui l'a conduit à une carrière cinématographique qui ne lui laisse pas de temps pour jouer au théâtre. Notre amitié reste intacte et, chaque fois qu'on se revoit, avec beaucoup de tendresse et d'humour, il me présente à ses amis comme son amoureuse. Si une grande complicité nous unit, l'humour tient le premier rôle dans notre relation. Ce travailleur acharné rêvait de faire carrière aux États-Unis et il y est arrivé.

Entourée des miens, j'ai la chance de vivre une belle vieillesse et de jouir d'une bonne santé qui me permet de travailler encore un peu.

En cette fin de carrière, j'ai eu le bonheur de jouer un très beau rôle dans un film tiré du superbe roman de Robert Lalonde *C'est le cœur qui meurt en dernier*. Le public, toujours fidèle, m'a réservé un très bel accueil, et ça m'a fait chaud au cœur de sentir qu'il ne m'avait pas oubliée.

Autrement, dans ma vie quotidienne, je vois mes amis de longue date et les nouveaux que la vie a placés sur mon chemin. J'en ai éliminé certains en cours de route.

Je suis enthousiaste et curieuse de tout ce qui se fait. Je m'intéresse au sort et à l'avenir du monde, et je suis toujours inquiète du lendemain pour les miens.

Enfin, pour terminer ce livre et boucler la boucle, la petite chanteuse de club aurait aimé, pour son dernier show, monter *Carmen*, son opéra préféré qui se passerait où elle a débuté.

Et si la petite chanteuse de club n'avait retenu qu'une seule leçon ? Elle se résumerait ainsi : c'est le public qui décide…

GLOSSAIRE

Des expressions célèbres et colorées

À quelle heure le punch ?: C'est long, quand est-ce que la chute arrive ?

Avoir encore le premier dix cennes qu'on a gagné: Être avare.

Avoir l'air de ma tante Eva: Porter quelque chose qui ne va pas du tout ou qui vieillit.

Avoir l'air du beau chien: Ne pas être à son meilleur.

C'est à se rouler dans les allées: C'est un bon show !

C'est le plus beau jour de ta vie !: C'est merveilleux ou tu vas adorer ça.

C'est long !: S'entend quand elle attend « la technique » derrière son moniteur ou en salle de répétition et que rien ne se passe…

Demander la mort devant tant de beauté !: Équivalent d'être atteint du syndrome de Stendhal. Ou demander que le temps s'arrête tellement ce qu'on voit est beau.

Drôle comme une béquille: Pas drôle pantoute.

Enchaîne!: Cesse de prendre du temps d'acteurs et fais rouler la scène ou l'événement, c'est selon.

Enragée noir: Très en maudit!

Être franc comme un âne qui recule: Hypocrite.

Être plein comme un boudin: Être riche.

Être un chien fini ou une chienne finie!: Être TRÈS méchant ou méchante.

Faire sa cute : Se pavaner.

Haïr ça pour tuer ou pour s'en confesser: Haïr ça pour de vrai.

Il a mis son fin ou elle a mis sa fine: Assez bête d'ordinaire et soudainement gentil ou gentille.

Il nous manque juste le perroquet sur l'épaule: On a l'air de bohémiens.

Ils ont mis leur pioche à soir: Se dit d'un public ne réagit pas.

Ils sont bons, ils veulent: Se dit d'un public généreux et réactif.

Jamais dans cent ans!: Ce qui revient à dire: jamais!

Jeanine!: Désigne la femme universelle.

L'affreux/l'affreuse: peut aussi bien être affectueux que le contraire, dépendamment de la personne à laquelle il fait référence.

Ne pas se prendre pour un 7Up!: Se croire au-dessus des autres.

On en veut ben!: On aime ça, on en redemande!

On gagnera pas d'oscar à soir: Prenez ça cool, c'est une répétition technique.

On se possède plus!: S'emploie aussi bien quand c'est long et plate que quand c'est beau et génial.

Pas de père, pas de mère: Sans aucune gêne, sans aucun scrupule.

Robert!: Désigne l'homme universel.

Sont peinturés sur leurs bancs: Se dit d'un public qui ne réagit pas.

CRÉDITS ICONOGRAPHIQUES

De gauche à droite, de haut en bas

Cahier 1

PAGE 1
Collection personnelle; collection personnelle; collection personnelle; © Adanac Photo Studio.

PAGE 2
Collection personnelle; photo GABY; collection personnelle; collection personnelle.

PAGE 3
Collection personnelle.

PAGE 4
Studio Lausanne Montréal; collection personnelle.

PAGE 5
Studio Lausanne Montréal; collection personnelle.

Page 6
Théâtre du Nouveau Monde ; collection personnelle ; collection personnelle ; collection personnelle.

Page 7
Collection personnelle.

Page 8
Collection personnelle ; collection personnelle.

Cahier 2

Page 1
TV Radio Mirror Letter Press ; © photographe : André Le Coz.

Page 2
Publications Québecor ; collection personnelle ; Publications Québecor.

Page 3
Société Radio-Canada.

Page 4
Collection personnelle ; collection personnelle ; Compagnie Jean Duceppe.

Page 5
Photo Michel Gontran ; Publications Québecor ; collection personnelle ; Société Radio-Canada.

Page 6
Photo Michel Gontran/Publications Péladeau ; collection personnelle.

Page 7
Collection personnelle ; collection personnelle ; collection personnelle ; collection personnelle.

Page 8
Collection personnelle.

Cahier 3

Page 1
Théâtre du Rideau Vert ; collection personnelle.

Page 2
Archives *Le Devoir.*

Page 3
Collection personnelle ; collection personnelle ; Centre national des arts.

Page 4
Collection personnelle.

Page 5
*Paris Match/*Hachette Filipacchi Médias ; collection personnelle ; collection personnelle.

Page 6
Collection personnelle ; collection personnelle.

Page 7
Photo Enrique Bordes-Mangel ; collection personnelle ; collection personnelle.

Page 8
Publications Québecor ; collection personnelle ; collection personnelle ; collection personnelle.

Cahier 4

Page 1
Collection personnelle.

Page 2
Photo du tournage ; photo du tournage.

Page 3
Société Radio-Canada ; collection personnelle ; Société Radio-Canada.

Page 4
Collection personnelle ; collection personnelle ; collection personnelle ; Société Radio-Canada.

Page 5
Société Radio-Canada ; collection personnelle ; collection personnelle.

Page 6
Photo Traverso/Publications Québecor ; photo de plateau ; collection personnelle.

Page 7
Collection personnelle ; photo Pablo/*Journal de Montréal.*

Page 8
Société Radio-Canada ; Société Radio-Canada.

Cahier 5

Page 1
Collection personnelle; photo de plateau.

Page 2
Collection personnelle; collection personnelle.

Page 3
Photo de plateau.

Page 4
Collection personnelle; photo Derek Dunn Montréal; photo Alfieri Cannes.

Page 5
Collection personnelle; collection personnelle; photo 1988 © André Panneton.

Page 6
Collection personnelle; collection personnelle; Gouvernement du Canada.

Page 7
Collection personnelle; photo de plateau; collection personnelle; collection personnelle; Compagnie Jean Duceppe.

Page 8
Collection personnelle; collection personnelle; collection personnelle; collection personnelle; photo Nathalie Mongeau.

Restez à l'affût des titres
à paraître chez Libre Expression
en suivant Groupe Librex :
facebook.com/groupelibrex

edlibreexpression.com

Cet ouvrage a été composé en ITC New Baskerville 12/14,65
et achevé d'imprimer en septembre 2017 sur les presses
de Marquis imprimeur, Québec, Canada.

garant des forêts intactes[MC]

procédé sans chlore

100 % post-consommation

archives permanentes

énergie biogaz

Imprimé sur du Rolland Enviro 100 % postconsommation,
fabriqué à partir de biogaz, traité sans chlore,
certifié FSC et garant des forêts intactes.